T0128502

Printed in the United States
By Bookmasters

بسم الله الرحمن الرحيم

الرقابة الإدارية

الرقابة الإدارية
"المفهوم والممارسة"

تأليف

د. حسين أحمد الطراونة   د . توفيق صالح عبد الهادي

الطبعة الأولى
2011م

المملكة الأردنية الهاشمية
رقم الإيداع لدى دائرة المكتبة الوطنية
(2011/1/459)

658.1

الطراونة، حسين أحمد.
الرقابة الإدارية: المفهوم والممارسة/ حسين أحمد الطراونة، توفيق صالح عبد الهادي - عمان : دار ومكتبة الحامد للنشر والتوزيع، 2011 .
(   ) ص .
ر. إ. : (2011/1/459) .
الواصفات :الرقابة الإدارية// إدارة الأعمال/
*يتحمل المؤلف كامل المسؤولية القانونية عن محتوى مصنفه ولا يعبّر هذا المصنف عن رأي دائرة المكتبة الوطنية أو أي جهة حكومية أخرى.

❖ أعدت دائرة المكتبة الوطنية بيانات الفهرسة والتصنيف الأولية .

* (ردمك) ISBN 978-9957-32-582-4

دار الحامد للنشر والتوزيع

شفا بدران - شارع العرب مقابل جامعة العلوم التطبيقية
هاتف: 5231081 -00962 فاكس : 5235594 -00962
ص.ب . (366) الرمز البريدي : (11941) عمان - الأردن

Site : www.daralhamed.net
E-mail : info@daralhamed.net
E-mail : daralhamed@yahoo.com
E-mail : dar_alhamed@hotmail.com

بسم الله الرحمن الرحيم

قال تعالى:

(يَا أَيُّهَا النَّاسُ اتَّقُوا رَبَّكُمُ الَّذِي خَلَقَكُمْ مِنْ نَفْسٍ وَاحِدَةٍ وَخَلَقَ مِنْهَا زَوْجَهَا وَبَثَّ مِنْهُمَا رِجَالًا كَثِيرًا وَنِسَاءً وَاتَّقُوا اللَّهَ الَّذِي تَسَاءَلُونَ بِهِ وَالْأَرْحَامَ إِنَّ اللَّهَ كَانَ عَلَيْكُمْ رَقِيبًا(1))

صدق الله العظيم

الآية رقم (1) من سورة النساء

الإهـــــداء

* إلى زوجتي ورفيقة دربي
وأبنائي الأعزاء ديما، محمد، مؤيد

د. حسين أحمد الطراونة

* إلى روح والديّ الطاهرتين...
"رب ارحمهما كما ربياني صغيراً"

د. توفيق صالح عبد الهادي

المحتويات

الفصل الرابع
خصائص الرقابة الإدارية ومقوماتها

الفصل الخامس
مجالات الرقابة الإدارية

المقدمة

Introduction

تعتبر الرقابة الإدارية الوظيفة الرابعة بين الوظائف الإدارية الرئيسة، وهي تقع في نهاية مراحل النشاط الإداري وتنطوي على قياس نتائج أعمال المرؤوسين لمعرفة أماكن الانحرافات وتصحيحها بغرض التقويم، لا التصيد، من خلال التأكد من أن الخطط المرسومة قد نفذت، وأن الأهداف المرفوضة قد تحققت على أكمل وجه.

إن للرقابة علاقة وصلة وطيدة مع كافة الوظائف الإدارية الأخرى، وأن الرقابة تستخدم كافة العلوم والمعارف المتوفرة في سبيل تحقيق الأهداف، وهي تخدم كافة منظمات الأعمال العامة والخاصة على السواء وذلك من خلال تطبيق المفاهيم والأسس المعرفية للرقابة في الممارسات العملية.

يأتي هذا المؤلَّف ليضيف ثمرة من ثمرات المطابع في موضوع الرقابة الإدارية لما له من أهمية في حياتنا في الوقت الذي ينادى الجميع بالشفافية ومعالجة الفساد الذي يأخذ أشكالاً وأنواعاً مختلفة، وكما قيل إن الفساد الإداري هو الأساس في كافة أنواع الفساد، وأن الرقابة الإدارية هي الآلية الرئيسة في معالجة الفساد من خلال تطبيقها ضمن الأسس والمفاهيم.

لقد حاول الباحثان تغطية كافة المجالات في الرقابة الإدارية من خلال الرجوع إلى أمهات المراجع والكتب والاستعانة بآراء وأفكار أهل الخبرة سواء في القطاع العام أو الخاص ومراجعة التشريعات الناظمة للرقابة الإدارية، وعرض التشريعات الرقابية لبعض الدول العربية في نهاية الكتاب. وقد تضمن الكتاب تسعة فصول وعلى النحو التالي:

الفصل الأول: ماهية الرقابة الإدارية.

الفصل الثاني: مراحل الرقابة الإدارية.

الفصل الثالث: أساليب وأدوات الرقابة الإدارية.

الفصل الرابع: خصائص ومقومات الرقابة الإدارية.

الفصل الخامس: مجالات الرقابة الإدارية.

الفصل السادس: أنواع الرقابة الإدارية.

الفصل السابع: نظم المعلومات في الرقابة الإدارية.

الفصل الثامن: دور القيم والأخلاقيات والثقافة التنظيمية في الرقابة الإدارية.

الفصل التاسع: أجهزة الرقابة الإدارية في الأردن وبعض الدول العربية.

وفي نهاية مقدمتنا هذه لا يسعنا إلا أن نتقدم بجزيل الشكر والعرفان إلى كل مـن سـاعدنا بتـوفير الدعم والمساندة المعلوماتية، و اللـه نسأل أن يستفيد منه طلبـة الجامعـات الأعـزاء وأصحاب العلاقـة في المجال الرقابي وأن كل جهد لا يخلو من النقص فالكمال لله وحده.

و اللـه من وراء القصد

المؤلفان

عمان 2011

الفصل الأول
ماهية الرقابة الإدارية

أهداف الفصل الأول

بعد دراسة هذا الفصل بإذن اللـه يتوقع من الدارس أن يكون قادراً على ما يلي:

1- معرفة معنى الرقابة لغة واصطلاحاً وأدلةً.

2- معرفة معنى الرقابة الإدارية وما هي الغاية من وجودها في المنظمات.

3- التعرف على التطور التاريخي للرقابة الإدارية.

4- معرفة أنواع الرقابة الإدارية.

5- معرفة علاقة الرقابة الإدارية بالوظائف الإدارية الأخرى.

6- معرفة علاقة الرقابة الإدارية مع العلوم الأخرى.

7- معرفة مجالات الرقابة الإدارية.

8- معرفة بعض المفاهيم والمصطلحات المتعلقة بالفصل.

9- الإجابة على الأسئلة الموجودة في نهاية الفصل.

الفصل الأول
ماهية الرقابة الإدارية

مقدمة:

تعد الرقابة من الوظائف الإدارية المهمة والتي ترتبط ارتباطاً كبيراً بالتخطيط في منظمات الأعمال الحديثة. ولقد تطورت مفاهيم الرقابة وفلسفتها ومنظورها الإداري بشكل كبير خلال السنوات الأخيرة وبدأ ينظر لها كأسلوب تصحيحي وليس مرادفاً للسيطرة والسلطة والقوة بل أصبحت الرقابة الإدارية أكثر تشاركية وأكثر شحذاً للهمم وتلعب دوراً أساسياً في الممارسات الإدارية ولكافة المستويات الإدارية.

معنى الرقابة:

لغةً: جاء في المسعود[1] أنه يقصد بالرقابة الرقيب والحارس والحافظ ورقيب النفس.

أما اصطلاحاً: فقد ذكر محي الدين الأزهري[2] (1399هـ) أن "الرقابة في أي مشروع تشمل الكشف عما إذا كان كل شيء يتم وفقاً للخطط الموضوعة والتعليمات الصادرة والمبادئ السارية، وهي تهدف إلى الوقوف على نواحي الضعف والأخطاء ومن ثم العمل على علاجها ومنع تكرارها، وهي تكون على كل شيء سواً أعمال أو أشياء أو أفراد أو مواقع".

والرقابة لها مفهوم واسع وذو شقين؛ أحدهما الرقابة الذاتية والتي تنبع من داخل الفرد على نفسه وبالتالي فهو رقيب على أعماله وتصرفاته وسلوكاته

---

(1) المسعود 1401هـ ص747.

(2) محي الدين الأزهري، 1399هـ ص217.

والأخرى الرقابة الخارجية والتي تتمثل في قدرة الفرد على متابعة وملاحظة الآخرين من قبل مرؤوسيه بغرض التوجيه والتصحيح لسلوكهم وتصرفاتهم.

أدلة الرقابة:

حرص الإسلام والديانات الأخرى على الرقابة وتنميتها وخصوصاً الرقابة الذاتية ومحاسبة النفس باستمرار، وأكد القرآن الكريم في قوله تعالى **(يا أيها الناس اتقوا ربكم الذي خلقكم من نفس واحدة وخلق منها زوجها وبث منهما رجالاً كثيراً ونساءً واتقوا الله الذي تساءلون به والأرحام إن الله كان عليكم رقيباً)**.[1] وكذلك ورد في السنة النبوية الشريفة عن أبي ذر ومعاذ بن جبل رضي الله عنهما عن رسول الله صلى الله عليه وسلم قال "اتق الله حيثما كنت واتبع السيئة الحسنة تمحها وخالق الناس بخلق حسن".[2]

مفهوم الرقابة الإدارية:

هناك العديد من المفاهيم المتعددة والمتنوعة تختلف في معظمها من حيث الإيجاز أو الإطناب لهذا النشاط، وأن العديد من المفاهيم تختلف في التعبير اللغوي والمحتوى ولكنها تلتقي في أغلب الأحيان في شرح المفهوم وكذلك جاء هذا الاختلاف انعكاساً لوجهات نظر كتّاب الفكر الإداري. وسنتعرض لبعض وجهات النظر لمفهوم الرقابة الإدارية، فقد عرفها هنري فايول (تنطوي الرقابة على التحقق إذا كان كل شيء يحدث طبقاً للخطة الموضوعة والتعليمات الصادرة وأن غرضها هو الإشارة إلى نقاط الضعف والأخطاء بقصد معالجتها ومنع تكرار حدوثها، وهي تنطبق على كل شيء معدات، أفراد، أفعال).[3] ويعرفها الديري[4] "متابعة الأعمال

---

[1] الآية رقم (1) من سورة النساء.

[2] حديث شريف.

[3] عاطف، زاهر عبد الرحيم. الرقابة على الأعمال الإدارية، دار الراية، 2009م، ص35.

[4] ديري، زاهد محمد، الرقابة الإدارية، دار المسيرة، 2011م، ص35.

والتأكد من أنها تتم وفقاً لما أريد لها، والعمـل عـلى تصحـيح أي انحـراف يقـع في المسـتقبل" أمـا الهـواري فيعرف الرقابة الإدارية ويقول "بأنها التأكد من أن ما يتحقق أو ما تحقق فعلاً مطابق لما تقـرر في الخطـة المعتمدة سواءً بالنسبة للأهداف أم بالنسبة للسياسات والإجراءات أو بالنسبة للموازنات التخطيطية".[1]

ويعرفها "Harold Koontz"[2]

"Conrtolling is the measurement and correction of performance in order to make sure that enterprise objectives and the plans devised to attain them are accomplished".

وجاء في الموسوعة (Wikipedia the free encyclopedia) إن الرقابة الإدارية هي "وظيفة إدارية مثل التخطيط والتنظيم والتوظيف والتوجيه، وأهمية الرقابة الإدارية تأتي من كونها تساعدنا لمعرفة الأخطـاء أو الانحرافات وتصحيحها من خلال المعايير المستخدمة التـي وضعت بنـاءً عـلى تحديـد الأهـداف".[3] أمـا (Bedian and Ciglioni)[4] فقد عرفا الرقابة الإدارية بأنها "العملية التي يتم من خلالها قيام فرد أو جماعـة أو منظمة بتحديد ما يقوم به فرد أو جماعة أو منظمة والتأثير فيه من خلال تقييم وتصحيح أداء العاملين بالشكل الذي يؤدي إلى تحقيق أهداف المنظمة". أما الدكتور محمد مـاهر عيسى[5] فعرفها بأنها "عمليـة تهدف إلى التأكد من الأهداف المحدودة والسياسات المرسومة والخطط الموضوعة والأوامـر والتعلـيمات الموجهة وخلافه". ونرى أن الدكتور صلاح الشنواني يعرفها "وظيفة

---

[1] الهواري، ص381.

[2] Harold Koontz.
[3] www.wikipedia.com

[4] الإدارية، بيتر دركر، مترجم، ص165.
[5] عيسى، محمد ماهر.

إدارية تنطوي على قياس وتصحيح أعمال المساعدين والمرؤوسين بغرض التأكد من أن الأهداف والخطط المرسومة قد حققت ونفذت".[1]

خصائص الرقابة الإدارية:

وهناك العديد من كتّاب الفكر الأجانب والعرب عرفوا الرقابة الإدارية كما تكلمنا بأشكال وألوان مختلفة، وعلى ضوء ذلك نستطيع القول أن الرقابة تتضمن العديد من الخصائص وهي:

1- أن الرقابة الإدارية هي نشاط ووظيفة وعملية.
2- أن الرقابة الإدارية تهدف إلى تبيان الانحراف أو الخطأ وتصحيحه استناداً للأهداف الموضوعة بالخطة.
3- أن الرقابة الإدارية تمارسها المستويات الإدارية الثلاثة وبنسب تختلف من مستوى لآخر.
4- أن الرقابة الإدارية تساعد على إعطاء التغذية العكسية للأهداف.
5- أن الرقابة الإدارية تساعد في تقييم العاملين والمشرفين على السواء من ناحية المهارات الإدارية وتطبيقها.
6- أن الهدف الرئيس من الرقابة هو التأكد من الأعمال تؤدى بأفضل الطرق.
7- الرقابة الإدارية تمكننا من المتابعة لتنفيذ الخطط الموضوعة مسبقاً.
8- الرقابة الإدارية تساعدنا بمعرفة أسباب الانحراف أو الخطأ.
9- الرقابة الإدارية تقدم الحلول والمقترحات لأصحاب القرار بعد تحديد الأسباب وتحليلها.

---

[1] هاشم، زكي محمود، أساسيات الإدارة، القاهرة، ص177.

وأخيراً يمكن القول بأن الرقابة الإدارية هي البداية والنهاية للوظائف الإدارية. ولأهميتها أسهبنا في الشرح لمفهوم الرقابة الإدارية.

مفهوم الرقابة الإدارية الحديث:

أدى التطور العلمي الحديث إلى توسيع وتعميق مفاهيم الرقابة وأدواتها المختلفة، فلم يعد الهدف من الرقابة التأكد من أن النتائج تعبر عن أو تتفق مع الخطط الموضوعية فحسب، بل أصبح الهدف من الرقابة أوسع وأعم وأشمل من ذلك بكثير بحيث يغطي مفهومها الحديث النواحي والمجالات التالية:

1- فحص ومراجعة الخطط المختلفة لجميع الأنشطة والبرامج التي تقوم بوضعها الوحدات والأجهزة الحكومية.

2- تتبع العوامل والتغيرات التي قد تؤثر على تحقيق أهداف هذه الأنشطة والبرامج.

3- قياس عناصر الاقتصاد والكفاءة في أداء الوحدات الحكومية، والفاعلية بالنسبة لنتائج البرامج المختلفة وتحقيق التوازن بينهما.

4- تقييم أداء الأنشطة والبرامج التي تتولى تنفيذها الوحدات والأجهزة الحكومية للحكم على مستوى أدائها ومدى قدرتها على تحقيق الأهداف.

5- المساعدة في عملية اتخاذ وترشيد القرارات وبصفة خاصة في السنوات المقبلة في مختلفة المجالات الاقتصادية والاجتماعية، بتوفير البيانات والمعلومات الملائمة في هذا المجال أو من خلال الاستعانة بنتائج عملية الرقابة وتقييم الأداء أو بإشراك القائمين على الرقابة في عملية اتخاذ القرارات اشتراكاً فعلياً أو الاسترشاد بآرائهم عند الحاجة إلى ذلك.

الحاجة إلى الرقابة الإدارية:

من خلال تقديم التعريفات السابقة فإننا ندرك أن هناك حاجة ماسة للرقابة الإدارية وهذه الحاجة لا تقتصر على المنظمات العامة دون الخاصة أو الكبيرة دون الصغيرة، وأن هذه الحاجة تبرز من خلال العوامل التالية:

1- أن الرقابة الإدارية عملية ترشيد علمية لأصحاب القرار من خلال دورة العمل الكاملة والتي تبدأ من التخطيط والتنظيم والتوجيه والتنسيق.

2- أن الرقابة الإدارية عملية ملازمة ومستمرة لوظائف الإدارة.

3- اتساع نشاط المنظمات العامة والخاصة وزيادة حجمها وتنوع وتعقد أعمالها وازدياد عدد موظفيها يفرض عليها الاعتماد على الرقابة الإدارية من خلال الأدوات والأساليب المختلفة.

4- تعاظم دور الدولة والانتقال من الدور التقليدي إلى الدور الحديث والذي زاد من أعباء الدولة إضافة للدور التقليدي التدخل في الحياة الاقتصادية والاجتماعية وهذه الأدوار لا بد من التأكد بأنها تسير وفق الخطط الموضوعة وذلك من خلال الرقابة الإدارية.

5- استخدام الرقابة الإدارية يحقق الوفر المادي ويحد من الإسراف غير المبرر.

6- الرقابة الإدارية تعمل على رفع مستوى فعالية وكفاءة الأنشطة الفنية وغيرها في جميع القطاعات.

7- الرقابة الإدارية تساعد على اكتشاف الأفراد المبدعين كي يتسنى للإدارة حفزهم وتشجيعهم.

أهداف الرقابة الإدارية:

في إطار فهمنا العام والموسع لمفاهيم الرقابة الإدارية على النحو الـذي أشرنـا إليـه في بدايـة هـذا الفصل يمكن تلخيص الأهداف التي تحققها لنا الرقابة الإدارية بما يلي:

1- التعرف على المشكلات والعقبات وتحديد الأسباب الرئيسة للمشكلات وتقديم الحلول.
2- اكتشاف الأخطاء قبل استفحالها وفور وقوعها والمعالجة والتصحيح الفوري لها.
3- التأكد أن العمليات الفنية تسير وفق المخطط المرسوم.
4- التثبت من أن المسؤوليات تؤدى بالشكل المناسب بعيداً عن الإسراف والهدر.
5- تحقيق نوع من النمطية أو التوافق لأداء العاملين، كما هو الحال في دراسة الوقت والحركة.
6- رفع الروح المعنوية وتعزيزها للمبدعين، للحصول على المكافآت والحوافز.

التطور التاريخي لأنظمة الرقابة:

الرقابـة الإداريـة، كغيرهـا مـن الوظـائف الإداريـة، سـاهمت بـدور رئيس في تنظيم المجتمعـات ومؤسساته عبر مختلف مراحـل التـاريخ، وتطـورت تبعـاً لـذلك حتـى أصبحت اليـوم بـرأي علـماء الإدارة والاقتصاد والمالية "أن أي نظام إداري ومادي لا تتوفر فيه رقابة فعّالة ومنتظمة يعتبر نظامـاً ناقصاً يفتقـر إلى مقومات وجوده". ويرى هؤلاء العلماء أن الرقابة ظاهرة ضروريـة وطبيعيـة في أي مجتمـع لأنها تمثـل الضوابط لكل تصرف يتعدى أثره الغير.

مارس العرب الرقابة الإدارية منذ النشأة الأولى للحضارة العربية في بلاد الرافدين، فقد احتوت مسلة حمورابي على الكثير من أحكام تنظيم المعاملات المالية والإدارية. كما مارسها العرب منذ نشوء الحضارة الإسلامية،[1] حيث بدأت (الرقابة الإدارية) في عهد الرسول صلى الله عليه وسلم، فقد كان يكشف أعمال الولاة ويسمع ما ينقل إليه من أخبارهم... وكان يستوفي الحساب على العمال ويحاسبهم على المستخرج والمنصرف.. وعلى منواله سار الخلفاء في مراقبة العمال.[2] أول من قام بتطوير الجهاز الإداري في الدولة الإسلامية الخليفة عمر بن الخطاب رضي الله عنه، فأنشأ الدواوين التي تمكنه من ذلك، مثل ديوان العطاء والحسبة وديوان الخراج والجباية لضبط الوارد والمنصرف، وكان لهذه الدواوين فروع في الأقاليم.[3]

عرف الرومان الرقابة الإدارية واستخدموها في تنظيم إمبراطوريتهم وفي العصور الوسطى تطورت الرقابة أكثر فأكثر فظهرت الحاجة إلى وجود السلطات الثلاث في نظام الدولة في أوربا وهي السلطة التشريعية والقضائية إلى جانب السلطة التنفيذية وحتى عام 1256م تأسست غرفة محاسبة باريس التي أنشأها الملك سانت لويس وكان من مهامها الرقابة على الحسابات وإصدار الأحكام. وتوالت فيما بعد تطورات متلاحقة على مفاهيم الرقابة والحاجة إلى استخدامها حتى عام 1789م، وإبان الثورة الفرنسية أصبحت الرقابة حقاً مكتسباً لممثلي الشعب في مناقشة النفقات العامة وأسلوب تنظيمها وإدارتها، ومع ظهور الدولة الحديثة تطلب

---

[1] علي عباس، مرجع سابق، ص32.

[2] أحمد إبراهيم أبوسن، الإدارة في الإسلام، الطبعة السادسة، لا يوجد دار نشر، 1999م، ص119.

[3] سعيد عبد المنعم الحكيم المحامي، الرقابة على أعمال الإدارة في الشريعة الإسلامية والنظم المعاصرة، رسالة دكتوراه، دار الفكر العربي، 1976م، ص .

وجود أحكام وضوابط على أداء التخطيط الاقتصادي لتحقيق التنمية والتوعية وتوفير الرخاء لمجتمعاتها.

زاد الاهتمام بالرقابة الإدارية والمالية خلال الأزمة الاقتصادية العالمية عام 1929م وما بعدها خصوصاً في الولايات المتحدة الأمريكية، فبعد أن كانت الرقابة الإدارية على الأعمال تتم من خارج المؤسسات، أي من قبل السلطات القومية والشعبية أصبحت هناك حاجة ملحة لتطبيق الرقابة الداخلية على ممارسات المديرين ورؤساء الأقسام وكذلك على أداء الموظفين والعمال.

نتيجة لهذه التطورات والمتغيرات في مفهوم العمل الرقابي بدأت هذه الوظيفة تؤدي دورها بوضوح، ومع تطور حجم المؤسسات وزيادة أعداد العاملين فيها، وتعدد أنشطتها واتساع نطاقها أصبح الاختبار الحقيقي لأي مدير هو ما يحققه من نتائج، ولكي تطبق هذا الاختبار لا بد من وجود معيار يمكن القياس عليه ومن ثم الحكم على نتائج أعماله، واتخاذ الإجراءات التصحيحية إذا اقتضى الأمر، فإذا استطاع المدير القيام بوظيفة التخطيط والتنظيم والتوجيه بطريقة تتميز بالكمال، إضافة إلى تحقيق الأهداف التي تقصدها الخطة فإن مدى تحقيق الهدف يصبح معياراً للحكم على كفاءته ومقدرته في أداء مهامه.[1]

عناصر الرقابة الإدارية:
تتكون الرقابة الإدارية من العناصر التالية:
1- تحديد الأهداف ووضع المعايير أو المقاييس.
2- مقارنة (مطابقة) النتائج المتحققة مع المعايير أو المقاييس الموضوعة.
3- قياس الفروق والتعرف على أسبابها من خلال المقارنة.
4- تصحيح الانحرافات ومتابعة سير التنفيذ.
5- مراجعة الأداء وقياس النتائج مع مطابقتها للأهداف مرة أخرى.

---

[1] علي عباس، مرجع سابق، ص19.

الرقابة الإدارية في الفكر الإداري:

هناك ثلاثة اتجاهات فكرية رئيسة تتعلق بالرقابة الإدارية، وسنستعرض تلك الاتجاهات على النحو التالي:

1- الاتجاه الكلاسيكي:

يرى أصحاب الاتجاه الكلاسيكي الرقابة الإدارية بأنها عملية تفتيش وتخويف أفراد التنظيم أو العاملين، ولذلك نرى أنهم استخدموا ألفاظاً تـدل على السـيطرة مثل القـوة والسـلطة. ونلاحـظ ذلك أن المديرين التنفيذيين يستخدمون سلطتهم لتهديد العاملين وإيقاع العقوبـات على مـن لا يلتـزم بتنفيـذ مـا يؤمر به. إذن الأساس هو الثواب والعقاب بحيث يكون الثواب لمن يلتزم والعقاب لمن يخطئ وكل ذلك لتحقيق المشروعية ومنع الانحراف أو الخطأ.

2- الاتجاه السلوكي:

يركز أصحاب هذا الاتجاه على الجانب الإنسـاني في الرقابـة الإداريـة حيـث يـرون أن التأثيرالايجـابي على السلوك يتم من خلال الرقابة الادارية .

3- الاتجاه التطبيقي:

وأنصار هذا الاتجاه يركزون على الناحية التطبيقية للرقابـة وأن هنـاك خطـوات يجـب القيـام بهـا وهي:

1- وضع المعايير.
2- قياس الأداء ومقارنته بالمعايير.
3- تصحيح الفرق بين النتيجة والمخطط له.

إن هذه الاختلافات بين الاتجاهات الفكرية تشكل نموذجاً مختلطاً ومكملاً لبعضها البعض.

علاقة الرقابة الإدارية بالوظائف الإدارية:

إن الوظائف الإدارية تشمل التخطيط والتنظيم والتوجيه والقيادة والرقابة. والرقابة هنا ترتبط بعلاقة مميزة مع كل وظيفة وتشكل روح الوظائف، ونجد أن هناك تكاملاً بين هذه الوظائف والرقابة الإدارية وعلى النحو التالي:

أولاً- التخطيط والرقابة:

يعتبر التخطيط الوظيفة الإدارية الأولى وله الأولوية على الوظائف الإدارية الأخرى من تنظيم وتوجيه ورقابة لأن هذه الوظائف يجب أن تعكس هذا التخطيط، فالمدير ينظم ويوجه ويراقب لكي يضمن تحقيق الأهداف طبقاً للخطط الموضوعة، فالتخطيط يقوم على عملية التفكير والتقدير للمستقبل والنظر في البعد الزمني والتنبؤ بالمتغيرات، ووضع الخطط لما يخفيه المستقبل، والتأقلم مع الظروف المتغيرة. أو "هو الأسلوب العلمي الذي يتضمن حصر الموارد البشرية والمادية واستخدامها أكفأ استخدام بطريقة علمية وعملية وإنسانية لسد احتياجات المؤسسة" ويتضح من هذا التعريف أن التخطيط أسلوب علمي يتم على أساس الموارد اللازمة لعملية الإنتاج وتنظيم الموارد المالية واستخدامها بأحسن الطرق وذلك بوضع خطة شاملة. وهو الوظيفة الإدارية الأولى التي تعتمد عليها الوظائف الأخرى، فهو التقرير سلفاً لما يجب عمله لتحقيق هدف معين.

إذن التخطيط يركز الانتباه على أهداف المؤسسة، ويركز على إنجاز الأهداف التي تسعى إليها المؤسسة ووضع خطة مناسبة لهذه الأهداف، فواضعو الخطط يكونون مجبرين على التفكير دائماً في الأهداف المنشودة، فيجب عليهم مراقبة هذه الخطط دورياً وتعديلها وتطويرها في الوقت المناسب تماشياً مع الظروف المستقبلية وبما يضمن أهداف المؤسسة. كذلك عملية التخطيط ترتكز أساساً على الاستخدام الأمثل للوسائل المادية والمالية والبشرية بأكفأ الطرق لتحقيق أهداف المؤسسة وذلك يؤدي إلى تخفيض التكاليف. والأهم أن التخطيط أساس

للرقابة أي لا يمكن الفصل بين التخطيط والرقابة. ومعنى هذا أن المدير لا يمكنه مراقبة أي عمل ما لم يكن هناك برنامج تخطيطي لهذا العمل فعملية المراقبة تصبح بلا فائدة دون تخطيط.

ثانياً- التنظيم والرقابة:

يعتبر التنظيم الوظيفة الثانية من الوظائف الإدارية وهو وسيلة لتحقيق غاية أو أهداف معينة وظيفته تحديد الواجبات والمسؤوليات والسلطات.

وهناك العديد من التعريفات للتنظيم، والتي أجمعت على شمولها عدة عناصر منها: [1]

1- تقسيم النشاط العام وتجزئته إلى أعمال/ وظائف تتضمن كل منها واجبات محددة.
2- التزام بمسؤولية إنجاز الوظائف.
3- تجميع الوظائف في وحدات استناداً إلى أسس سليمة.
4- تقرير عدد الوظائف المناسبة في كل وحدة.
5- تفويض السلطات للأفراد بما يمكنهم من القيام بالمهام الموكولة لهم.

ونحن هنا بصدد تبيان العلاقة بين التنظيم والرقابة، ونحن نعرف أنه لا حاجة للخوض في وظيفة التنظيم بل نعلم أنه حين نتحدث عن الرقابة والتنظيم نرى أن هناك علاقة بين المركزية واللامركزية في التنظيم وأثر ذلك على العملية الرقابية ودرجة الدقة المطلوبة فيها، كما أن للوضع التنظيمي لأقسام المؤسسة أو المنظمة تأثيراً مهماً على العملية الرقابية، ففي حالة المركزية في الإدارة العليا فإن اتخاذ القرارات ينحصر في الإدارة العليا فقط أو الإدارة العامة وأن المعايير الرقابية المراد استخدامها هنا لا بد وأن تعبر عن الأداء بدقة وأن تعكس البيانات

---

[1] حريم، حسين. مبادئ الإدارة الحديثة، 2010م، دار الحامد، ص145.

بشكل تفصيلي عن كيفية تنفيذ كل عملية على حدة وبيان إنتاجية كل فرد في المنظمة. ولهذا فإن معدل تكرار القياس يكون بشكل سريع يومياً وذلك للتأكد من استمرار الجودة في الأداء.

أما في حالة المركزية في الإدارة الوسطى فإن القرار ينعكس على العملية الرقابية على أساس أن هناك معدلات للمصروفات ومعدلات لدوران العمل يمكن الإشارة لها من خلال تكرار عمليات القياس أو الرقابة أسبوعياً، وهنا نجد أن فترات القياس تطول نسبياً وتتباعد عما كانت عليه في حالة المركزية في الإدارة العليا.

أما في حالة المنظمة التي تتبنى الأسلوب اللامركزي في إدارتها على أساس تقسيم المنظمة إلى وحدات مستقلة واعتبارها مراكز ربحية فإنها لا بد وأن تكون العملية الرقابية على كل مركز، وبيان مدى نجاحه في تحقيق الهدف المطلوب منه، وتكون فترات القياس أطول نسبياً أي بمعدل مرة كل شهر أو ربع سنوي.

ثالثاً- الرقابة والتوجيه:

التوجيه الوظيفة الثالثة من الوظائف الإدارية، ووظيفة التوجيه تشمل القيادة، اتخاذ القرارات، والدافعية، والحوافز والاتصال، وهذه الوظائف تدخل في صميم الرقابة الإدارية إذ أن الرقابة الإدارية لها أدوار كثيرة في وظيفة التوجيه منها:

1- أن الرقابة الإدارية تدخل في عملية مكونات التوجيه فمثلاً القيادة هل تم اختيار القائد بناءً على مواصفات معينة ومحددة تم الاستناد إليها، لأن القيادة يتوقف عليها إشغال السلطة والقوة والمسؤولية.

2- أنه بواسطة الرقابة الإدارية يتم اكتشاف المبدعين الذين يستحقون التحفيز، وأن التحفيز أحد مكونات التوجيه.

3- أن الرقابة تسهم في تقييم عملية الاتصال بالمنظمات من حيث وصول الأوامر والتعليمات من أعلى الهرم ومراقبة هذه التعليمات ومدى الالتزام بها.

وعليه نرى أن علاقة الرقابة الإدارية بالوظائف الإدارية علاقة ارتباطية تكاملية وتداخلية والشكل رقم (1/1) يبين ذلك.

شكل رقم (1/1) دائرة الرقابة الإدارية

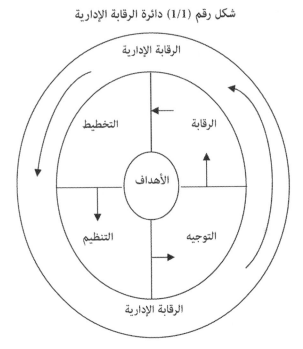

المصدر: عبد الفتاح حسن، 1972م، ص15.

وبهذا الصدد يقول الدكتور عبد الفتاح حسن في كتابه مبادئ الإدارة العامة بأنه تظهر أهمية الرقابة فيما تقدمه من تغذية عكسية يتم على أساسها تحقيق المزيد من النظام ومن التنسيق، كما يتم على أساسها مراجعة التنظيم أو مراجعة معدلات الأداء وقد عبر عنها بالشكل (1/1).

علاقة الرقابة الإدارية بالعلوم الأخرى:

تعتبر الرقابة الإدارية عنصراً رئيسياً ومهماً في كونها إحدى الوظائف للعملية الإدارية، حيث أن الإداري في أي مستوى يقوم باستخدامها كونها تعمل على تحديد وقياس درجة أداء النشاطات المختلفة وتتفق كذلك مع الأهداف المنشودة، وهي بذلك تشكل الجهاز العصبي للتنظيم لكونها تؤثر وتتأثر بكل نشاط أو جزء منه.

يستلزم لمن يمارس الرقابة الإدارية أن يكون على دراية ببعض العلوم الأخرى والتي يستفيد منها في ممارسته ومنها على سبيل المثال:

1- علم الاقتصاد:

يبحث علم الاقتصاد في حسن استغلال الموارد الطبيعية والبشرية المحدودة بأعلى درجة من الكفاية لإشباع الحاجات الإنسانية المتزايد هذا بالإضافة إلى أمور أخرى كثيرة يقوم علم الاقتصاد ببحثها ومعالجتها ولما كانت أحد فوائد الرقابة الإدارية والتي تحدث عنها الدكتور محمد ياغي في كتابه الرقابة في الإدارة العامة "التثبت من أن القواعد المقررة مطبقة على وجهها الصحيح وبخاصة في المسائل المالية وحدود التعرف فيها وذلك منعاً لحدوث انحرافات من جانب الأمناء على الأموال وتفادياً لأي إسراف في النفقات التي لا مبرر لها" وهذا الكلام هو جوهر علم الاقتصاد الذي يبحث في إدارة الندرة الاقتصادية.

2- علم النفس:

يبحث علم النفس في دوافع السلوك ومظاهر الحياة العقلية الشعورية واللاشعورية أي أنه يدرس السلوك الإنساني، ويستخدم الأساليب العلمية في دراسة نواحي نشاط الفرد واتجاهاته الذهنية والتوصل إلى أفضل الطرق لتحقيق الرضا والرخاء له.

ومن خلال استعراض التعريفات السابقة للرقابة الإدارية فإننا نجد أن علم النفس والرقابة الإدارية يتعاملان مع البشر، إذ يدرس علم النفس الفرد واتجاهاته وسلوكه في حين تعمل الرقابة الإدارية من خلال الفرد والجماعة ومن خلال الفرد الذي يمارس الرقابة على الغير أو تمارس عليه ونفس الشيء للجماعة في التنظيم وحتى يستطيع المدير أن يزيد من الإنتاجية ويقلل من الانحراف أو الأخطاء من العاملين عنده فإنه بالضرورة يلجأ للأساليب التي تؤثر فيهم وتدفعهم للإبداع.

3- علم الاجتماع:

يهتم علم الاجتماع بدراسة الجماعات من حيث نشأتها وتطورها وتكوينها والعلاقات التي تنشأ بينها، كما تشمل النظم الاقتصادية والعائلية ووسائل تقدم هذه الجماعات ونجاحها. ويحقق علم الاجتماع أهدافه عن طريق الاهتمام بجميع البيانات الإحصائية وتنظيم الأبحاث الاجتماعية والملاحظات العلمية حول الأحوال الفردية.

وقد وجدت العلاقة بين الرقابة الإدارية وعلم الاجتماع وحيث إن من أهداف الرقابة محاربة الفساد والظواهر المالية السيئة والتي تنعكس على المجتمعات فإذا استطاعت تحقيق هذه الأهداف فإنه ينعكس على الحالة الاجتماعية بالنحس في المجتمع.

4- العلوم الطبيعية والرياضية:

يقصد بالعلوم الرياضية علم الفيزياء والإحصاء والرياضيات ومن مظاهر العلاقة فيما بين الرقابة الإدارية وبين العلوم الرياضية أن الرقابة الإدارية باستخدامها بعض الأساليب المتخصصة مثل الميزانيات وأسلوب بيرت وخرائط جانت والتحليل الشبكي للزمن والنشاط. إذن العلاقة وثيقة الصلة بينها.

على ضوء ما تقدم نرى أن الرقابة الإدارية تدخل في جميع نواحي حياتنا كأفراد وفي التنظيمات المختلفة وكما ورد في بداية الفصل أن أهميتها اكتسبت من خلال الآيات القرآنية والأحاديث النبوية وحاجتنا الماسة إليها.

مجالات الرقابة الإدارية: [1]

يمكن تقسيم مجالات عمل الرقابة الإدارية إلى قسمين:

الأول: الجانب الإداري وبعض الأمور المالية التي لها أساس مباشر بالجانب الإداري والتي تؤثر وتتأثر بالقرار الإداري.

الثاني: الجانب الفني (الخدمي) والمتعلق بطبيعة عمل كل جهاز والأهداف الرئيسة التي أنشئ أصلاً من أجل تحقيقها. وعليه، يرتبط بهذا الجانب الأهداف المشاريع والاستثمارات والخدمات المقدمة ومدى التزام الدوائر بالتشريعات والتعليمات والأسس والقواعد والإجراءات النافذة وسير عمل المشروعات والاستثمارات ويشمل هذا الجانب أيضاً مراقبة الأبنية المستأجرة والأجهزة والمعدات والتنسيق بين الوحدات التنظيمية المختلفة والتحقق من عدم الازدواجية في العمل.

الأمثلة على القسم الأول:

أ- الجانب الإداري:

- التأكد من وجود نظام إداري للجهة الخاضعة للرقابة.

- التأكد من وجود هيكل تنظيمي لتلك الجهة.

- دراسة وضع المديريات من حيث مهامها والأقسام التابعة ومدى كفاءة العاملين فيها بما يحقق أهدافها.

- تدقيق قرارات التعيين للموظفين سواءً المصنفين أو بعقود، والترقيات والزيادات والنقل والانتداب والتكليف والإعارة والإجازات والعقوبات والعلاوات والمكافآت وحالات إنهاء الخدمة بصورة عامة.

- مطابقة المسمى الوظيفي مع جدول التشكيلات الخاص بالجهة الخاضعة للرقابة.

---

[1] مقابلة مع الخبير في ديوان المحاسبة الأردني السيد أحمد علي الطراونة.

- الرقابة الداخلية: التأكد من المستوى التنظيمي لها ومن إعداد العاملين فيها ومؤهلاتهم وخطط عملها والتقارير الصادرة عنها.
- التأكد من وجود وصف وظيفي يحدد طبيعة كل وظيفة واختيار الموظف المناسب في المكان المناسب.
- البعثات: سواءً داخل البلاد أو خارجها والأسس الناظمة لها.
- الدورات التدريبية من حيث طبيعة الـدورة والحاجـة لها والوقت المستغرق فيها والقيمـة المالية الناتجة عنها والبرامج المعدة للموظفين لغايات التدريب.
- تفويض الصلاحيات: التأكد من وجود سند قانوني يجيز التفويض وتدقيق شروط التفويض من حيث المدة والكفاءة والقيمة المالية.
- تحديد مهام الوحدات الإدارية.
- اتخاذ القرارات من قبل المخولين بذلك.
- تدقيق الملفات والوثائق المنظمة لكل نشاط مـن نشاطات الـدوائر الحكوميـة والتأكد مـن فهرستها وترتيبها وطرق حفظها.
- الالتزام بالدوام الرسمي.
- الإجازات والمغادرات.
- دراسة أي قضية أو تقرير يحال من الجهات المعنية والتحقق من صحة ما ورد فيها.
- الكشـف عـن المخالفـات والتجاوزات وإجـراء التحقيقـات الإداريـة اللازمـة بشـأنها وتحديـد مسؤولية المتسـببين وإحالتها إلى الجهات المختصة إذا اقتضت المصلحة ذلك، ومتابعـة الإجراءات المتخذة بخصوصها.
- متابعة ما ينشر في الصحف بالإشارة إلى بعض التجاوزات والمخالفات والتحقق من صحتها.

- التعامل مع الإخباريات السرية والشكاوى التي لها علاقة بالأمور الإدارية والمالية أو الخدمية وأن تؤخذ على محمل الجد حتى يثبت عكسها.
- التأكد من رفع العلم الوطني على المؤسسات الرسمية وأن يكون بحالة ممتازة.

ب- الجانب المالي:

بجانب التدقيق المالي المتعارف عليه لا بد من تحليل القرار الإداري الناتج عن النفقة والإيراد ومدى الاستفادة القصوى من الموارد المالية لإحداث أو تطوير الوحدات التنظيمية والكوادر البشرية العاملة فيها والخطط المستقبلية لمواكبة التطور الناتج عن الحاجة وتقديم الخدمات المثلى للمواطنين.

القسم الثاني (الجانب الفني/ الخدمي):

- التأكد من وجود أهداف واضحة ومحددة لكل دائرة حكومية.
- المشاريع الاستثمارية وجدواها من حيث:

أهمية وجود تلك المشاريع.

تكاليف كل مشروع.

المردود المتوقع والجدوى الاقتصادية والاجتماعية.

متابعة نسب الإنجاز.

العقود والاتفاقيات الناظمة لتلك المشاريع ومدى الالتزام بها.

- الخدمات التي تقدمها الدائرة ودراسة خدمات الدائرة حسب المناطق الجغرافية المختلفة والتأكد من شمولية وعدالة تلك الخدمات وبأيسر الطرق وأسرعها.
- مدى التزام الوزارة أو الدائرة بالتشريعات المعمول بها.
- الأجهزة والمعدات المستعملة من حيث عددها ومدى الحاجة لها.

- التأكد من سلامة المستودعات ومدى ملاءمتها لتخزين وحفظ المواد حسب طبيعتها وأشكالها وطرق تخزينها.
- الاطلاع على سير الأعمال في العطاءات الحكومية.
- الاطلاع على الاتفاقيات المحلية والدولية ومدى الالتزام بها وبالقوانين الخاصة بها وبيان أوجه القصور في تطبيقها.
- التأكد من صلاحية الأبنية الحكومية المملوكة والمستأجرة والاطلاع على إجراءات إدامتها وذلك بالاستئناس بالتقارير الفنية الصادرة عن وحدة الدعم الفني.

أسس الرقابة الفعالة: [1]

يكاد يتفق أغلب كتّاب الفكر الإداري على بعض الأسس والتي يمكن أن تكون فعالة في الرقابة الإدارية ومنها:

1- اتفاق النظام الرقابي مع حجم وطبيعة النشاط الذي تتم الرقابة عليه، وهذا يعني أن يكون النظام الرقابي يجب أن يكون مصمماً وفقاً لاحتياجات وطبيعة الوظيفة أو النشاط موضوع الرقابة، فالمنظمة الكبيرة الحجم تحتاج إلى جهاز رقابي أكبر حجماً من ذلك الذي يطبق في منظمة صغيرة الحجم. وتوضع نظم الرقابة، وتحدد أهدافها والمعايير وأساليب القياس المستخدمة فيها، على ضوء الفهم الواضح والمحدد لأهداف وسياسات المنظمة، والخطط والبرامج الموضوعة، وبما يتلاءم وطبيعة الأنشطة وطرق وأساليب العمل.

2- تحقيق الأهداف على مستوى عالٍ من الفاعلية والكفاية والعلاقات الإنسانية السليمة: يجب أن يراعى في نظم الرقابة الدوافع والسلوكيات والجوانب الإنسانية لدى العاملين عند اختيار وسائل القياس ومعايير تقويم الأداء والإنجاز. فلا

[1] فالح محمد حسن، الرقابة الإدارية، المجلة العربية للإدارة، عمان، المنظمة العربية للعلوم الإدارية، المجلد الثامن العدد الأول 1984م، ص42-43.

يكون الهدف من عملية الرقابة تصيد الأخطاء وعقاب المقصرين، وإنما اكتشاف الأخطاء أو الانحرافات والبحث عن أسبابها، وتصحيحها، والعمل على تجنب وقوعها مستقبلاً، وتوجيه العاملين إلى أفضل الطرق لأداء الأعمال، وتقدير المجدين منهم ومكافأتهم على ذلك.

3- **الموضوعية في اختيار المعايير الرقابية:** بحيث تكون وسائل القياس ومعايير الإنجاز موضوعية ومعلنة لجميع العاملين في الجهاز من رؤساء ومرؤوسين.

4- **الوضوح وسهولة الفهم:** بحيث يتم وضع معايير تقريبية وواضحة للإنجاز المستقبلي المرغوب. وفي حالة استخدام معادلات رياضية أو خرائط رقابية أو تحاليل إحصائية يجب شرحها وتدريب العاملين الجدد على استخدامها حتى يتم التنفيذ على أساس سليم.

5- **إمكانية تصحيح الأخطاء والانحرافات:** وذلك بالتعرف على المشكلات والمعوقات التي تعترض العمل التنفيذي وتؤثر في مدى كفايته، ثم دراسة الأسباب والعوامل التي أدت إلى ذلك والظروف المختلفة التي أحاطت بالأداء وذلك بقصد اتخاذ الإجراءات التصحيحية اللازمة ضماناً للتنفيذ المنتظم. وهذا لا يتم إلا بمشاركة العاملين في الأقسام ذات العلاقة في تحليل ودراسة المشكلات والمعوقات وتحري أسبابها واقتراح الحلول الملائمة لمنع تكرار وقوعها مستقبلاً.

6- **توافر القدرات والمعارف الإدارية والفنية للقائمين على أجهزة الرقابة:** وذلك بإسناد اختصاصات ومهام الرقابة وتقويم الأداء إلى تشكيل تنظيمي توضح اختصاصاته وسلطاته، ونوع العلاقات التي تربطه ببقية الأقسام التنظيمية الأخرى في المنظمة، وأن يتبع هذا التشكيل التنظيمي لأعلى سلطة في المنظمة ضماناً للحياد والموضوعية، ولدعمه وتعزيز موقفه باعتباره يستمد سلطاته وصلاحياته من السلطة العليا، وأن يتم اختيار أفراد هذا التشكيل التنظيمي الرقابي ممن يتميزون بالموضوعية والقدرة على التحليل المنطقي والاستنتاج، وممن لهم خبرة ودراية

كاملة بمجالات النشاط أو الأنشطة موضوع الرقابة وطرق وأساليب العمل المنفذة لها.

7- **وضوح المسؤوليات وتحديد الواجبات:** فالتصميم الملائم لنظام رقابي ما من شأنه أن يساعد في التقويم الموضوعي لإنجاز الآخرين وأدائهم وتكون مسؤولية الفرد مرتبطة بمقدرته على السيطرة على العوامل التي تؤثر بصورة مباشرة على أي إنجاز يقوم به.

8- **الاقتصاد والمرونة:** ينبغي أن تكون تكاليف النظام الرقابي المقترح معقولة نسبياً، وتتناسب مع الفوائد الناتجة عنه، كما ينبغي أن يتوفر في النظام نوع من المرونة من شأنها أن تساعد على اتخاذ الإجراءات البديلة الممكنة لتصحيح الانحرافات فور حدوثها.

9- **استمرارية الرقابة:** ويشير هذا المبدأ إلى أهمية إحكام الرقابة حال البدء بتنفيذ الوظائف أو المهام واستمرارها لحين الانتهاء من التنفيذ.

10- **دقة النتائج ووضوحها:** يجب أن تكون المعلومات أو البيانات الإحصائية الناتجة عن الرقابة واضحة وبعيدة عن التعقيد أو الغموض لتيسير عملية اتخاذ القرارات.

مصطلحات الفصل الأول

Evaluation	التقييم
Orientation	التوجيه
Performance	الأداء
Continuous	الاستمرارية
Deviations	الانحرافات
Planning	التخطيط
Feed Back	التغذية العكسية
Organizing	التنظيم
Control	الرقابة
Managerial Control	الرقابة الإدارية
Abilities	القدرات
Measurement	القياس
Flexibility	المرونة
Responsibilities	المسؤوليات
Standards	المعايير
Tasks	المهام
Results	النتائج
Duties	الواجبات
Economic Science	علم الاقتصاد
Control Area	مجالات الرقابة

أسئلة الفصل الأول

س1- هناك العديد من المفاهيم المتعددة والمتنوعة للرقابة الإدارية وهذه المفاهيم وإن اختلفت بالتعبير فهي تلتقي بالمعنى والمفهوم. اشرح وجهات النظر التي تتعلق بالرقابة الإدارية؟

س2- تمتاز الرقابة الإدارية بالعديد من الخصائص اذكر خمسة منها؟

س3- أدى التطور العلمي الحديث إلى توسيع وتعميق مفاهيم الرقابة الإدارية بحيث يغطي العديد من النواحي والمجالات. اذكرها؟

س4- إن الحاجة للرقابة الإدارية لا تقتصر على المنظمات العامة دون الخاصة وهذه الحاجة تبرز من خلال العديد من العوامل اذكر خمسة منها؟

س5- إن استخدام الرقابة الإدارية في المنظمات العامة والخاصة يحقق العديد من الأهداف. اذكر خمسة منها؟

س6- تشمل الرقابة الإدارية على العديد من العناصر اذكرها وحسب التسلسل العلمي لذلك؟

س7- ابحث في الرقابة الإدارية في الفكر الإداري من حيث الاتجاه الكلاسيكي، الاتجاه السلوكي والاتجاه التطبيقي؟

س8- ترتبط الرقابة الإدارية بالوظائف الإدارية بعلاقة تداخلية متميزة. ابحث في ذلك من حيث التخطيط؟

س9- تعتبر الرقابة الإدارية عنصراً رئيسياً ومهماً كونها إحدى وظائف العملية الإدارية ولكنها ترتبط مع العلوم الأخرى. ابحث علاقة الرقابة بعلم الاقتصاد؟

س10- هناك مجالان رئيسان في عمل الرقابة الإدارية. اذكرهما مع الشرح بالأمثلة؟

س11- يتفق أغلب كتاب الفكر الإداري أن هناك أسساً إن توفرت في الرقابة الإدارية اعتبرت فعّالة. اذكر خمسة منها مع الشرح؟

الفصل الثاني
مراحل الرقابة الإدارية

أهداف الفصل الثاني

بعد دراسة هذا الفصل بإذن الـلـه يتوقع من الدارس أن يكون قادراً على ما يلي:

1- معرفة المراحل الأساسية في الرقابة الإدارية.

2- معرفة أنواع المعايير الرقابية.

3- معرفة المعايير المستخدمة في الأردن.

4- التعرف على فوائد معايير أو مقاييس العمل.

5- التعرف على طرق وضع المعايير.

6- التعرف على فوائد تقييم الأداء.

7- معرفة الصعوبات التي تواجه تقييم الأداء.

8- التعرف على أسباب الانحرافات وطرق الحل والعلاج.

9- معرفة المفاهيم والمصطلحات.

الفصل الثاني
مراحل الرقابة الإدارية

مقدمة:

على ضوء المفاهيم التي تم شرحها في الفصل الأول من هذا الكتاب والحديث عـن معنـى الرقابـة والرقابة الإدارية والأدلة الشرعية وعلاقتها بالوظائف الإدارية والعلوم الأخرى فإن الرقابة الإدارية لا تـتم في فراغ إذ أن هناك مراحل أو خطوات تقوم عليها الرقابة الإدارية وهي بمثابة الأساسيات في الرقابـة الإداريـة وأن أي عمل أو منهج يجب أن يكون ذا أسس يقوم عليها وهذه الأسس تراكمية، ولا يمكـن الاسـتغناء عـن أي جزء منها وبالتالي فهي عبارة عن سلسلة من الحلقات المتصلة مع بعضها الـبعض، والشـكل رقـم (2/1) يبين نموذجاً مبسطاً لهذه السلسلة في الرقابة الإدارية. والتي تعتـبر عمليـة ضروريـة ومهمـة لكـل أنـواع المنظمات سواءً كانت هذه المنظمات صناعية، زراعية، تجارية، أو علمية، وسواء أكانت مـنظمات كبـيرة أو صغيرة، عامة أو خاصة. وكما علمنا في الفصل السابق أن أكثر التعريفات شيوعاً كانت أن الرقابـة[1] تعنـي التأكد من أن الأشياء تتم وفقاً لما هو مخطط لها، أو أن التخطيط والرقابة توأمان لا ينفصلان عـن بعضـهما البعض وأن الرقابة هي مهمة التأكد من أن الأنشطة سوف تحقق النتاج المرغوبة.

وعليه فإن الرقابة الإدارية تتضمن مراحل وخطوات محددة والشكل رقم (2/2) يمثلها وهي:

1- تحديد الأهداف ووضع المعايير أو المقاييس لها.
2- قياس وتقييم الأداء الفعلي.
3- اتخاذ الإجراءات التصحيحية.

---

[1] عاطف، زاهر عبد الرحيم. الرقابة على الأعمال الإدارية، مرجع سابق.

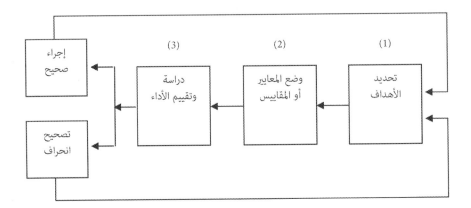

(1)
تحديد
الأهداف
(2)
وضع المعايير
أو المقاييس
(3)
دراسة
وتقييم الأداء
إجراء
صحيح
تصحيح
انحراف

المصدر: المؤلفان.

شكل رقم (2/1)
مراحل عملية الرقابة الإدارية ومراحلها

وفيما يلي شرح مفصل لهذه المراحل:

أولاً- تحديد الأهداف ووضع المعايير أو المقاييس:

من المعلوم أن لكل منظمة مهما كانت كبيرة أم صغيرة عامة أم خاصة أهدافاً خاصة بها نطلق عليها الأهداف التنظيمية أو الأغراض أو الغايات (Targets) والتي يتم بموجبها توجيه نظام الإدارة نحوها حيث يقول (John Mee)[1] بأن الأهداف التنظيمية لمؤسسات الأعمال يمكن تلخيصها في ثلاث نقاط هي:

1- أن الربح هو القوة الدافعة للمديرين.
2- تقديم السلع والخدمات للعملاء بوجود منظمة أعمال.
3- إن المسؤوليات الاجتماعية للمديرين تتحدد طبقاً لقواعد الأخلاقيات الموجودة بالمجتمع الموجودة فيه المنظمة.

[1] John. Mee. Management Philosphy for Professonal Executives, Business Horizons (Decmber 1956), p. 7.

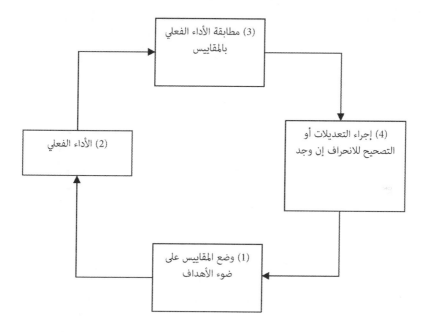

```
                    ┌──────────────────┐
                    │ (3) مطابقة الأداء الفعلي │
                    │      بالمقاييس      │
                    └──────────────────┘
   ┌──────────────┐                      ┌──────────────────┐
   │ (2) الأداء الفعلي │                  │ (4) إجراء التعديلات أو │
   │              │                      │  التصحيح للانحراف إن وجد │
   └──────────────┘                      └──────────────────┘
                    ┌──────────────────┐
                    │ (1) وضع المقاييس على │
                    │      ضوء الأهداف     │
                    └──────────────────┘
```

الشكل رقم (2/2)
عملية الرقابة الإدارية[1]

أما أهمية الأهداف التنظيمية كونها تقدم للمديرين والعاملين بالمنظمات العديد من الإرشادات مثل اتخاذ القرارات والكفاءة التنظيمية والمساعدة في تقييم الأداء على أنه يجب الإشارة إلى أن تحديد الأهداف هو الأساس لموضوع وضع وتحديد المعايير أو المقاييس حيث أنه وبدون وجود أهداف لأي منظمة فإنه من المتعذر وضع معايير أو مقاييس لأن المعايير والمقاييس هدفها تبيان تحقيق الأهداف أو الدرجة التي تم تحقيقها من الأهداف حيث ذكر "بيتر دركر"[2] أن للأهداف أهمية

[1] David. Cleland and William. King. Systems Analysis and Projeect Management, New York, Hill Book, 1968. p. 243.

[2] ياغي، محمد عبد الفتاح، الرقابة في الإدارة العامة، دار ياسين للنشر، 1994م، ط2، عمان، ص31.

كبيرة في كل المجالات التي يكون فيها للأداء والنتائج تأثيراً على بقاء وازدهار المنظمة.

إن وضع الأهداف للمنظمة من مسؤولية الإدارة العليا في المنظمة لأنها تعكس فلسفتها ودورها بالمجتمع وهي تعتبر الوثيقة المراد تحقيقها بالمستقبل.

وقد اقترح بيتر دركر [1] مجالات رئيسة عند تحديد الأهداف وعلى شكل أداء وهي:

1- الوضع في السوق أو المركز السوقي (Market Standing).
2- الابتكار أو الإبداع (Innovation).
3- الإنتاجية (Productivity).
4- الموارد المادية والمالية (Physical an Financial Resources).
5- المقدرة على الربح (Profitability).
6- أداء المدير وتنميته (Managerial Performance).
7- أداء الأفراد وميولهم (Worker Performance).
8- المسؤولية العامة (Public Responsibility).

ومما تجدر الإشارة إليه أن تحديد الأهداف كمؤشرات لأي خطة تنظيمية فإنها ستستخدم كمعيار أو مقياس رقابي يتم تقييم الأداء الفعلي عليه وبالتالي يجب أن يُعبر عنه بصورة كمية أو رقمية وضمن حد أعلى وحد أدنى خلال فترة زمنية محددة. وعلى سبيل المثال أن تقوم وزارة التربية والتعليم بتحديد هدف تخفيض عدد المدارس المستأجرة بنسبة 20%-30% والاستعاضة عنها بمدارس مملوكة للتربية وخلال فترة زمنية محددة. وهذا يجعلنا نقدر كم هي أعداد المدارس المستأجرة للتربية وأن هناك خططاً لمشاريع مدرسية سوف تحل محلها وفي غضون الفترة الزمنية وتحقيق الهدف وهو تخفيض لأعداد المدارس المستأجرة من

---

[1] ياغي، مرجع سابق، ص31.

20%-30% وهذا يعتبر مقياساً أو معياراً للإنجاز. يجب الإشارة إلى أن تحديد الأهداف في المؤسسات العامة يختلف عنه في المؤسسات الخاصة نظراً لطبيعة كل منهما والمشاكل التي تواجه كل منهما.

إذن نرى أن تحديد الأهداف للمنظمات يعتبر ضرورة قصوى لتطبيق إجراءات الرقابة الإدارية حيث أنها وبدون وجود الأهداف تصبح عديمة الجدوى.

ثانياً- وضع وتحديد المعايير (المقاييس) الرقابية:

تعتبر عملية تحديد المعايير أو المقاييس أساساً للرقابة الإدارية ومرتبطة ارتباطاً وثيقاً بوظيفة التخطيط حيث أن أي خطة لا بد أن تتضمن مؤشرات أو معايير محددة تعكس مدى كفاءة تحقيق الخطة الموضوعة فبدون التخطيط تنعدم الرقابة لأنه لا تتم المطابقة للإنجاز أو الأداء عما هو مطلوب إتمامه، وكذلك لا فائدة في تخطيط لا يتضمن الرقابة الإدارية.

ومما تجدر الإشارة إليه أن التحديد الدقيق للمعايير الرقابية ليس بالأمر السهل كما يتصوره البعض فهناك الكثير من الأعمال القابلة للقياس ويقابلها أعمال أخرى غير قابلة للقياس. ويقول (د. عبد الرحمن الصباح)[1] أن هناك العديد من المقاييس والتي من الممكن الاستعانة بها أو بإحداها أو الجمع بأكثر من واحدة ومنها:

1- المقاييس الكمية (الكم).
2- المقاييس الكيفية (النوعية والجودة).
3- المقياس الزمني.
4- مقياس حجم التكلفة.
5- مقياس الجهد المبذول الذي يقوم على النوعية والجودة والزمن والتكاليف والأداء.

---

[1] الصباح، عبد الرحمن، مبادئ الرقابة الإدارية، دار زهران، 1997م، ص103.

إذن نرى أن المعيار أو المقياس هو هدف أو أداة تخطيطية تعبر عن غاية مطلوب بلوغها، وقد يعكس خطة أو طريقة أو إجراء يستخدم لأداء نشاط معين وقد يكون نهائياً تنتهي عنده مراحل التنفيذ وقد يكون وسيطاً بعكس النشاط السابق ويعتبر بداية لنشاط لاحق.

إن وضع المعايير أو المقاييس يستلزم مراعاة عدد من الأمور منها على سبيل المثال:

1- الموضوعية.
2- الواقعية.
3- تجانس المقياس مع طبيعة العمل.
4- الوضوح.
5- المرونة.
6- الملائمة.
7- قابلة للقياس.

وبالإجمال هناك شبه اتفاق بين كتاب الفكر الإداري على مجموعة من الشروط لوضع المعايير المطلوبة في الأعمال ومن هذه الشروط[1]:

1- تحديد كمية ونوع العمل بشكل يمكن وضع معيار له مناسب.
2- درجة تشابه وحدات العمل يجب أن تكون كبيرة ومتماثلة أي أن الفرد يقوم بأعمال متشابهة أو متماثلة.
3- يفضل أن يكون هناك انسياب واستمرار للعمل ليكون المعيار صالحاً لذلك.
4- أن تتناسب المعايير مع الجهد المبذول سواءً اليدوي أو الجسمي.

---

[1] ياغي، محمد عبد الفتاح، مرجع سابق.

أنواع المعايير الرقابية:

ذكرنا فيما سبق أن المعيار عبارة عن ترجمة للخطط والأهداف والسياسات والإجراءات والبرامج في أي منظمة في فترة زمنية معينة، وهناك العديد من المعايير الرقابية ومنها المعايير التالية:

1- **المعايير الكمية:** وهي تلك المعايير التي تتعلق بكمية العمل الذي ينبغي أن ينجزه الفرد في فترة زمنية محددة. وهنا يمكن وضع مواصفات دقيقة لأنها تتعلق بشيء كمي.

2- **المعايير النوعية:** وهي تلك المعايير التي تتعلق بوضع مواصفات خاصة لدرجة الأداء المطلوب وهنا يتم التركيز على النوعية والجودة اعتماداً على المواصفات الموضوعة للأداء.

3- **معايير كمية ونوعية مع بعضها:** وهي التي يتم خلالها المزج بين كل من المعايير الكمية والمعايير النوعية لإنجاز الأعمال أو الأداء في فترة زمنية محددة.

4- **المعايير الزمنية (دراسة الوقت) أو التاريخية أو الإحصائية:** وهي المعايير التي تتعلق بقياس الأداء خلال برنامج زمني محدد ومن أمثلتها خريطة جانت في إدارة المشاريع أو الرجوع للسجلات والدفاتر ومطابقتها مع الماضي. وأحياناً تسمى المعايير الهندسية لأنها تستند على التحليل الكمي لعمل معين.

5- **معايير التكلفة:** وهي من محددات الكفاية الإدارية بحيث تعكس معايير التكلفة من الناحية المالية المتعلقة بمصروف إحدى البرامج.

6- **المعايير المعنوية:** وتتعلق هذه المعايير بالأنشطة التي يتعذر تحديد كمياتها كقياس الروح المعنوية للعاملين أو مبدأ الولاء الوظيفي أو غير ذلك.

أما المعايير المستخدمة في الرقابة الإدارية في الأردن فهي:

1- التشريعات: وهي القوانين والأنظمة والتعليمات واللوائح والبلاغات والقرارات والأسس والقواعد الصادرة عن الجهات المختصة ذات العلاقة وبطبيعة كل عمل.

2- معايير الفعالية التنظيمية والمتمثلة في التأكد من مدى تطبيق الأهداف.

3- الكفاءة الإدارية: وهي أداء الأعمال بأقل ما يمكن من الوقت والجهد والتكلفة؛ أي نسبة المخرجات إلى المدخلات.

4- الخطط والبرامج الموضوعة سواءً كانت خططاً شاملة أو خططاً جزئية.

5- العبء الوظيفي.

6- المقارنة والمتوسطات والتحليلات.

7- السجلات والدفاتر والإحصاءات.

8- التقارير الإدارية.

9- الموازنات والميزانيات.

10- الأسس والإجراءات المعتمدة في كل دائرة.

فوائد معايير أو مقاييس العمل:

أوضحنا سابقاً أن أي عمل بدون رقابة يصبح مضيعة للوقت وأن أي رقابة بدون وجود أهداف تصبح تشتيتاً للوقت والجهد ولذلك كان من أولى خطوات عملية الرقابة الإدارية تحديد الأهداف، حيث أن تحديد الأهداف يتبعه وضع معايير أو مقاييس لمعرفة الكفاية الإدارية.

إن للمعايير فوائد كثيرة عند استخدامها في الرقابة الإدارية ومن هذه الفوائد:

1- تساعد في تخطيط العمل للمستقبل من خلال معرفة الانحراف أو الثغرات التي ظهرت بالتطبيق واكتشف من خلال تلك المعايير.

2- تساعد في الوصول إلى الطريقة المثلى في العمل والابتعاد عن ما يسمى عنق الزجاجة.

3- تساعد المعايير أو المقاييس في توزيع الأعمال أو إعادة توزيع الأعمال، حسب الدراسات التي تبنى لمعرفة الوقت المطلوب للأداء.

4- تساعد المعايير أو المقاييس في هندرة Re-engineering الأعمال المطلوبة للأداء أي إعادة هندسة الأعمال والخطوات والإجراءات المتبعة واستبدالها بإجراءات جديدة من خلال استخدام المعايير.

طرق وضع معايير (مقاييس) العمل:

تبرز الحاجة في المنظمة لوضع معايير أو مقاييس عندما ترغب في التعرف على كلفة القيام بالأعمال فيها وذلك من أجل مراقبة تلك الكلفة ومحاولة التقليل منها ولكن بشكل لا يؤثر على النوعية المطلوبة وكذلك تستفيد المنظمة من وضع المعايير لمساعدتها في وضع نظام الأجور والمكافآت للعاملين فيها.

وهناك العديد من المجالات في المنظمات وذلك لاختلاف المنظمات باختلاف الأهداف التي أنشئت من أجلها إلا أن كافة الأعمال الكتابية في أغلب المنظمات تستخدم بعض الطرق كمعايير للوقت والعمل للإنجاز ومن هذه الطرق المستخدمة:

1- سجلات الإنتاج:

وهي من أكثر الطرق انتشاراً لوضع معيار للوقت والعمل حيث يمكن اللجوء لتلك السجلات ومعرفة إنتاج موظف ما خلال فترة محددة من الزمن ثم يجمع الإنتاج خلال تلك الفترة ويستخرج منه معدل إنتاج الموظف بعد الأخذ بالحسبان العوامل الأخرى. ويجب أن تكون المدة الزمنية ممثلة لمعظم الفترات من ناحية النوع والكم الذي يقوم به الموظف.

ولهذه الطريقة نموذج خاص يطلق عليه "سجل الإنتاج اليومي للموظف" حيث يكون لكل موظف سجلاً خاصاً به يقوم المشرف بنهاية كل أسبوع بتقديم تقرير مفصل عن إنتاج الموظفين خلال الفترة الزمنية المحددة للتقرير.

وتعتبر هذه الطريقة من أسهل الطرق وذلك لأنها تمتاز ببساطتها وأن الموظفين يتجاوبون معها. ويبين الشكل رقم (2/3) سجل الإنتاج اليومي للموظف.

سجل الإنتاج اليومي للموظف

الإدارة/ القسم:
اسم الموظف:
الوظيفة:
التاريخ:

التوقيت بداية - نهاية	عدد الدقائق الحقيقية	رقم العمل	الوحدات المنتجة
مجموع دقائق العمل في اليوم	مجموع الدقائق الفعلية للموظف		

شكل رقم (2/3)
سجل الإنتاج اليومي للموظف

2- دراسة العمل بواسطة العينات:

تعتبر هذه الطريقة من أدق الطرق المستخدمة لوضع المعايير وتتلخص في أنها تتم بأخذ عدد كبير من الملاحظات في فترات زمنية بشكل عشوائي وتسجل كل ملحوظة وتشمل نوع العمل الذي يقوم به الموظف وسرعته وحالته ومن ثم

تستخرج النسبة المئوية لكيفية توزيعه لأوقاته إذ كلما كبرت العينات كلما كثرت عـدد الملاحظـات وبالتـالي نحصل على درجة دقة أكبر.

3- دراسة الوقت:

وتستخدم هذه الطريقة من أجل تحديد الوقت القياسي لإنتاج وحدة واحدة من وحـدات العمـل؛ أي قياس الزمن اللازم لإنجاز كل عنصر مـن عناصر العمليـة. وتتلخص هـذه الطريقـة في تقسـيم العمـل المطلوب بوضع معيار له وبعدها يتم قياس الزمن لكل عنصر من عناصر العمليـة بواسطة سـاعة توقيـت ويتم تكرار القياس لأخذ المعـدل الطبيعـي وبعـدها يـتم جمـع الأزمنـة لكـل عنصـرـ وجمعهـا واسـتخراج المتوسط للزمن المرغوب وضعه كقياس مع الأخـذ بالحسـبان إتاحـة 10% مـن وقت العمـل كفتـرة تعتبر مسموح بها لقضاء الحاجات الشخصية للموظف محل الدراسة.

4- الاعتماد على خبرات المشرفين لنفس الأعمال:

معروف أن الخبرة التي يمارسها المشرفون لا يمكن الاعتماد عليها لوحدها لأنها لا تكون مبنيـة عـلى أسس علمية، ومن الجدير ذكره أن الخبرة عبارة عـن معرفـة أو تجربـة عاشـها المشرف وخزنهـا في ذاكرتـه ويقوم باسترجاعها عند تطبيقها في موقف ما ولكنها لا ترقى إلى المعايير العلمية.

ثالثاً- قياس وتقييم الأداء الفعلي:

يتم في هذه المرحلة تقييم الأداء الفعلي عن طريق مقارنة الأداء الفعلي أو المتوقع بالمعايير الرقابية لمعرفة مقدار الانحراف عنه ثم مقارنة ذلك بالأهداف التي مـرت في المرحلـة الأولى، والشكل رقـم (2/4) يوضح ذلك:

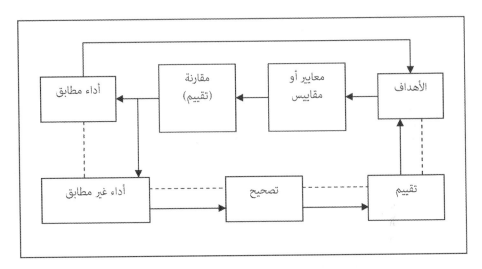

شكل رقم (2/4)
تقييم الأداء

إذن التقييم هو الإجراءات الإدارية التي تؤخذ لتقرير مدى الأداء المنجز أو المتوقع في فترة زمنية محددة.

وتعد عملية تقييم الأداء من المهام الصعبة في منظمات الأعمال أو في أي تنظيم آخر وذلك بسبب صعوبة أعمال بعض العاملين التي لا تحكمها معايير ومقاييس كمية يمكن القياس عليها. وهي الأعمال التي تكون نتائجها غير ملموسة ولا تخضع للقياس كالأعمال الذهنية أو القيادية ويقول[1] د. فايز الزعبي إن تقييم الأداء تزيد صعوبته كلما انتقلنا من مستوى إداري لمستوى إداري أعلى منه في الهرم التنظيمي حيث تتصف المستويات الإدارية العليا بالطابع القيادي واتخاذ القرار ونستطيع القول بأن عملية تقييم الأداء تخص كل شخص بالمنظمة على أساس الأعمال التي يقوم بها خلال فترة زمنية محددة وعلى أساس السلوك والتصرفات للأشخاص الذين يتعامل معهم.

[1] الزعبي، فايز، تأثير الرقابة في منشآت الأعمال، دار الهلال، 1991م، ص191.

فوائد تقييم الأداء:

هناك العديد من الفوائد[1] التي يمكن أن تتحقق من خلال تقييم الأداء بواسطة المعايير التي وضعت لتحقيق أهداف المنظمة ومن هذه الأهداف:

1- تنفيذ العاملين أعمالهم بدقة، أي عندما يشعر العامل أن هناك تقييم للأعمال فإنه يحاول أن يقوم بأداء عمله بأفضل صورة لديه كونه سوف يترتب عليه تطبيق مبدأ الثواب أو العقاب، وبالغالب يحاول التفوق على المعايير من أجل أن يظفر بالحوافز والمكافآت.

2- رفع الروح المعنوية وتعزيزها من خلال رضى المسؤولين عن العاملين، فإذا كان التقييم عالياً فإن الموظف أو العامل يصبح محل تقدير لرؤسائه، وهذا يعزز الروح المعنوية لديه، وأنه سيحصل على المكافآت والحوافز إن توفرت.

3- إن تقييم الأداء وفق معايير معتمدة تضمن عدم التحيز بين العاملين لاعتمادها على أسس علمية، وبالتالي يشعر العاملون بالعدالة في توزيع الحوافز.

4- إن تقييم العاملين في المنظمات وفق المعايير والمقاييس يعطي انطباعاً حقيقياً عن المشرفين، بمعنى أن العمل يسير وفق إشراف جيد إذا كانت معايير الأداء جيدة والعكس صحيح. وبالتالي تستطيع أن تحكم على قدرات ومهارات هؤلاء المشرفين.

5- إن تقييم العاملين يُمكّننا من الحكم على سياسات الاستقطاب والاختيار والتعيين لدى المنظمات وكذلك الحكم على مدى ملاءمة العاملين وتأهيلهم بالشكل الصحيح.

---

[1] الزعبي، فايز، مرجع سابق، ص192.

صعوبات تقييم الأداء:

إن تقييم الأداء لا يتم بمعزل عن جماعات العمل وهو يعتمـد أساسـاً عـلى التقـدير الـذاتي للقـادة أحياناً، وأن الذي يقوم بالتقييم هو قبل كـل شيء إنسانٌ يـؤثر أو يتـأثر مـن خـلال إجـراء التقيـيم، وعـلى العموم هناك بعض الصعوبات التي تكتنف عملية التقييم ومنها:

1- التأثر بجانب واحد مـن الصفات، وتعميمـه عـلى بـاقي الصفات حيـث أن بعـض القـادة يحكمون على العامل أو الموظف من خلال معرفتهم بجانب واحد مـن صفاتهم فيأخـذون الانطباع العام عنه والعكس كذلك.

2- المزاجية لدى القادة، حيث بعضهم يتشدد والبعض الآخـر يعطي تقديرات مختلفـة، وهـذا يعود إلى السمات الشخصية للقادة وطبيعة قيادتهم والذي يؤثر على المعايير الذاتية لديهم.

3- التحيزات الشخصية في ظل غياب المقـاييس الموضـوعية، والاعتماد عـلى الحكم الشخصي- والخبرة التي تتسم بعدم اتباعها الأسلوب العلمي.

وحتى نضمن تقييماً سليماً بطريقة موضوعية ومحاولة الحد مـن هـذه الصعوبات فإنـه لا بـد مـن استخدام نماذج لقياس الأداء وحسب طبيعة المنظمة لأن ما قد يصلح لمنظمة لا يصلح لأخرى.

ومما تجدر الإشارة إليه أنه لا بد من عملية المتابعة للتقييم بعد إجراء التصحيح.

إن عملية قياس وتقييم الأداء لا بد أن تستلزم مراعاة بعض العوامـل والتـي ذكرهـا الـدكتور عبـد الرحمن الصباح [1] وهي:

1- ضرورة توفر البراعة والدقة في القياس.

2- قياس النتائج الكمية والكيفية.

---

[1] الصباح، عبد الرحمن، مرجع سابق، ص111.

3- استخدام حالات معينة في الرقابة مثل معدل الدوران أو الرضى الوظيفي أو البطء في الأداء وغيره.

4- استخدام التنبؤ بالرقابة كمؤشر لحدوث الانحرافات.

5- استخدام العينات في القياس.

6- ضرورة الحصول على المعلومات عن النتائج الفعلية من خلال الملاحظة الشخصية أو الحوار أو التقارير وغير ذلك.

رابعاً- اتخاذ الإجراءات التصحيحية:

على ضوء نتائج مقارنة الأداء الفعلي بالأداء المخطط له في الخطوات السابقة نرى أنه إذا كان الأداء الفعلي يعني أو يرقى لمستوى الأداء المطلوب ويتوافق معه أو كان ضمن حدود التفاوت أو الاختلاف بالحدود المسموح بها فإن عملية الرقابة تستمر وتشجع العاملين على الاستمرار بالعمل وتحفيزهم. أما إذا كان الاختلاف بين الأداء الفعلي والمستويات المعيارية كبيراً ويتجاوز الحد المسموح به فينبغي إعلام المنظمة المعنية بالعمل أو النشاط بهذا التفاوت/ الانحراف وضرورة اتخاذ إجراء تصحيحي مناسب.

إن الانحرافات تظهر في المنظمات من خلال الأساليب والأدوات الرقابية والتي ستكون محل تفصيل في الفصل الثالث من هذا الكتاب، والتي يجب أن تكون مفصلة من حيث تبيان الانحراف بتحديد أسبابه وما هي الطرق المناسبة للتصحيح لأن الهدف هو التصحيح وليس تصيد الأخطاء، لأن ظهور الانحرافات شيء طبيعي ومسألة واردة تنشأ لأي ظرف ما سواءً كان من طبيعة العمل أو العامل أو التشريعات أو البيئة وغيره. وعليه فإن تصحيح الانحرافات يتضمن عناصر منها وهي:

1- تحليل الانحرافات وتحديد أسبابها.

2- تحديد مجالات الانحراف بالضبط.

3- معرفة العوامل التي أدت إلى الانحرافات.

4- معرفة الظروف البيئية للانحرافات.

5- تحديد جهة المسؤولية عن الانحرافات.

6- تقديم الاقتراحات والحلول المناسبة.

7- تهيئة الظروف والمناخ الملائم للتصحيح.

8- إجراء التعديلات اللازمة للأهداف إن تطلب الأمر.

أما التصحيح فقد يشمل ما يلي:

1- الخطط والأهداف.

2- إعادة توزيع المهام والمسؤوليات.

3- تعديل في الوسائل والطرق المستخدمة.

4- تدريب الموظفين وتأهيلهم.

5- تعديل التشريعات أو الأنظمة.

6- تعديل التقارير أو الأساليب الرقابية.

حالات الإجراءات التصحيحية:

عند إجراء التصحيح للانحرافات وإعادة الوضع إلى ما هو مطلوب وفق الخطط فإنه يكون ممـثلاً لإحدى الحالات التالية:

1- أن تستمر الانحرافات في الظهور وإن كان ذلك في الحدود المسموح بها كما يتضح من الشكل رقم (2/6). إن استمرار تذبذب الأداء بشكل ملحوظ يجب النظر إليه بدقة وحذر حيث أنـه قد يكون مؤشراً جوهرياً في العملية الإدارية.

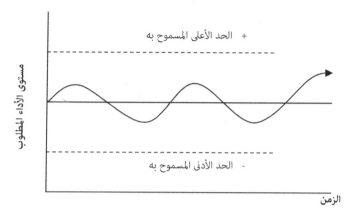

الشكل رقم (2/5)

استمرارية الانحراف بالظهور

2- قد يعجز نظام الرقابة عن تصحيح الانحرافات وبذلك يخرج مستوى الأداء عن الخط المرسوم له وأيضاً عن الحد المسموح به زيادة أو نقصاناً (الانحراف الإيجابي أم السلبي) والشكل التالي رقم (2/6) يوضحه:

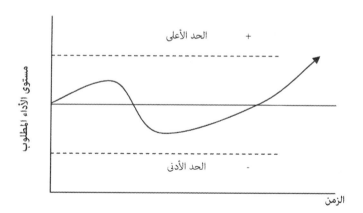

الشكل رقم (2/6)

يبين الخروج عن الحد المسموح به

3- إذا كان نظام الرقابة دقيقاً فإن إجراء التصحيح يكون سريعاً ومسيطراً عليه والشكل التالي رقم (2/7) يوضحه:

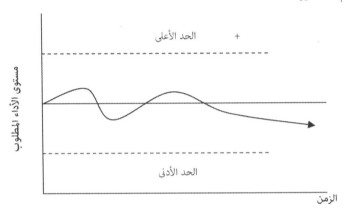

الشكل رقم (2/7)
سرعة السيطرة على الانحراف

ومما تجدر الإشارة إليه أنه يجب العلم أن التصحيح للانحراف يكون بنسب المعايير ودقتها، والتي تكلمنا عنها فيما سبق وأنه يجب الانتباه بعدم الإفراط بالتصحيح إلا بالقدر الذي يتناسب مع الأهداف المحددة وإلا خرج التصحيح عن مساره الصحيح وعلينا أن نتذكر أن كثيراً من الأمراض لها نفس الأعراض وعليه فإن الفشل في تحقيق الهدف يمكن أن يكون له أكثر من سبب وهذا يحتم علينا أن نعرف السبب المحدد قبل إجراء التصحيح المطلوب.

أسباب الانحرافات التي تكشف عنها الرقابة وطرق علاجها:

1- أسباب مردها إلى المعيار:

قد يكون المعيار المحدد في الخطة غير ملائم أو غير واقعي بالنسبة للعاملين، فمثلاً المعيار ذو المستوى العالي (الصعب التحقيق) ينتج عنه دائماً انحرافٌ سالبٌ، أي أن الإنجاز يكون دون المستوى المطلوب كالموظف الذي يطلب

منه إنجاز مهمة أكبر من قدراته وخبراته **والعلاج** هنا يجب أن ينصب على المعيار وجعله من الممكن الوصول إليه أي أنه عند وضع الأهداف أو المعايير يجب الأخذ بعين الاعتبار خبرات ومؤهلات العاملين وقدراتهم على إنجازها.

2- أسباب مردها إلى العاملين أنفسهم:

قد يكون المعيار سليماً ويكون سبب الانحراف العاملين أنفسهم وذلك إما لنقص في قدراتهم ومهاراتهم أو أنهم غير مهتمين بالقيام بعملهم على الوجه الصحيح ففي كلا الحالتين فإن الانحراف غالباً ما يكون سالباً، **فالعلاج** في الحالة الأولى هو تدريب هؤلاء العاملين على الطريقة الصحيحة في العمل وتحسين مستواهم وقدراتهم، أما في الحالة الثانية فقد يكون السبب عدم اهتمامهم أو إهمالهم في العمل بسبب تدني روحهم المعنوية أو لعلاقتهم السيئة مع رؤسائهم وبالتالي فإن العلاج يجب أن ينبع من السبب الحقيقي وأحياناً قد يتطلب الأمر إما لفت انتباه العاملين أو اتخاذ إجراءات تأديبية صارمة إذا وجد هناك إهمال مقصود من جانبهم في أدائهم لأعمالهم المطلوبة منهم.

3- أسباب مردها إلى ظروف معينة لا علاقة لها بالعاملين أو المعيار:

قد تنشأ ظروف تجعل الإنجاز منحرفاً عن المعيار ولكن لا دخل للعاملين أو المعيار، **والعلاج** في مثل هذه الحالات يجب أن يركز على إزالة تأثير هذه الظروف أو احتوائها أو التكيف معها إذا كان من المتوقع لها أن تدوم طويلاً وفشلت المؤسسة في تعديلها أو احتوائها.

ومن الجدير بالذكر كما في جميع الحالات السابقة أن الاهتمام يجب أن لا يقتصر على علاج الانحراف السالب، إنما يجب البحث عن أسبابه ومعرفتها بدقة وعلاجها، وفي جميع الحالات سواءً أكان الانحراف سالباً أو موجباً فإن العلاج أو الإجراء التصحيحي يجب أن ينبع من السبب الحقيقي للانحراف لكي يكون العلاج جذرياً.

مصطلحات الفصل الثاني

Objectives	الأهداف
Standards	المعايير
Performance Evaluation	تقييم الأداء
Deviation	الانحرافات
Re-Deviation	تصحيح الانحراف
Actual Performance	الأداء الفعلي
Profit	الربح
Commodities	السلع
Services	الخدمات
Innovation	الابتكار
Creation	الإبداع
Quantitative Measurement	المقاييس الكمية
Qualitative Measurement	المقاييس الكيفية
Time Measurement	المقاييس الزمنية

أسئلة الفصل الثاني

س1- تتضمن الرقابة مراحل محددة ومترابطة مع بعضها بشكل تسلسلي. اذكرها مستعيناً بالرسم؟

س2- تعتبر الأهداف الأساس لعملية الرقابة. اشرح ذلك مبيناً الأهداف التنظيمية لمؤسسات الأعمال؟

س3- اقترح بيتر دركر عدة مجالات رئيسية عند تحديد الأهداف. اذكرها؟

س4- يتطلب وضع المعايير الأخذ بعين الاعتبار العديد من الأمور. اذكر ثلاثة منها؟

س5- ما أنواع المعايير الرقابية؟ وما الشروط المتفق عليها بين كتاب الفكر الإداري عند وضع المعايير بالأعمال؟

س6- اذكر أهم المعايير المستخدمة في الرقابة الإدارية في الأردن؟

س7- ما الفوائد المترتبة على استخدام المعايير؟

س8- ما الطرق المستخدمة في وضع المعايير؟

س9- يعتبر قياس وتقييم الأداء الفعلي الخطوة الثالثة من مراحل الرقابة الإدارية. ابحث في ذلك مبيناً:

أ- مفهوم التقييم.

ب- فوائد تقييم الأداء.

جـ- صعوبات تقييم الأداء.

د- العوامل التي يجب مراعاتها عند تقييم الأداء.

س10- اشرح مستعيناً بالرسم حالات الإجراءات التصحيحية؟

س11- هناك العديد من الأسباب التي تظهرها الرقابة الإدارية للانحرافات. اذكرها واشرح واحدة منها فقط؟

الفصل الثالث
أساليب الرقابة الإدارية وأدواتها

أهداف الفصل الثالث

بعد دراسة هذا الفصل بإذن الله يتوقع من الدارس أن يكون قادراً على ما يلي:

1- معرفة الأساليب والأدوات الرقابية.

2- معرفة التقارير الإدارية؛ ماهيتها ومزاياها.

3- معرفة أنواع التقارير من حيث الزمن والهدف والمحتوى والأسلوب.

4- معرفة ماهية الشكاوى والتظلمات والاقتراحات والتعامل معها.

5- معرفة أنواع أساليب الرقابة عن طريق الموازنات.

6- معرفة ماهية موازنة الأداء والبرامج والموازنة الصفرية والتقديرية.

7- معرفة الأساليب الرقابية المتخصصة.

8- معرفة بعض المفاهيم والمصطلحات المتعلقة بالاساليب والادوات .

الفصل الثالث
أساليب الرقابة الإدارية وأدواتها

مقدمة:

أشرنا في الفصول السابقة إلى أساسيات الرقابة الإدارية، وأوضحنا الإجراءات التي يجب القيام بها نحو الرقابة الإدارية والتي جاءت من خلال مراحل تستند إلى وجود معايير رقابية لكل مجال معين في منظمات الأعمال. والحقيقة أن وجود هذه المعايير دون تطبيقها يعتبر أمر دون جدوى، ولذلك كان لا بد من تطبيق هذه المعايير باستخدام أساليب وأدوات مختلفة باختلاف الأعمال المراد القيام بالرقابة عليها.

وهذه الأساليب والأدوات للرقابة الإدارية تستطيع أن تثبت مقدرة وفعالية منظمات الأعمال المراد تطبيق الرقابة الإدارية عليها. ولمعرفة المزيد من تلك الأساليب والأدوات الرقابية سنحاول دراستها بشكل مفصل بهذا الفصل.

المبحث الأول
وسائل الرقابة الإدارية التقليدية وأدواتها

أولاً- الملاحظة الشخصية Observation:

تشير المراجع والدراسات إلى أن هذه الأداة هي من أقدم أدوات الرقابة الإدارية ومن أفضل الوسائل لجمع المعلومات عن الأعمال قيد البحث وهو ما يعرف بأيامنا هذه بالتفتيش سواءً في قطاع الأعمال العام أم الخاص وعلى من يقوم بهذه المهمة يسمى مفتش. والمقصود بالتفتيش فحص سلامة الإجراءات والأعمال ومطابقتها بالمعايير الموضوعة ومن ثم رفع نتائج التقارير إلى الجهات ذات العلاقة. وتدل الملاحظة الشخصية على مقابلة من يفتش بما يفتش عليه مباشرة ورؤية ما يؤدى على الطبيعة عن كثب وتسجيل ملاحظاته عن كافة نواحي العمل.

إن الهدف من الملاحظة الشخصية هو الوقوف على مدى درجة إنجاز الأعمال وسلامة الإجراءات وقانونيتها ومعرفة مواطن الضعف والخلل وتحديد المسؤوليات بقصد تصحيح وتقويم الأخطاء المرتكبة، إن وجدت، وتوجيه الإرشاد والإشراف باتباع الطرق المثلى وضمن المعايير المطلوبة، وفي نهاية التفتيش يقوم المفتش أو صاحب الصلاحية بالتفتيش بإعداد تقرير بنتائج التفتيش بحيث يتضمن هـذا التقريـر الوقـائع والإرشادات والمقترحات وترفع هذه التقارير للمديرين أصحاب العلاقة بذلك.

إن الفوائد من هذه التقارير كثيرة حيث أنها تكون لمقارنة الواقع السابق بالواقع الحالي ومعرفـة الاحتياجات التدريبية المطلوبة للعاملين مـن خـلال الأخطاء والانحرافات المكتشـفة لـديهم. وكذلك فـإن التقارير محل الملاحظة الشخصية مهمة مـن حيـث المتابعـة المستقبلية وضمان عـدم تكـرار الأخطـاء أو الانحرافات.

وتعتبر الملاحظة الشخصية ذات طبيعة مهمة للمسؤولين أو المديرين بحيث يحصلون على حقيقة العمل ومعرفة العاملين بشكل شخصي وهذا له أثر فعال في الأداء لأن التفاعل الشخصي يكون مواجهة مع العاملين.

ثانياً- التقارير الإدارية الرقابية Administration Reports:

التقرير عرض رسمي للحقائق الخاصة بموضوع أو مشكلة معينة عرضاً تحليلياً وبطريقة مبسطة، ويكون فيه ترجمة الأحداث التي تواجه أو تقوم بها المنظمة. وهو وعاء يحمل بداخله شيئاً محدداً، ووسيلة عرض (في شكل كتابي أو شفوي).

فوائد ومزايا التقارير:

أصبحت التقارير وسيلة فعالة لا غنى عنها للإدارة إذ أنها:

1- تعرف الإدارة بكيفية سير العمل، وبذلك يجب أن تقدم معلومات فورية عن العمليات الجارية.

2- تساعد الإدارة في إمكانية تحسين العمل عما هو جارٍ وموجود، وبذلك تكون أداة مهمة للتخطيط.

3- تمكن الإدارة من متابعة وتقويم نتائج أعمال الشركة/ المنظمة.

4- تعتبر أداة مهمة لتوجيه ودفع الوحدة أو الشخص لأن يتبع بالضبط الخطة المحددة الموضوعة لتلافي الانحراف.

5- تساعد في ربط العمليات الجارية داخل المنظمة بعضها مع بعض وفي تعاون العاملين على إنجازها، مما يخلق جواً ملائماً لتحقيق أهداف المنظمة.

6- توصيل المعلومات التي تساعد الإدارة في تحقيق أهداف المنظمة، فمثلاً تقارير الميزانية تشتمل على التخطيط المبدئي لكل أنشطة المنظمة، إذ أن

الميزانية تعرف كـل المستويـات الإشرافيـة بتعليمـات الإدارة للعمليـات السريعة المستقبلية، وتكون دليلاً مالياً يلتزمون بالعمل في نطاقه.

7- تدفع المنظمة لأن تعمل بطرق أكثر احتمالاً في تحقيق الأغراض المحددة فيما يتعلق بخطط الحوافز ومقاييس العمل الفعالة وطرق الرقابة.

8- تساعد في تقرير مدى جودة أداء المنظمة، فعـن طريـق تحليـل نتائج العمليـات تستطيع الإدارة أن تبين الأداء الناجح من غيره.

9- إن عملية إعداد وتحضير التقارير في حد ذاتها تعمل عـلى رفـع مستوى العمـل في الجهـاز، فمثلاً نجد أنه لكي يمكن إعداد وتحضير تقرير دقيق فـلا بـد أن يقوم الجهـاز –بالإضافة إلى جمع البيانات عن أوجه النشاط- بتحليلها وتفسيرها. ولا شـك أن عملية التحليـل والتفسـير لهذه البيانات سوف تكشف للإدارة التي تُعد التقرير عن طرق وإجراءات معيّنة تحتـاج إلى تعديل وتحسين، وتنعكس نتائجها على كفاية الإدارة بشكل يرفع من مستواها في الأداء.

أنواع التقارير:

هناك العديد من التقارير التي تنتج وتتداول داخل المنظمات المختلفـة، وتختلـف هـذه التقارير باختلاف توقيت إصدارها ومحتواها والشكل التي تظهـر بـه، بما يخـدم الهـدف منهـا ويحقق احتياجـات قارئها أو المستفيد منها. ويمكن تقسيم التقارير إلى أنواع عديدة وكما هي في الشكل (3/1).

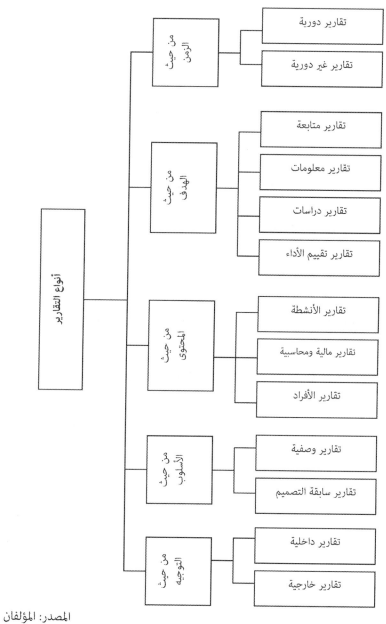

المصدر: المؤلفان

شكل (3/1) يبين أنواع التقارير الرقابية

أولاً- من ناحية الزمن:

1- تقارير دورية: [1]

وهي التي تغطي فترات زمنية ثابتة، عادة ما تحددها نظم العمل بالمنظمة أو قد يحددها القانون في بعض الحالات. وقد تكون هذه التقارير:

- يومية: تخطيط المهمة/ المشروع.
- أسبوعية: بداية المشروع.
- شهرية: نهاية المشروع/ المهمة.
- ربع سنوية: (كل ثلاثة شهور).
- نصف سنوية: (كل ستة شهور).
- سنوية.

وقد يصدر نفس التقرير بواحدة أو أكثر من هـذه الـدوريات، فهنـاك تقرير يومي وآخر شـهري وهكذا.

كما تؤثر العوامل التالية على تحديد دورية التقرير:

أ- درجة حساسية الموضوع وتأثيره على بعض الأنشطة.

ب- مدى الحاجة إلى اتخاذ إجراءات تصحيحية سريعة.

جـ- ارتباط موضوع التقرير بموضوعات أخرى لها دورية ثابتة قد لا تستطيع المنظمة تغييرها.

د- احتياجات ورغبات الإدارة.

هـ- المستوى الإداري الذي يرفع له التقرير.

و- اللوائح والقوانين والأنظمة والتعليمات.

---

[1] ياغي، محمد عبد الفتاح، الرقابة في الإدارة العامة، مرجع سابق، ص68.

2- تقارير غير دورية:

وهي التي تكون على فترات زمنية غير ثابتة، وتختلف من تقرير لآخر، وعادة ما يرتبط مثل هذه التقارير بوقوع أحداث معينة، مثل وصول رصيد المخزون لأحد الأصناف المهمة إلى مستوى معين، أو حدوث عطل مفاجئ لإحدى الآلات على خط الإنتاج.

وتسمى هذه التقارير أحياناً بالتقارير الخاصة أو التقارير الاستثنائية باعتبارها ترتبط بأمور غير عادية أو نادرة الوقوع وتمثل مشكلة لأحد الأنشطة الرئيسية للمنظمة وتتطلب اتخاذ إجراءات خاصة أيضاً أو استثنائية، وقد تصدر تقارير عن بعض الموضوعات تجمع بين الصفتين معاً، فنجد في بعض المصانع مثلاً أن هناك تقريراً دورياً عن حالة الآلات وأوقات التوقف وأسبابها (أعطال، صيانة دورية، عدم توافر خامات...) يصدر أسبوعياً، كما يصدر تقرير فوري -غير دوري- في بعض حالات التوقف لبعض الماكينات أو حالات التوقف الناتجة عن أنواع معينة من الأعطال.

<u>ثانياً- من ناحية الهدف:</u>

1- تقارير متابعة:

وهي التي تكون مرتبطة بخطة موضوعة أو ببرنامج أو مشروع جاري تنفيذه، وعادة ما تتضمن عملية مقارنة بين ما هو واقع فعلاً وما كان يجب أن يتم وفقاً للخطة أو البرنامج الموضوع، وتوضيح الانحرافات وتقديم تحليل لها وبيان مسبباتها، وأحياناً ما تكون في شكل جدول به خانات تمثل الفعلي Actual ويرمز لها بالحرف (A) وتمثل التقديري أو الخطط Planned ويرمز لها بحرف (P).

ومن أمثلتها تقارير متابعة تنفيذ المشروعات الإنشائية وخطط تطوير نظم المعلومات الآلية وخطط الإنتاج. وقد يترتب على مثل هذه التقارير اتخاذ قرارات تصحيحية أو تعديل في الخطط الموضوعة أو إعادة توزيع للموارد المتاحة.

2- تقارير معلومات:

وهي التقارير التي تنقل معلومات عن أحداث أو مواقف معينة، وتسمى أحياناً تقارير "إخبارية"، وقد تتضمن تعليقاً مثل وجهة نظر كاتب التقرير، ويركز هذا النوع من التقارير على الحقائق، أو ما يطلق عليه البعض "معلومات حقائقية" مثل تقرير المبيعات الشهري لفروع الشركة أو تقرير الصيانة الدورية للآلات، أو تقرير الأسعار العالمية لبعض المنتجات.

ونادراً ما يترتب على مثل هذه التقارير اتخاذ قرارات معينة، ففي معظم الأحوال تهدف إلى الإحاطة فقط، إلا أنها يمكن أن تستخدم عند إجراء الدراسات أو وضع الخطط المستقبلية أو عمليات التنبؤ التي تعتمد على السلاسل الزمنية والتي تمثل أرقام فترات سابقة، كما تساعد على اكتشاف الموسمية وتحديد ظواهر معينة.

3- تقارير الدراسات:

وهي التقارير التي تعرض نتائج الدراسات التي تجري داخل المنظمة أو في البيئة الخارجية، وقد يقوم بها أفراد من المنظمة أو جهات أخرى متخصصة، مثل تقرير دراسة الجدوى الاقتصادية لإنشاء خط إنتاجي جديد بمصنع أو تنويع المنتجات، أو دخول أسواق جديدة، أو اتباع سياسة تسويقية أو ترويجية معينة.

وقد يكون الهدف من الدراسة التعرف على أسباب مشكلة معينة وتحديد أنسب الحلول لها.

وعادة ما تتضمن مثل هذه التقارير توصيات أو اقتراحات أو تحليلاً لبدائل معينة، ودائماً ما تتطلب اتخاذ قرار من مستوى إداري أعلى أو من جهة مسؤولة.

4- تقارير تقييم الأداء:

وهي التقارير التي تقيم مستوى الأداء قياساً بمعايير موضوعة مسبقاً، وتهدف هذه التقارير إلى الحكم على الكفاءة أو إعطاء درجات أو تقديرات تعبر عن مستوى الأداء خلال فترة التقييم، وعادة ما تكون هناك قواعد لكتابة مثل هذا النوع من

التقارير تحدد أسلوب القياس ومقارنة الأداء الفعلي بالمعايير المنطقية لمثل هذا العمل.

ومن أمثلتها تقارير تقييم أداء الأفراد، أو تقييم أداء إدارات معينة أو وحدات نشاط، وقد يترتب عليها اتخاذ قرارات في حالة وجود انحرافات كبيرة أو قد يكتفي أحياناً بالتوجيه أو تصحيح بعض المسارات.

ثالثاً- من ناحية المحتوى:

1- تقارير مالية ومحاسبية:

وهي التقارير التي تعبر عن مواقف مالية، وتتضمن معلومات مالية ومحاسبية ممثلة بالأرقام ومدعمة بتحليلات ومقارنات مع فترات سابقة، ومن أمثلة هذه التقارير حسابات المتاجرة والأرباح والخسائر والميزانية والقوائم المالية ونتائج الاستثمارات والحسابات المقبوضة والمدفوعة، وحركة النقدية بالصندوق والبنوك.

وتصدر هذه التقارير عادة على فترات دورية طويلة نسبياً قياساً بالأنشطة الأخرى.

وقد يقوم بإعدادها أفراد من داخل المنظمة -الإدارية المالية- أو من خارجها مثل مدققي الحسابات الخارجيين.

2- تقارير الأنشطة:

وهي التقارير التي تعكس الأنشطة المختلفة بالمنظمة، مثل الإنتاج أو المبيعات أو المشتريات أو حركة التخزين. ويطلق عليها البعض "تقارير إدارية" للتمييز بينها وبين التقارير المالية، وتتضمن معلومات تفيد في التعرف على سير العمل في الأنشطة والإدارات المختلفة وتساعد في أعمال الرقابة والتخطيط.

3- تقارير الأفراد:

وتتضمن معلومات عن الأفراد، تمثل الجانب الشخصي والوظيفي للفرد، كذلك الجانب السلوكي، كما تتضمن معلومات عن نشاطه وإنتاجه خلال فترة معينة.

ومن أمثلتها التقارير السنوية لتقييم الأفراد، وتقارير فترة الاختيار للمعينين الجدد.

رابعاً- من ناحية الصيغة أو الأسلوب:

1- تقارير وصفية:

ويطلق عليها Narrative format، وتكون محتوياتها في شكل فقرات وصفية وتكتب بأسلوب قصصي أو روائي، ومن أمثلتها دراسات الجدوى وتقارير دراسات السوق واتجاهات المستهلكين.

2- تقارير سابقة التصميم:

وتكون في شكل نماذج مطبوعة، وعلى كاتب التقرير أن يملأ بياناتها، وعـادة مـا يـترك فيهـا مكانـاً للتعليق أو إضافة بيانات ليس لها مـدخل بـالنموذج، ومـن أمثلتها تقارير الحقائب المفقودة بـالرحلات الجوية، وتقارير الصيانة الدورية لآلات، وتقارير أداء الأفراد، ويطلق على هـذا النـوع مـن التقارير Rigid Format.

خامساً- من ناحية التوجيه:

1- تقارير داخلية:

وهي التقارير التي توجه إلى الجهات الداخلية، أي التي ترفع للمستويات الإدارية المختلفـة داخل المنظمة أيضاً. ومن أمثلتها تقارير متابعة الإنتـاج أو المخـزون، وتقـارير تحليـل المبيعـات وبعـض التقارير المالية والمحاسبية وتقارير أداء الأفراد.

2- تقارير خارجية:

وهي التقارير التي توجه إلى جهات خارج المنظمة، مثل جهات الرقابة الحكومية المختلفة، والأجهزة المركزية والإحصائية. ومن أمثلتها تقارير تطور العمالة وتقارير الإنتاج والمخزون وبعض التقارير المالية.

مراحل إعداد وكتابة التقارير ومكاتبات الأعمال:

المرحلة الأولى: الإعداد

أولاً- تحديد الهدف من إعداد التقرير:

1- من أنت وماذا تريد من التقرير؟ حاول أن تحدد بوضوح هدف التقرير في ضوء حدود سلطاتك وصلاحيتك.

2- حدد الموضوع في ذهنك بوضوح مجال هدف تقريرك وبصفة عامة ستجد أن الهدف إما:

أ- إعطاء معلومات وحقائق وإبلاغ نتائج.

ب- تقديم مقترحات وتوصيات، وسواءً تضمن التقرير حقائق أو مقترحات أو كليهما معاً فلا بد من الحرص على توضيح ذلك كله حتى لا يختلط الأمر على القارئ.

ثانياً- حدد هدف قارئ التقرير:

اسأل نفسك:

1- ماذا يحتاج قارئ التقرير إلى معرفته؟

2- ما الذي يعرفه عن الموضوع من قبل؟

3- كيف يمكنني أن أضيف معلومات جديدة إلى معلوماته الحالية عن الموضوع؟

4- كيف سيستخدم التقرير وعلى أي وجه سينتفع به؟

ويجب أن تتذكر أن من واجبك أن تلبي احتياجات قارئ التقرير، هـل ينظـر إلى موضـوع التقريـر نظرة علمية أم فنية أم إدارية؟

ثالثاً- حدد المادة التي ستعدها في التقرير:

1- اجمع الحقائق والأفكار عن موضوع التقرير، سواءً بواسطة التجربة أو الملاحظة أو القراءة أو الحوار مع الآخرين، وهذا مجال كبير، يزيد بكثير عن عملية إعداد التقارير نفسها.

2- راجع الأفكار والحقائق لتتحقق من صحتها.

3- سجل جميع الحقائق والأفكار: دوّن في مذكرتك كل الحقائق والأفكار المتعلقة بالموضوع، وفي هذه المرحلة يمكن اتباع أي ترتيب تمليه الظروف. ومع ذلك، إذا كان في ذهنك تقسيم واضح لأجزاء التقرير فيمكنك أن تخصص صفحة أو بطاقة خاصة لكـل قسـم مـن الأقسـام. وعلـى سبيل المثال إذا كان موضوع التقرير صناعياً، فإن الموضوع سيقسم نفسه بحكـم طبيعتـه إلى جوانب فنية، وجوانب مالية، وجوانب إدارية.

المرحلة الثانية: الترتيب

يمكنك إعداد تقرير دقيق ومنطقي ومرتب إذا تمت مراعاة النقاط العشر التالية:

1- **سجل هدفك في عبارة واحدة موجزة وجامعة**: بحيث توضح مـدى فهمـك للمهمـة الموكلـة إليك، ولكي تعفيك من تقديم أفكار أو توصيات لا تخدم هدف التقرير، ثـم اختـر عنوانـاً يوضح هدفك.

2- **ادرس الأفكار والحقائق التي جمعتها**: تخلص من كل فكرة ترى أنها غيـر مفيـدة أو ضروريـة لتحقيق هدفك، سجل أي أفكار أو حقائق تبدو مهمة أو مفيدة.

3- **راجع التقسيمات الرئيسة مراجعة دقيقة:** إذا لم تكن قد قمت بإعداد التقسيمات في مرحلـة سابقة، فكر الآن في التقسيمات الرئيسة التي ستأخذ بها، اختر عنواناً لكل قسم، اكتب كـل عنوان في ورقة منفصلة وبطاقة ورق خاصة، وسجل قائمة بالفقرات التي يقع عليها اختيـارك (في أوجز عبارة ممكنة) تحت العناوين المناسبة لها.

4- **رتب أجزاء التقرير:** أعط رقماً لكل قسم من أقسام التقرير حتـى يمكـن الرجوع إليه في أي مناقشة للتقرير.

5- **رتب المحتويات الداخلية في كل قسم بأسلوب يسهل على القارئ فهمه ومتابعته:** تقدم مـع القارئ خطوة بخطوة وتدرج به من المعروف إلى المجهول. إذا كان هناك عدد مـن الفقـرات تحت العنوان الواحد فيمكنك أن تعطي كل فقرة رقماً. إن مثل هذا الإعـداد الـدقيق هـو الوسيلة الوحيدة لشرح الموضوعات المعقدة. وينبغي أن يكون هدفك طوال هذه المرحلة هو تصنيف المعلومات التي وقع عليها اختيارك إلى مجموعات قليلة ذات ترتيـب يسـهل فهمـه. وفي بعض الأحيان قد نجد أنه من الضروري أن تقاوم إغراء الإسهاب في الكتابة في النتائج التي توصلت إليها، لا لشيء، إلا لأن الحقائق التي قامت عليها تلك النتائج قـد تطلبـت منهـا وقتاً طويلاً لتجميعها.

6- **تأكد من أن الاستنتاجات أو التوصيات التي تتوصل إليها تنسجم مع الحقائق وتتفق معهـا:** حدد هل من الأفضل أن تجمع هذه النتائج أو التوصيات في قسم خاص بها بحيـث تمثـل الاستنتاج الطبيعي الذي تلخص به التقرير أو أن الأفضل توزيعها على الأقسـام التـي تتعلـق بها. وقد تجد أنه من الأنسب أن تجمع بين الطريقتين بأن تـذكر الاستنتاجات والتوصيات قسماً وراء الآخر، وأن تعيد عرضها مجمعة مرة أخرى في نهاية التقرير.

7- **راجع العنوان الرئيس وعناوين الأقسام بدقة:** إن هذه العناوين ينبغي أن تحدد الموضوع الرئيس الذي تتحدث عنه ولا تقتصر على مجرد الوصف، وتذكر أن الإيجاز مطلوب دائماً. لعل ثلاث كلمات أو أكثر واضحة ودقيقة أفضل من كلمتين غامضتين تحملان التأويل والتفسير.

8- **ادرس مدى فائدة الاستعانة بالصور والأشكال التوضيحية:** لتكملة الكلمات أو الاستعاضة عنها. إن شكلاً توضيحياً جيداً ومعبراً قد يكون أفضل من صفحة كاملة مكتوبة (قارن بين الوصف بالكلام والنثر وبين صورة قصر أو نهر أو فتاة).

9- **ادرس مدى فائدة استخدام الهوامش:** إذا تم استخدام الهوامش بكفاءة فإنها لن تعيق تدفق الأفكار والمعلومات. وتستخدم الهوامش بهدف:

- بيان مصادر الاقتباس أو المراجع المشار إليها في التقرير.
- الإشارة إلى مصادر يمكن الحصول منها على معلومات إضافية.
- شرح بعض ما ورد في التقرير الذي يكون واضحاً بالنسبة لبعض القرّاء، وغامضاً بالنسبة للآخرين.

10- **ادرس مدى إمكانية رفع بعض التفاصيل من أجزاء التقرير الرئيسة لوضعها في ملاحق خاصة:** إن الملاحق تؤدي وظيفة مشابهة لوظيفة الهوامش، فهي تفيد في استبعاد التفاصيل التي تشتت ذهن القارئ عن الخط الأصلي للموضوع، وبهذا يتمكن القارئ من متابعة الأفكار الأصلية للموضوع دون مقاطعة. وقد يكون من المفضل في بعض الأحيان عرض هذه التفاصيل موجزة ضمن التقرير ذاته.

المرحلة الثالثة: كتابة التقرير

1- الأسلوب:

من الأفضل دائماً أن تعرض التقارير الإدارية والعملية والفنية بأسلوب واضح سهل الفهم.

2- الترتيب:

قد يكون من الأفضل أحياناً لكي تساعد القارئ عند قراءته للتقرير أن تضع أرقاماً أو حروفاً مسلسلة للفقرات التي يتكون منها كل قسم، ويجب اتباع نفس نظام الأرقام أو الحروف المسلسلة طوال القسم، بحيث يكون النظام موحداً داخل القسم، ومن بين النظم المستخدمة بكثرة في إعداد وترتيب التقارير الحكومية إعطاء رقم مسلسل لكل فقرة من فقرات التقرير على التوالي من المقدمة حتى الملخص النهائي.

أي أن الترقيم يشمل جميع أجزاء التقرير في وحدة واحدة. ولهذا الأسلوب في الترقيم مزاياه وخاصة في حالة التقارير المطولة إذ يحقق الدقة الكاملة وسهولة الانتقال من أي جزء من التقرير إلى أي جزء آخر، وذلك بمجرد ذكر أرقام الفقرات. ومن الواضح أن مثل هذا النظام الشامل للترقيم يغني عن الإشارة إلى الفصول أو الأقسام أو الصفحات، ولكن هذا الأسلوب ينبغي ألا نسرف في استخدامه، فهو لا حاجة إليه في التقارير الموجزة المتماسكة، المتتابعة الأحداث.

3- الأشكال والرسوم التوضيحية:

أثناء كتابة التقرير يجب أن تفكر في الرسوم والأشكال التوضيحية التي يمكنك الاستعانة بها؛ فكثيراً ما يكون هناك تلازماً وارتباطاً بين المادة المكتوبة والأشكال والرسوم التوضيحية. ويجب أن يشار إلى كل شكل أو رسم على الأقل مرة واحدة في ثنايا التقرير. كما يجب تمييز كل شكل أو رسم بعنوان أو تعليق.

وإذا تضمن تقريرك أكثر من شكلين أو ثلاثة، فإن من الأفضل ترقيمها تحقيقاً لسهولة الإشارة إليها. ويلاحظ أن الرسوم والأشكال التوضيحية قد تكون لها أهمية ودلالة عامة بالنسبة لقسم أو أكثر من التقرير ومن ثم يشار إليها عدة مرات في متن التقرير، وهنا قد يكون من الأنسب أن نشير إلى الشكل في موضع يسبق الشكل نفسه. ومن ناحية أخرى قد يكون هدف الشكل أو الرسم إيضاح فكرة واحدة، ومن ثم يشار إليه مرة واحدة في التقرير، وعندئذ يجب أن يوضح الشكل أقرب ما يمكن إلى مكان الإشارة، ويتحقق الوضوح الكامل من الرسم إذا جاء بعد الإشارة إليه مباشرة.

4- المقدمة:

كل تقرير يحتاج إلى مقدمة ربما بضعة سطور أو بعض صفحات حسب حجم التقرير، ومع أن المقدمة تأتي دائماً في صدر التقرير، إلا أنها كثيراً ما تكتب بعد الانتهاء من كتابة كل أجزاء التقرير الأخرى. وتعتبر المقدمة المجال الطبيعي لعرض الأفكار العامة والتمهيد لما يجيء في التقرير. ويحسن أن تتجنب التفاصيل التي تتعلق بالأجزاء الرئيسة للتقرير أو بالملاحق.

ويجب أن تشمل المقدمة ولا سيما في التقارير الطويلة:

- اسم ووظيفة من سيقدم إليه التقرير فإذا كان التقرير سيقدم إلى عدد من الأشخاص فيمكنك تصنيفهم إلى قسمين إذا تطلب الأمر ذلك، منها قسم يتسلم التقرير للعلم والإحاطة.
- اسم من قام أو قاموا بإعداد التقرير.
- إسناد التقرير إلى ما تم كتابته بناء عليه (تكليف، واجب وظيفي، ...).
- تاريخ إعداد التقرير وتسليمه.

الصفات المثالية في كاتب التقارير:

إحدى أفضل وسائل وصف استخدام التفكير الإبداعي والمنطقي هـو وصف الكاتب الحـريص في فحصه وفي إعداده للتقرير بحيث أن:

1- لديه درجة عالية من التحفيـز وليس مجـرد فرد لديـه كثير مـن الحلـول السـهلة السـريعة للمشاكل.

2- لديه شغف شديد وحب استطلاع ويسأل الكثير من الأسئلة التي تـؤدي إلى إجابـات جديـدة وبناءة.

3- يضع خطة مقترحة لكتابة التقرير تتضمن أكبر عدد من العناصر.

4- يتبنى افتراضاً جديـداً باستمرار أو يحـاول تحديـد الافتراضـات القديمـة، ويقـوم بتطـوير الاحتمالات والنظريات الجديدة.

5- يستخلص توقعات مبنية على افتراضات وحقائق ونظريات.

6- يفهم العلاقات، والمسبب والتأثير والتماثل والتباين، يزن المزايا والعيوب ويرى جميع جوانـب المسألة.

7- ينظر إلى الأمام، ويسعى لاتخاذ إجراء ولا يخشى من المحاولة وبعد تفكير - في حل مشكلة.

8- لديه الحافز والقدرة على شرح وتوضيح صلاحية أفكاره كـما أن لديـه قدرة الحـوار المنطقـي ومواجهة النقد الموجه إليه وإلى الآخرين.

ثالثاً- الشكاوى والتظلمات والاقتراحات:

تهدف الشكاوى والتظلمات والاقتراحات المقدمة من قبل متلقي الخدمة إلى الرقابة وتحقيق رضا أكبر لمتلقي الخدمة عن الخدمات المقدمة لهم، وحل المشاكل التي تواجـه الأفراد العـاملين أثنـاء تـأديتهم للعمل إدارياً و/أو فنياً بكل عدالة وشفافية، كما تهدف إلى الاسـتفادة مـن اقتراحـات متلقـي الخدمـة مـن أجل التحسين والتطوير على خدمات الوزارة وأدائها باستمرار.

طرق تقديم الاقتراحات والشكاوى:

يمكن لصاحب الاقتراح والشكوى اتباع الطرق التالية لتقديم الاقتراحات و/أو الشكاوي:

- تعبئة النموذج الخاص بالاقتراحات والشكاوى الموجود بجانب صندوق الاقتراحات والشكاوي أو لدى موظف مكتب خدمة الجمهور، ووضعه في الصندوق الخاص بالاقتراحات والشكاوى إذا كان موجوداً.
- تقديم الشكوى أو الاقتراح عن طريق الاتصال الهاتفي مع موظف خدمة الجمهور، ليقوم بدوره بتفريغ المعلومات على النموذج الخاص بذلك.
- تقديم الشكوى أو الاقتراح عن طريق الفاكس.
- تقديم الشكوى أو الاقتراح عن طريق البريد الإلكتروني.
- تقديم الشكوى أو الاقتراح عن طريق البريد العادي.

الإجراءات المقترحة لفتح صناديق الاقتراحات والشكاوى:

1. يتم فتح صناديق الاقتراحات والشكاوي في أول يوم دوام في بداية كل شهر الساعة الثانية عشرة ظهراً، أو كلما دعت الحاجة لذلك.
2. يتم فتح صناديق الاقتراحات والشكاوي من قبل لجنة الاقتراحات والشكاوي وبحضور ثلاثة أعضاء على الأقل.
3. يتم تنظيم محضر فتح خاص بكل صندوق ويتم إعطاء المحضر رقم.
4. في حال عدم وجود شكاوي يتم تنظيم محضر بذلك.
5. تنقل الاقتراحات والشكاوي مع نسخة موقعة من المحضر إلى لجنة الاقتراحات والشكاوي.

إجراءات التعامل مع الاقتراحات والشكاوى:

1. تقوم اللجنة بفرز الشكاوى ضمن المعطيات التالية:
   الشكاوى التي تمثل اقتراحات.

الشكاوى التي تمثل مدحاً.

الشكاوى العادية.

2- إعطاء رقم تسلسلي للاقتراح أو الشكوى.

3- يتم تسجيل الشكوى في سجل الشكاوى وتفريغ البيانات الواردة بها في سجل الشكاوى وحسب رقمها التسلسلي، مع إعطاء كل وثيقة مرفقة بالشكوى نفس رقم الشكوى التسلسلي.

4- دراسة الشكوى من قبل لجنة الاقتراحات والشكاوى المشكلة لهذه الغاية لتحديد الجهة المعنية بالشكوى وتحديد الفترة الزمنية المطلوبة للإجابة عليها إن أمكن ذلك.

5- إرسال نسخة من الشكوى إلى الجهة المعنية بالشكوى ضمن لائحة وقائع لمتابعة سير الشكوى.

6- متابعة الرد مع الجهة المشتكى عليها خلال الفترة الزمنية المحددة على الشكوى.

7- عند ورود الرد من الجهة المعنية يتم إجابة مقدم الشكوى حسب الأصول.

8- في حال أن الشكوى تتعلق بأي عضو من أعضاء لجنة الاقتراحات والشكاوى يستبعد العضو المعني ليتم مناقشة موضوع الشكوى بخصوصه.

9- في حال ورود اقتراحات للصندوق يتم مبدئياً دراستها من قبل اللجنة، ومن ثم رفع الاقتراح إلى قسم التطوير والتدريب ليحول من بعدها إلى الجهة المعنية إذا كان قابلاً للتطبيق، وفي حال تم اعتماده إبلاغ مقدم الاقتراح بأن الاقتراح تم اعتماده مع منحه كتاب شكر من المنظمة أو المنظمة.

10- الشكاوى من مجهول تسجل في سجل خاص ولا يتم إهمالها وإعطاءها رقماً متسلسلاً يضاف إليه عبارة مجهول ويتم دراستها وللاستفادة ما أمكن من محتوياتها من قبل لجنة الاقتراحات والشكاوى وتحفظ.

11- يجب معاملة الشكاوى بكل جدية وشفافية وحيادية مع ضمان عدم التأثير على طبيعة العلاقة مع مقدم الشكوى سواءً كان خارجياً أو داخلياً.

المبحث الثاني
أساليب الرقابة عن طريق الموازنات

أولاً- الموازنة التقليدية (موازنة البنود):

وتمثل أقدم صورة من صور الموازنة وتمتاز[1] بالسهولة والبساطة في إعدادها وتنفيذها والرقابة عليها وتعتمد موازنة البنود التصنيف النوعي للإيرادات والنفقات حيث تبوب بشكل إجمالي يتفرع منها تصنيفات ثانوية وأحياناً فرعية، بالإضافة إلى تصنيفات أخرى كالتصنيف الإداري والتصنيف الاقتصادي. وترتكز الموازنة التقليدية على تحقيق الرقابة المالية والقانونية على عناصر المصروفات والإيرادات. وقد كان ذلك الهدف يتلائم مع الظروف السائدة في القرن التاسع عشرـ كتواضع الهيكل الاقتصادي والاجتماعي لدول العالم واقتصار دور الحكومات على أداء الوظائف السيادية (الدفاع، الأمن، القضاء) والوظائف الأخرى التي يحجم الأفراد أو المشروعات الخاصة عن القيام بها بما يتفق وتعاليم الاقتصاد الحر الذي نادى بها آدم سميث والاقتصاديون التقليديون من بعده. وترتكز الموازنة التقليدية على تمويل السلع والخدمات التي تحتاجها الوحدات الحكومية في أدائها لعملها. حيث تلتزم هذه الوحدات بعدم تجاوز الأموال المخصصة لها دون الاهتمام بالمخرجات أي مقدار السلع والخدمات المقدمة ونوعيتها، أي أنها تهتم بجانب المدخلات فقط وتتجاهل ما تتجه تلك الوحدات من سلع وخدمات والكيفية التي يتم بها ذلك.

---

[1] اللوزي، سليمان وزملائه، إدارة الموازنات العامة بين النظرية والتطبيق، دار المسيرة، 1997م، ط1، ص41.

انتقادات الموازنة التقليدية: [1]

1- التركيز فقط على النواحي المالية والقانونية في مجال الرقابة.

2- المعلومات التي تقدمها غير كافية لأغراض التخطيط واتخاذ القرارات.

3- تركز على المدخلات دون الاهتمام بجانب المخرجات والعلاقة بينهما وبذلك لا يمكن التعرف على كفاءة استخدام الموارد الاقتصادية.

4- عدم إمكانية متابعة وتقييم أداء البرامج والأنشطة الحكومية نظراً لتوزع الاستخدامات والموارد على الإدارات الحكومية أو على أنواع الحسابات وليس على البرامج والأنشطة.

ونظراً لقصور الموازنة التقليدية السابق عرضها بدأت المحاولات لتطوير الموازنة العامة للدولة وكانت أول هذه المحاولات موازنة البرامج والأداء.

ثانياً- موازنة البرامج والأداء Programs & Performance Budget:

كان للتقدم في العلوم الإدارية والسلوكية والكمية المتعلقة باتخاذ القرارات وللتقدم في الأساليب الإحصائية الأثر الكبير في افتتاح المجال لتطبيق أساليب ووسائل أكثر تقدماً في مجال الموازنة وقد ظهرت فكرة موازنة البرامج والأداء في البدء في الولايات المتحدة في منتصف القرن الماضي ويتلخص التطور الذي حدث في هذا النوع من الموازنة في المجالات الآتية: [2]

الأول: انصب الاهتمام في هذا النوع من الموازنات على المخرجات بدلاً من المدخلات الذي كان من اختصاص الموازنة التقليدية حيث يفترض في هذه الحالة أن يكون التقرير المنطقي لطلب الاعتمادات هو ربطها بالبرامج والأنشطة المطلوب إنجازها بواسطة التنظيمات الحكومية خلال فترة الموازنة.

[1] اللوزي، سليمان وزملائه، مرجع سابق، ص43.

[2] اللوزي، سليمان وزملائه، مرجع سابق، ص66.

الثاني: تحول الاهتمام من مجرد فرض الرقابة على الأموال إلى الرقابة على الأداء وبعبارة أخرى الرقابة على نتائج أعمال الوحدات الحكومية.

الثالث: ولإمكانية التوصل إلى الهدفين السابقين كان يعتمد على تحقيق المسائلة المحاسبية عن الأموال ممثلة بالتصنيف الإداري والنوعي والاقتصادي إلى تصنيف جديد يعتمد على المسائلة المحاسبية على العمليات فقد استلزم ذلك استخدام ثلاثة أنواع من التصنيفات ترتكز على التصنيف الهرمي المتدرج من الوظائف إلى البرامج ثم إلى الأنشطة ووحدات الأداء ويوضح الشكل رقم (3/2) الآتي هذا التسلسل الهرمي.

شكل رقم (3/2)

تصنيف المساءلة المحاسبية

وموازنة البرامج والأداء تربط بين جميع عناصر المدخلات (المالية والبشرية والمادية) والمخرجات المراد الوصول إليها (المردودات المطلوب تحقيقها وأثرها

على المجتمع). **فالبرامج** ترجمة الخطط وفق برامج محددة قابلة للتطبيق. أما **الأداء:** فهو وضع مقاييس أداء يمكن من خلالها الحكم على سلامة القرارات وحسن التنفيذ.

أما الفرق بين موازنة البرامج وموازنة الأداء فقد حدده Schick[1] بالتالي:

موازنة الأداء:

تطبق عندما تكون النتائج المطلوب تحقيقها من نشاط معين أو مشروع معين على شكل مخرجات مفصلة ومحددة بشكل مسبق، بحيث يمكن تقدير الأموال المطلوب تخصيصها لذلك النشاط أو المشروع بضرب حجم المخرجات (كمية السلع والخدمات) في التكلفة المعيارية لكل وحدة من المخرجات.

ونضرب مثلاً على ذلك، عندما تريد الحكومة إنشاء مبنى فإنها تحدد المواصفات والكميات بتفاصيل دقيقة لكل بند من بنود هذا المشروع، ابتداءً من الحفريات والحديد والإسمنت والبلاط والدهان...الخ، ثم نحدد تكلفة كل وحدة من هذه البنود، ثم نضرب الكميات في التكاليف ونجمعها لنصل لإجمالي تكلفة هذا المشروع، وتسمى هذه الموازنة (التقديرات) بموازنة الأداء، لأن كميات وتكاليف ومخرجات المشروع واضحة ومحددة مسبقاً بشكل دقيق.

في موازنة الأداء تضع السلطة العليا تفاصيل كاملة للعمل/ للجهد المطلوب أداؤه، وللمخرجات المطلوب تنفيذها ثم يطلب من الجهة المنفذة اتباعها، بحيث تكون هذه ضمن مسؤوليات الجهة العليا التي حددت المدخلات والعمليات والمخرجات.

ينطبق هذا البيان على كثير من المشاريع أو البرامج الحكومية مثل الإنشاءات والطرق والسدود واللوازم المختلفة وغيرها.

---

(1) Allen Schick, Budget Innovation in the States (Washington D.C the Brookings Institution, 1971) p. 19.

موازنة البرامج:

تطبق عندما تكون النتائج المتوقعة غير محددة وغير مفصلة، وإنما تكون على شكل أهداف واجبة التحقيق، وحينها يترك للجهة المنفذة صلاحية اتباع الإجراء المناسب للوصول إلى تلك الأهداف.

وبذلك فكمية السلع والخدمات المنتجة ونوعيتها لا تكون خاضعة لرقابة السلطات العليا، كما كان الحال في موازنة الأداء، وبذلك تقع على الجهة المنفذة مسؤولية اتباع أية طريقة توصلها للهدف بكفاءة وفاعلية، وبذلك تتميز باللامركزية وحرية اتخاذ القرار أثناء التنفيذ للوصول للهدف.

يتم تقدير المخصصات وفقاً لموازنة البرامج باتفاق الجهة العليا مع الجهة التنفيذية على أساس تحقيق برامج أو مشاريع أو أنشطة مخططة مسبقاً ومتفق عليها كأهداف.

ونضرب مثلاً لهذا النوع من المشاريع هو قرار الحكومة بإنشاء (معهد متخصص لتدريب وتأهيل الدبلوماسيين). فنظراً لعدم وجود تحديد مسبق لمتطلبات هذا المشروع، فإنه يترك للجهة المكلفة بتنفيذه أمر تحديد كل ما يلزم مجالات التنمية والبحث والتطوير أو الحروب أو الأوبئة أو المستجدات التي لم تكن متوقعة، فعندما يتحدد الهدف المطلوب تحقيقه مع إبقاء أمر تقدير التكاليف وكمية تحقيق الهدف بيد الجهة المنفذة.

أهداف موازنة البرامج والأداء:

1- ربط تقديرات الإنفاق بأهداف الدائرة عن طريق البرامج المخططة لتحقيق هذه الأهداف.
2- ربط الإنفاق الفعلي بالمستويات الإدارية المختلفة المسؤولة على مراكز الإنفاق المختلفة وطبقاً للصلاحيات المقررة.

3- زيادة الدقة في تقديرات الميزانية عن طريق تفصيل عناصر الإنفاق وتقديرات الاحتياجات لكل برنامج بدلاً من تقدير إجمالي للبنود مما يجعلها أقل أو أكثر من الاحتياجات الحقيقية.

4- تنمية الشعور لدى المستويات الإدارية المختلفة بمسؤولية "الإنفاق العام" وحسن استخدام الموارد المخصصة وتأكيد أهمية متابعة الإنفاق وتقييم الإنجاز.[1]

5- توفير مقاييس أداء تساعد في الحكم على فعالية وكفاءة الأداء مما يتطلب توفير معلومات ضرورية لحساب هذه المقاييس للحكم على المردود الاقتصادي للإنفاق على الخدمات ككل (مثلاً معدل تكلفة المتدرب أو الموظف في المراحل المختلفة، معدل تكلفة وإنتاجية الساعة في المختبرات، تكلفة الخدمة في المكتبات، ...الخ).

مزايا موازنة البرامج والأداء:

1- التخطيط: التخطيط يعني التنبؤ بما سيكون في المستقبل مع الاستعداد لهذا المستقبل، وهو وظيفة أساسية من وظائف الحكومة وأجهزتها التنفيذية، تهتم موازنة البرامج والأداء بالتخطيط حيث تقوم بتحديد برامج ومشاريع الوزارات والمصالح الحكومية لعدد من السنوات المقبلة والنفقات المتوقعة لها وليس لسنة واحدة كما تفعل موازنة البنوك التي تبين نفقات سنة مالية واحدة ولا ترتبط في أغلب الأحيان بتخطيط طويل الأجل.

2- البرامج: تهتم موازنة البرامج والأداء ببيان البرامج والمشاريع التي ستنفذها الأجهزة الحكومية المختلفة. بمعنى أنها تقوم بتحديد البرامج الرئيسة لكل دائرة أو مصلحة ومن ثم تقسم البرامج الرئيسة إلى برامج فرعية والبرامج الفرعية

---

[1] Ferderick A. Cleveland, "Evolution of the Budget Idea in the United States", The Annals, 62 (October, 1915), P. 27.

إلى نشاطات وترصد الاعتمادات اللازمة لتنفيذ البرامج الرئيسة والبرامج الفرعية والنشاطات في وثيقة الموازنة العامة على الصفحات المخصصة لها، ثم تقوم بعد ذلك بتوزيع الاعتمادات على أبواب وبنود الإنفاق المعرفة في الموازنة.

3- تحليل البدائل: من القواعد الأساسية التي ترتكز عليها موازنة البرامج والأداء تحديد الطرق البديلة لتحقيق الأهداف العامة للأجهزة والمصالح الحكومية، فبعد تحديد البدائل تجرى الدراسة التحليلية المتعمقة لها بهدف تحديد التكاليف والعوائد لكل منها والمزايا والعيوب المرتبطة بكل منها وعلى ضوء نتائج المفاضلة بين الطرق البديلة يتم اتخاذ القرارات.

4- التقييم: يساعد تقييم البرامج الحكومية على تحسين عملية تنفيذها، إن الحصول على تقارير عن كيفية سير الأعمال في البرامج والمشاريع تحت التنفيذ أو نفذت من حين لآخر من شأنه أن يكشف عن المشاكل التي تواجه التنفيذ وعن نقاط الضعف في الخطط والبرامج والمشاريع وعن التغيرات التي يلزم إدخالها على تلك البرامج والمشاريع لكي تسهل عملية التنفيذ والوصول إلى الأهداف المطلوب تحقيقها.

مشاكل موازنة البرامج والأداء:

1- صعوبة تحديد وحدات الأداء (المخرجات) التي تقاس بها الإنجازات لكل إدارة ومصلحة حكومية، فهناك بعض النشاطات والأعمال الحكومية التي يصعب تحديد معايير لقياس أدائها.

2- صعوبة تطبيقها، إذ يتطلب تطبيق موازنة الأداء وجود أنظمة محاسبية معقدة ومتابعة معينة.

3- صعوبة توفير المعلومات التفصيلية عن نشاطات الإدارات المختلفة، لعدم وجود أنظمة دقيقة للمعلومات لديها.

4- ارتفاع تكلفة تطبيقها، وذلك لأن التطبيق يتطلب توفر أعداد كبيرة مـن الموظفين مـن ذوي الخبرة.

5- النقص في التخطيط المتأتية من نقص تحديد الأهداف بالشكل الصحيح. [1]

ثالثاً- الموازنة الصفرية Zero Base Planning:

تعتبر الموازنة الصفرية الموجة الأخيرة من موجات إصلاح الموازنة العامة للدولة. وبصفة عامة جاءت الموازنة الصفرية لتخدم أهداف الحكومة في مجال تحقيق كفاءة وفعالية أكبر في أداء الأنشطة الحكومية وذلك بتحديد الأولويات بين البرامج الحكومية، وقد برزت الموازنة الصفرية في السنوات العشر الأخيرة كمحاولة للتغلب على المشاكل والعقبات التطبيقية التي صادفت النظم الأخرى للموازنة.

مفهوم الموازنة الصفرية:

تعتبر الموازنة الصفرية فلسفة متكاملة تتميز عن الموازنة التقليدية في أنها تستند إلى فكر علمي منطقي متقدم يساعد على توفير أفضل الظروف للإبداع والابتكار والتخلص مـن الـروتين الحكـومي وذلك من خلال ممارسة التقييم والمراجعة المستمرة للقرارات الاستراتيجية للإدارة الحكومية والتكيـف مـع الظروف غير المستقرة والمعاكسة. ولقد اختلفت وتعددت تفسيرات مفهوم الموازنة الصفرية، ففي حين تفسر على أنها تطوير لمـدخل "الإدارة بالأهداف الـذي يفسر- على أنها تأخـذ الاتجاه العكسي- للموازنة التقليدية" فبدلاً مـن تحديد إجمـالي التكـاليف المقـدرة للفترة القادمـة ثـم توزيعهـا علـى الاستخدامات المختلفة فإنها تبدأ بمراجعة وتقييم البرامج المختلفة وقبولها على أساس مـن كفاءتها وفعاليتهـا ثـم إعداد الموازنة والوصول إلى

---

[1] Allen Schick, "Systems Politics and Systems Budgeting", PAR, Vol, XXXIX, No (March/ April 1969), p. 139.

-96-

إجمالي التكاليف كنتيجة نهائية لعملية تحليل ومراجعة وتقييم البرامج على مستوى الوحدات الإدارية المختلفة.

إن جوهر الموازنة الصفرية يتلخص في محاولة ترشيد عملية إعداد الموازنة بتدعيم دورة الموازنة بنظام يكون من شأنه:

1- المعاونة في تخطيط موارد الدولة.
2- المساعدة في تعظيم الرفاه الاجتماعي التي تعتمد على ما يعرف نموذج "باريتو" الأمثل.

وبعبارة أخرى، يرى أنها أسلوب عمل يساعد متخذي القرارات للوصول إلى المزج المناسب الذي يحقق أكبر إشباع لاحتياجات المجتمع وتحقيق رغباته.

فالموازنة الصفرية ما هي إلا أداة -شأنها شأن الموازنات الأخرى- وتعاون أو تساعد وليست صندوقاً مغلقاً يحقق التخصيص الأمثل للموارد الاقتصادية. وبصفة عامة، تفسر الموازنة الصفرية على أنها عملية التخطيط والتشغيل وإعداد الموازنة بصورة تفصيلية بحيث تلقي على عاتق كل مسؤول مهمة تبرير الموارد المطلوب تخصيصها لبرامجه بحيث يبين لماذا يعتزم أن ينفق أي مال، فهو لا يطالب فقد بتبرير الزيادة عن السنة السابقة ولكنه مطالب بتبرير أي عمل أو نشاط يخطط لإنجازه من الصفر بافتراض أن اعتماده في الموازنة السابقة كان صفراً.

ويتضح مما سبق أن:

1- الموازنة الصفرية هي فلسفة متميزة تعتمد منهج وأسس ومبادئ التخطيط والمتابعة واتخاذ القرارات.
2- لفظ "الصفرية" لا يعني إنكار الجهود السابقة وعدم استمرارية البرامج والأنشطة وما يعكسه ذلك من آثار سلوكية سلبية، وإنما القصد هنا هو مراجعة وتقييم كل شيء. وبالطبع فإن هذه العملية تعتمد على البيانات والمعلومات التاريخية للفترات السابقة.

3- عملية المراجعة والتقييم تشمل جميع الأنشطة سواءً كانت ضمن برامج جديدة أو قائمة فعلاً.

4- التقييم وترتيب الأولويات (المفاضلة) لا يتم لكل برنامج على حدة وإنما تتم لكل مجموعة قرارية.

مقومات الموازنة الصفرية:

تعتمد الموازنة الصفرية على عدد من المقومات والدعائم الأساسية التي تمثل مفاهيم ومبادئ وإجراءات عمل خاصة بها، كما تعتمد أيضاً على عدد من المقومات الأخرى المعاونة التي تمثل المتطلبات الحدية لنجاح التطبيق العلمي لها. ونناقش فيما يلي أهم المقومات الأساسية للموازنة الصفرية:

1- الوحدة الإدارية "الوحدة التنظيمية":

لم يتفق الكتاب على ماهية الوحدة القرارية من حيث طبيعتها أو حجمها أو وضعها التنظيمي مما أدى إلى تباين التطبيق العملي والاكتفاء عادة باتباع نفس الهيكل التنظيمي في الموازنة التقليدية كأساس لتحديد الوحدات القرارية. ففي حين يرى البعض تضييق حجم وحدة القرار ويحددها على مستوى الحساب الواحد في الوحدات الفرعية، يرى البعض الآخر أنها قد تكون مشروعاً رأسمالياً رئيساً، أو أعمالاً طارئة، أو برامج رئيسة.

فالبرنامج يعتبر عنصراً أساسياً في عملية تحديد وصياغة الوحدات القرارية الدائمة أو المستمرة، وقد يكون البرنامج الأساسي أي من الكبر والأهمية بحيث ينقسم إلى برامج فرعية توكل لوحدات تنظيمية مستقلة وبالتالي فإنها تشكل وحدات قرارية. أما عن وحدة القرار في الأعمال الطارئة فهي ليست دائمة كاللجان المؤقتة أو الوحدات التي تشكل للقيام بتلك الأعمال وفي هذه الحالة تعتبر اللجنة أو الوحدة المشكلة هي الوحدة القرارية.

وعلى ذلك فإن الوحدة القرارية يجب أن:

1- تكون وحدة تنظيمية سواءً كانت فرداً أو مجموعة من الأفراد.
2- تؤدي أنشطة متجانسة أو متكاملة لتقديم خدمة أو سلعة معينة أو مجموعة من الخدمات أو السلع.
3- تتمتع بقدر كبير من الاستقلال والتميز عن الوحدات الأخرى.
4- تتمتع بقدر كافٍ من السلطة أو الرقابة على حيازة أو استخدام أو التصرف في الموارد الاقتصادية.

وجدير بالذكر أن الوحدات الإدارية التي قطعت شوطاً في تطبيق موازنة البرنامج والأداء أو في تطبيق نظم محاسبة التكاليف والمحاسبة الإدارية أصبح لديها الأساس والخبرة المناسبة لصياغة وحداتها القرارية.

2- المجموعات القرارية:

وتعرف مجموعة القرار بأنها[1] (خطة عمليات تتضمن بالعادة تصريحاً بنتائج أو أهداف الأعمال المتوقعة مثل التكاليف، والمستلزمات الشخصية، ومقاييس الأداء، والطرق البديلة، والتقييم من وجهة نظر المنظمة ككل الناشئة من فوائد الأداء والنتائج).

تمثل المجموعات القرارية البنية الأساسية التي ترتكز باقي مقومات وإجراءات الموازنة الصفرية عليها؛ ففي رأي بيير أنها تتضمن العنصر البشري، والبرامج، والإنفاق الرأسمالي، والخدمات وعناصر الإنفاق في موازنة البنود.

وتعتبر المجموعات القرارية من حيث الشكل وثائق تعرض وصف البرامج والأنشطة التي تتكون منها الوحدة القرارية ومبررات وجودها. وبالرغم من اختلاف تصميم وشكل المجموعات القرارية من وحدة إلى أخرى، إلا أنها تتضمن المعلومات الأساسية التالية:

---

[1] الخطيب، شحادة وزميله، أسس المالية العامة، دار وائل، 2007م، ط3، ص366.

1- أهداف البرامج.

2- وصف الأنشطة الرئيسة والفرعية لكل برنامج.

3- المنافع (العوائد) والتكاليف لكل برنامج متمثلة في الآثار التي تترتب على اعتماد أو عدم اعتماد البرامج.

4- عبء العمل ومقاييس الأداء.

5- طرق بديلة لتحقيق الأهداف.

وكما سبق، لم يتفق الكتاب حول طبيعة وحجم المجموعات القرارية، مما يزيد من صعوبة عملية صياغتها وتحديدها. ويتبع الأسلوب الآتي في صياغة وتحديد المجموعات القرارية:

1- تحديد الأهداف سواءً كانت رئيسة أو فرعية.

2- تحديد البدائل المختلفة لتحقيق الأهداف.

3- تقييم البدائل واختيار أفضلها، ويدخل في ذلك تحديد المستويات المختلفة للجهد (المستوى الأدنى، والمستوى الحالي، والمستويات الإضافية) على مستوى الأنشطة والبرامج ثم على مستوى المجموعة القرارية باستخدام أسلوب الدمج الأفقي والرأسي، ويتم ترجمة تلك المستويات إلى قيم مالية.

4- ترتيب المجموعات القرارية وفقاً للأولوية على أساس من التكلفة والعائد أو على أساس من الحكم الشخصي من خلال لجان هيكلية تنظيمية.

5- تحديد إجمالي الموازنة لكل وحدة قرارية والتي تتكون منها المجموعات القرارية المقترحة لتلك الوحدة.

6- التنسيق بين الوحدات القرارية المختلفة في ضوء الأولويات بين مجموعات الوحدات القرارية وفي ضوء الأموال المتاحة تمهيداً لإعداد الموازنة العامة.

7- إعداد البرامج الزمني للتنفيذ.

وإذا ما نحّينا العملية الإجرائية جانباً فإن هناك بعض الأمور التي تستوجب العناية والتدقيق عند صياغة وتحديد المجموعات القرارية لما تمثله هذه الأمور من مشاكل تضعف كفاءة وفعالية الموازنة الصفرية، وتنقسم هذه الأمور أو المشاكل إلى:

- **مشاكل فلسفية:**

تتعلق هذه المشاكل بفلسفة أو توجه القائمين على إعداد الموازنة وتتخلص في:

1- عدم الاهتمام بالأهداف الاستراتيجية أو طويلة الأجل حيث يلاحظ التركيز على الأهداف قصيرة الأجل إلى حد كبير، ويرجع السبب في ذلك إلى النظرة الضيقة والعادات الموروثة، وأسلوب الإدارة، كما أن الأهداف قصيرة الأجل أكثر إلحاحاً لما لها من تأثير على معايير قياس الأداء.

والواقع أن الأهداف طويلة الأجل لا تقل أهمية عن الأهداف قصيرة الأجل حيث أنها تمثل الإطار الذي تصاغ فيه الأهداف قصيرة الأجل، كما أن طبيعة تقييم ومراجعة البرامج والأنشطة في الموازنة الصفرية ترتكز على قياس التغيرات التي تحدث في المدى البعيد تعبيراً عن فعالية تلك البرامج والأنشطة.

2- صعوبة تحديد الأهداف لعدم وجود قواعد ثابتة ومتفق عليها في هذا المجال، وتتمثل هذه الصعوبة في:

أ- تداخل وتشابك العوامل التي تحكم عملية تحديد الأهداف.

ب- تعدد الأهداف والتعارض والتناقض بينها، وصعوبة عملية التنسيق بين الأهداف.

3- التكامل بين البرامج داخل المجموعة القرارية الواحدة وبين المجموعات القرارية؛ فالشائع في عملية الموازنة في التطبيق الحالي أن يتم التكامل على أساس نوعي أو وظيفي ولكن قد تكون هناك أبعاداً أخرى لعملية التكامل هذه، وانسجاماً مع فلسفة ومقومات الموازنة الصفرية يمكن أن ينظر للمجموعة القرارية على أنها سلة من البرامج تحقق أكبر عائد ممكن بأقل مخاطرة ممكنة. وليست المخاطرة هنا مالية فقط بل أيضاً مخاطرة عدم إمكانية تحقيق الأهداف، والمخاطرة السياسية، ومخاطرة عدم تحقيق العدالة بين الجيل القادم والجيل الحالي، ومخاطرة التغير في مستوى الإمكانيات المتاحة...الخ. وبنفس الطريقة ينظر للوحدة القرارية على أنها سلة من المجموعات القرارية.

4- ضعف أسلوب مراجعة وتقييم وترتيب المجموعات القرارية حيث أن الأسلوب الأكثر شيوعاً هو الرأي أو الحكم الشخصي ويثور التساؤل عن من له حق إصدار حكم أو رأي عن مدى أهمية برنامج أو نشاط ما، وما هي المعايير المستخدمة في ذلك. هل هي الكفاءة، الفعالية، العدالة، الرغبة السياسية أو الاجتماعية...الخ.

5- تعدد المجموعات القرارية وبالتالي صعوبة التنسيق بينها أو دمجها وكذلك صعوبة مراجعتها وتقييمها.

6- صعوبة تحديد المستوى الأدنى للجهد وهو أمر أساسي عند إعداد المستويات الإضافية البديلة.

7- التداخل بين المجموعات القرارية يزيد من صعوبة عملية الترتيب.

8- تمتع الكثير من البرامج والمجموعات القرارية بنفس الأهمية من حيث توافقها مع عدد كبير من المعايير التي تستخدم عادة في عملية الترتيب.

9- عدم وجود أساس مشترك –في بعض الحالات- بين المجموعات القرارية يمكن أن يتم الترتيب بناءً عليه.

10- إن اختلاف مستوى التمويل الفعلي عن المخطط قد يفقد الترتيب أهميته.

3- المستويات المختلفة للجهد (مستويات التمويل والأداء): [1]

يتم تحديد مستويات مختلفة للجهد وتترجم إلى وحـدات نقدية، وتمثل تلك المسـتويات بـدائل مختلفة لكل نشاط أو لكل برنامج أو لكل مجموعة قرارية، وفيما يتعلق بذلك فالموازنة الصفرية تشبه إلى حد كبير الموازنة المرنة التي تعد في المشروعات الخاصة لعدة مستويات مـن النشـاط، وتنحصـر مسـتويات الجهد في:

1- **المستوى الأدنى للجهد:** حيث يعد النشاط أو البرامج أو المجموعة القرارية علـى أسـاس أقل جهد ممكن (أموال وموارد مخصصة) بهدف المحافظة على وجوده واستمراريته.

2- **المستوى الحالي للجهد:** حيث يعد النشاط أو البرنامج أو المجموعـة القرارية علـى أسـاس الأموال أو الموارد الإضافية اللازمة للوحدة كي تقدم نفس المستوى الحالي للخدمات.

3- **المستويات الإضافية للجهد:** حيث يعد النشاط أو البرنامج أو المجموعة القرارية علـى أسـاس الأموال أو الموارد اللازمة لتنفيذ برامج جديدة أو لتحسـين وتطور الخدمـات المقدمـة حاليـاً، ويمثل ذلك عدة مستويات تختلف حسب حجم الإضافات المقترحة.

4- المفاضلة بين البدائل:

تتم المفاضلة بين البدائل بعد ترتيب المجموعات القرارية ترتيباً تنازلياً وفقاً لأولويـة كـل مجموعـة باتباع طرق عديدة للترتيب أهمها طريقة التكلفة والعائد وطريقة التقدير أو الحكم الشخصي مـن خـلال لجان ذات إجراءات ونظم خاصة. ويلاحظ أن المفاضلة هنا ليست بين برنامج وآخر وإنما بـين المجموعـات القرارية.

---

[1] الخطيب، شحادة وزميله، مرجع سابق، ص367.

رابعاً- الموازنة التقديرية Budget:

تعتبر الموازنات التقديرية إحدى الأدوات المهمة التي تستخدم من قبل منشآت القطاع العام والخاص على السواء لغايات التخطيط والرقابة وتقييم الأداء. ويكاد يكون تأثير الموازنات ملموساً على مختلف القطاعات؛ فالمواطن العادي يتأثر بموازنة الدولة والتي تتضمن حجم الإنفاق والإيرادات المتوقعة خلال الفترة القادمة، فالإيرادات المقدرة تحدد العبء الذي سيتحمله المواطن من ضرائب ورسوم وخلافه، كما أن حجم الإنفاق المتوقع أن تقوم به الدولة يحدد طبيعة ومدى الخدمات التي ستقدم للمواطنين.

والموازنة كخطة مالية مستقبلية تستخدم كأداة تخطيطية ورقابية من قبل معظم الحكومات في دول العالم، حيث تقوم كل دولة وقبل بداية كل عام بإعداد موازنة تحدد من خلالها مصادر الإيرادات والتمويل الذي تتوقع الحصول عليه خلال العام القادم، كما تحدد أوجه الإنفاق المتوقعة.

كما أن للموازنات تأثيراً واضحاً على منشآت القطاع الخاص المختلفة بالإضافة إلى المؤسسات الخيرية والمؤسسات غير الهادفة للربح؛ حيث أن العديد من مؤسسات القطاع الخاص تقوم بتحضير موازنات تتضمن الإيرادات والمصاريف المتوقعة خلال الفترة القادمة ومبالغ الافتراض المحتملة والاستثمارات الرأسمالية المخطط لها.

طبيعة أهداف الموازنات التقديرية Nature and Objectives of Budgets:

تعرف الموازنة بأنها عبارة خطة مالية كمية تغطي أوجه النشاط المختلفة للوحدة الاقتصادية لفترة مالية مستقبلية، وينظر إلى الموازنة على أنها ترجمة كمية ومالية للأهداف التي تسعى إدارة المنظمة للوصول إليها، كما أن الموازنة أداة رقابية فعّالة للتأكد من حسن تنفيذ الخطط الموضوعة من قبل الإدارة العليا.

نلاحظ أن للموازنة ثلاثة أركان رئيسة هي:

1- أنها خطة مستقبلية، أي تتعلق بالفترات القادمة، وأن الماضي هو فقط مرشد ومؤشر لعملية تحضير الموازنة.

2- أنها ليست هدفاً بحد ذاتها بل هي أداة وترجمة للخطط والأهداف التي تسعى المنظمة للوصول إليها. وتبرز هنا ضرورة ترجمة الأهداف إلى أرقام مالية وكمية، فمن غير المعقول أن نحكم على حسن تنفيذ الخطط والأهداف دون وجود، على سبيل المثال، رقم مبيعات أو أرباح مخطط لها، وهذا ما توفره الموازنات التقديرية.

3- أما الركن الأخير فيتمثل في أن الموازنة أداة رقابية تستعمل للتحقق من الأهداف والخطط الموضوعية وقد تم تنفيذها وبالشكل المطلوب.

وللوصول إلى موازنة فعّالة نستطيع من خلال تحقيق تخطيط ورقابة جيدة فلا بد من توفر الأمور الثلاثة التالية:

1- وجود هيكل محاسبي وتنظيمي للمؤسسة يحدد من خلاله نطاق وصلاحيات كل إدارة في المنظمة.

2- وجود نظام تكاليف معياري والذي يحدد من خلاله التكاليف المتوقعة لتنفيذ الأنشطة المختلفة في المستقبل، فلا يمكن إعداد خطة مالية مستقبلية دون المعرفة المسبقة لتكاليف الإنتاج والأنشطة المختلفة داخل المنظمة.

3- ضرورة معرفة الإدارات المختلفة في المنظمة بالمسؤوليات والواجبات الملقاة على عاتقها لضمان حسن تنفيذ الموازنة والوصول بالتالي إلى الأهداف التي تنشدها الإدارة العليا.

أما الأهداف الرئيسة من وراء إعداد وتنفيذ الموازنة فتتمثل بالنقاط التالية: [1]

1- التخطيط Planning:

يعتبر التخطيط من الوظائف الأساسية، وتعتبر الموازنات التقديرية إحدى أهـم أدوات التخطيط التي تستعملها المنشآت، فمن خلال وضع موازنة المبيعات للفترة القادمة تقوم بقيـة الإدارات في المنظمة بالتخطيط للوصول إلى حجم المبيعات المتوقع.

2- الرقابة على الأرباح والعمليات Controlling Profit and Operations:

تستخدم الموازنة، وكما ذكرنا سـابقاً، كـأداة رقابيـة علـى أداء الأقسام المختلفة في المنظمة، كـما تستخدم كأداة للتحقق من وصول المنظمة إلى أهدافها المخطط لها، وبالتالي تحقيـق الأربـاح التـي تسـعى لها، حيث تتم مقارنة الأداء الفعلي للمنظمة مع الأداء المتوقع في الموازنة، ومن ثم يتم تحديد مدى كفـاءة الإدارات المختلفة في إنجاز ما هو مخطط لها.

3- تقييم الأداء والحوافز:

Evaluating Performance and Providing Incentives

تستخدم الموازنات لدى العديد من المنشآت كأداة لتقييم أداء الأفراد والأقسـام المختلفة، وبالتالي تحديد الحوافز الواجب دفعها للعاملين.

---

[1] لطفي علي ود. محمد رضا، "اقتصاديات المالية العامة"، مكتبة عين شمس، القاهرة، 1986م، ص92.

4- تسهيل الاتصال والتنسيق بين الأقسام:

Facilitating Communication and Coordination

تساعد الموازنة على تسهيل وانسجام وترابط أداء الأقسام المختلفة، فمن خلال تحديد حجم المبيعات المتوقع للفترة القادمة يستطيع كل قسم في المنظمة تحديد المطلوب منه للوصول بالمنظمة إلى الهدف المحدد بالموازنة.

المبحث الثالث
الأساليب الرقابية المتخصصة
Specialized Control Techniques

أولاً- الإدارة بالأهداف:

أسلوب إداري يشترك فيه الرئيس والمرؤوسون في كافة المستويات الإدارية في المنظمة والشركة والمؤسسة في تحديد الأهداف التي ينبغي على الوحدات الإدارية التي يعملون فيها تحقيقها ثم تحديد مسؤولية كل موظف على شكل نتائج متوقعة مطلوب تحقيقها ثم كتابة خطة واحدة لتحقيق تلك النتائج.

خصائص وصفات أسلوب الإدارة بالأهداف:

1- وضع أهداف كل منصب إداري هو أساس أسلوب الإدارة بالأهداف والمنصب الذي ليس له أهداف لا لزوم له.

2- تعتمد الإدارة بالأهداف على أداء شخصية العاملين في الإنجاز؛ أي يقوم الشخص من خلال ما أنجز وليس بما يتمتع به من صفات.

3- الإدارة بالأهداف تقوم على أساس المشاركة الديمقراطية أي التشاركية في الإدارة وليس إدارة الباب المغلق المحجوبة.

يتكون منهج الإدارة بالأهداف من عناصر متعددة:

الأهداف، والخطط، والأداء، ومعايير الأداء، وأحوال العمل، ونقاط المتابعة، وتقويم الإنجازات.

إن التغييرات في المؤسسة تستمد من الأهداف فعندما يطلق مدير بيانات أو صلاحيات يتم دراسة علاقة ذلك بما يخدم تحقيق أهدافه.

تركز الإدارة بالأهداف على ضرورة الاقتناع الشخصي بالعمل وعلى التحفيز والأهداف المتفائلة تهتم بالكفاءة والأهداف الشخصية.

تركز على نظرية ماك غريغور التي يقوم أن العامل الإنسان يحب العمل وتحمل المسؤولية لذا يجب تحفيزه ودفعه وتنمية هذا الشعور لديه.

يقتصر دور الرئيس على التوجيه والتشجيع وتقويم الانحرافات.

أهداف وأغراض أسلوب الإدارة بالأهداف:

1- الربط بين أداء الفرد وأهدافه وأهداف المنظمة.
2- رفع مستوى الكفاءة من خلال المشاركة.
3- المساهمة في تحديد نظم مقبولة للأجور والحوافز على أساس موضوعي.
4- المساهمة في تحقيق التنسيق والرقابة الفعالة.
5- قياس الأداء والحكم عليه بشكل مستمر وموضوعي عن طريق المراجعة الدورية.

فلسفة الإدارة بالأهداف:

نظرية تؤمن بأن الإنسان يحب العمل، ومبتكر إذا توافرت له الظروف والطريقة الفعّالة لحفزه هي تحقيق ذاته وإشباع حاجاته الفيزيولوجية وحاجات الأمان وليس من تعارض بين أهداف المنظمة وأهداف الفرد.

الإيمان بالإدارة كنهج ديموقراطي يرتكز على المشاركة والتعاون.

الإدارة بالأهداف ليست مبدأً جديداً بل هي أسلوب عمل تطبيقي يركز على النتائج من خلال الاستفادة الفعالة من جميع الموارد.

الإدارة بالأهداف أداة تخطيطية وإشرافية ورقابية، وأسلوب يضم كل وظائف الإدارة وينسق بينها ويعمل على تكاملها.

خطوات تطبيق الإدارة بالأهداف:

1- تحديد وصياغة الأهداف العامة للمنظمة بالتعاون مع مجلس الإدارة والمستشارين.

2- توزيع السلطات والمسؤوليات بين الرؤساء في الإدارة العليا بحيث يتعرف كل منهم على الجزء الذي يخصه من الهدف الكلي ويفضل تدوين ذلك حتى لا يحصل تداخل في الاختصاصات.

3- تكليف خط الإدارة التنفيذي بإعداد الأهداف التي سيعملون على تحقيقها على ضوء أهداف الإدارة العليا التي يتبعون لها.

4- تحديد أهداف الخط الإداري المباشر على ضوء أهداف الوحدة التنفيذية التي يتبع لها.

5- تحديد هدف كل موظف مرؤوس وعامل بناءً على أهداف الوحدة التنفيذية وذلك بالتعاون مع وحدته ورئيسه.

6- وضع خطة عمل كل مسؤول في المنظمة متفق عليه مع الرئيس ويلتزم الجميع بالتنفيذ.

7- المراجعة الدورية لإنجاز الأهداف الذي حققه المرؤوسون.

8- تقويم الإنجاز في نهاية الفترة المحددة المتفق عليها وهل فعلاً تحققت الأهداف؟.

صفات المدير في ظل الإدارة بالأهداف:

قادر على إحراز النتائج وتحقيق الأهداف.

التعاون والتعاطف مع المرؤوسين لتحقيق النتائج الملموسة.

النجاح هنا لا يعتمد على الصفات الشخصية كالصرامة.

كسب ثقة ومحبة المرؤوسين.

صورة المنظمة في البيئة والمحيط يجب أن تكون ساطعة وموثوقاً بها.

يمثل المدير عامل القدوة في كل شيء لا سيما في نوع السيارة التي يركبها وأنماط استهلاكه وأين يسهر وماذا يأكل؟؟

عينه على العمل وليس على المنصب.

يسمع للجميع، يقرب المجتهدين الأذكياء والمبدعين، ويحفز المتفوقين.

مقومات نجاح الإدارة بالأهداف:

نظم سليمة تسمح بتطوير أداء العمالة لتظل ماهرةً ومتميزة.

نظم معلومات دقيق واتصالات حديثة.

نظام مالي مرن في الصرف والإنفاق لأن الإدارة بالأهداف لا تعرف ميزانية بنود.

شرح الأسلوب للجميع.

دعم الإدارة العليا له.

نظام حوافز مجزٍ.

تدريب العاملين على الأسلوب.

تفويض السلطات اللازمة بقدر الأهداف.

الأخذ بالأفكار الإبداعية ومقترحات العاملين.

الاهتمام بالعامل البشري وتخطيط القوى العاملة.

فوائد ومحاسن أسلوب الإدارة بالأهداف:

ينمي أسلوب الإدارة بالأهداف القدرة التخطيطية لكل من الرؤساء والمرؤوسين.

يسهل مهمة الإشراف والتوجيه.

يساعد في التعرف على المشكلات الفعلية للعمل الحالية والمستقبلية.

يزيد من الإنتاجية، وفيه قيمة تعليمية كبيرة.

يقوي الاتصالات بين الإدارة والعاملين وينشر المعلومات.

يساعد على رفع درجة رضا العاملين وروحهم المعنوية.

يساعد على اكتشاف المهارات الصالحة للترقية.

يخفف الروتين، ويحقق المرونة التي يتطلبها العمل.

يكشف المقصرين بسرعة.

يعطي صورة كاملة عن المنظمة والشركة وعن العمل مما يسهل عملية الرقابة وتقويم الأداء الكلي لها.

ثانياً- الإدارة بالاستثناء:

أسلوب إداري يقوم على أساس التفاهم بين الرئيس ومرؤوسيه حول تنفيذ العمل، ومحور هـذا التفاهم يعتمد على أنه طالما أن العمل يسير وفق ما هـو مخطط ومرسوم لـه فلا داعـي للمرؤوسيـن أن يقوموا بإبلاغ رئيسهم بذلك حيث يقتصر إعلامه الرئيسي فقط بالأمور الاستثنائية التي تنحرف عن المعايير المحددة وفق ما هو مرسوم ومخطط، ففي هذه الحالة فقط على المرؤوسيـن أن يرفعوا الأمـر إلى السلطة الأعلى صاحبة الحق لاتخاذ القرار المناسب حيال الانحراف.

وفي ظل الإدارة بالاستثناء يمكن التمييز بين نوعين من القرارات:

1- **القرارات الروتينية:** وتمثل الأعمال التـي تتكـرر والتي يمكن تحويلهـا إلى روتين، وهنا يعطى للقائمين على تنفيذها تعليمات محددة للقيـام بها وهـذه الأعمـال لا يتدخل الرئيس في إدارتهـا واتخـاذ القرارات حيال المشكلات التي تصادفها إلا إذا حدثت أمور استثنائية غير متوقعة أثناء تأديتها.

2- **القرارات الإدارية غير الروتينية:** وتمثل الأعمال التي تعالج مشكلات أو موضوعات ذات طابع مهم لها تأثير كبير وطويل على المنظمة وهي لا تتكرر ولا يمكن تحويلها إلى عمل روتيني متكـرر. هـذه الأعمال أو المشكلات يترك موضوع البت فيها للرؤساء أصحاب السلطة والاختصاص.

أهمية الإدارة بالاستثناء:

على الرئيس ألا يشغل باله سوى بالأعمال التي تكون بالغة الجودة أو بالغة السوء، حيـث يتطلب الأمر أن يوجه إليها اهتمامه واتخاذ ما يناسبها من قرارات. وهذا الأسلوب يستخدم لتخفيف عبء العمل عن الرؤساء، وعلى الأخص أولئك

الذين يعانون من كثرة أعباء العمل ومشكلاته ومسؤولياتهم، ولقـد أصبح الـرئيس بحاجـة إلى مثـل هـذا الأسلوب والاعتماد عليه إذ لعله يجد فيه المخرج الـذي يساعده عـلى تخفيـف عـبء العمـل عـن كاهلـه وتوفير وقته والإقلال من إرهاق أعصابه.

متطلبات نجاح الإدارة بالاستثناء:
1- تفويض السلطة.
2- ثقة الرؤساء بمرؤوسيهم على كافة المستويات الإدارية.
3- توفر الخبرة والدراية لدى الرؤساء ليتمكنوا من اختيار ما يمكنهم تفويضه لمرؤوسيهم.
4- توفر المهارة والقدرة اللازمة لدى المعاونين للقيام بما يسند إليهم من مهام.
5- وجود نظام جيد للمعلومات لإعداد الخطط السليمة وتحديد الاستثناءات.
6- العمل بوتيرة عالية لمعالجة الحالات الاستثنائية.

وخلاصة القول أن الإدارة بالاستثناء في أبسط صورها هي نظام للتنبيه والاتصال بإرسال إشارات إلى المدير عندما تكون هناك حاجة لتنبيهه وبالعكس يبقى ساكناً عندما تكون هناك حاجـة لجـذب اهتمامـه. وهذه الإشارات تمثل ستة جوانب لنظام الإدارة بالاستثناء وهي على النحو التالي:

1- **جانب القياس:** حيـث يتم الأداء في الماضي والحاضر وحصر- المـوارد والطاقات والإمكانيـات وتجميع وتقييم الحقائق بالنسبة لموقف العمليات ككل.

2- **جانب التنبؤ:** حيث يتم استخدام بيانات الماضي والحاضر للتنبؤ بالأحوال في المسـتقبل وتحديد الأهداف وإعداد الخطط وبرامج العمل ومراجعة الهياكل التنظيمية.

3- **جانب الاختيار:** حيث يتم اختيار المقاييس الرئيسة التي تبنى عـلى أسـس اقتصـادية وتعكـس بأفضل صورة ممكنة تقدم في تحقيق أهدافه.

4- **جانب الملاحظة**: حيث يتم ملاحظة وقياس نتائج الأداء الفعلي واستخراج المؤشرات المهمة بصفة دورية.

5- **جانب المقارنة**: حيث يتم مقارنة الأداء الفعلي مع الأداء المتوقع حتى يمكن تحديد استثناءات وتحليل الأسباب التي أدت إليها وإعداد التقارير ورفعها إلى المستويات المختلفة في الحالات التي تتطلب اتخاذ خطوات معينة.

6- **جانب اتخاذ موقف أو إجراء**: حيث يتم متابعة وعلاج الحالات الاستثنائية عن طريق اتخاذ إجراءات مصححة.

ثالثاً- أسلوب بيرت:

المفهوم:

يرى علي[1] بأن طريقة بيرت هي "الطريقة الخاصة بتخطيط ومتابعة تنفيذ المشروعات عن طريق دراسة عناصر العملية الإدارية وتطبيقاتها".

كما أورد سلامة[2] بأنها "طريقة متكاملة للتحليل والرقابة تساعد الإدارة على درس ومراقبة المشروعات".

ويتضح من التعريفين السابقين بأن هذا الأسلوب "يتضمن بالإضافة إلى الجانب التنسيقي جانباً آخر تخطيطياً يتضمن تخطيط الوقت والتكاليف للأنشطة المختلفة والمشروعات بالإضافة إلى جانب رقابي ثالث يتمثل في مدى مطابقة التنفيذ الفعلي لما سبق تخطيطه وتوفير المعلومات المناسبة بما يكفل اتخاذ الإجراءات التصحيحية".[3]

[1] علي، حمدي فؤاد، الاتجاهات الحديثة في الإدارة، البرمجة الخطية وبيرت، دار النهضة العربية للطباعة والنشر 1982م، بيروت، ص288.

[2] سلامة، عادل عبد الفتاح، أسلوب تقويم البرامج ومراجعتها (بيرت P.E.R.T) واستخداماته في ميدان الإدارة التعليمية، دراسة مقدمة للمؤتمر الدولي الثالث عشر للإحصاء والحسابات العملية والبحوث الاجتماعية والسكانية عام 1988م، ص51.

[3] محمود، خالد مصطفى، مقدمة في بحوث العمليات، 1990م، ص338.

وقد وصف عبد الدايم[1] هذه الطريقة في نقاط واضحة ومقننة كما يلي:

1- طريقة من طرق الإدارة هدفها تحديد وتنظيم ما ينبغي أن نقوم به لبلوغ أهداف معينة في زمن معين.

2- طريقة تساعد على اتخاذ القرارات إلا أنها لا تتخذ أي قرارات.

3- طريقة تقدم معلومات إحصائية عن مقدار الشك وعدم اليقين الذي يصاحب القيام بالعديد من المهمات التي تتطلبها أي مؤسسة أو إدارة.

4- طريقة هدفها جلب اهتمام الإدارة إلى:

المشكلات الكامنة الخفية التي تتطلب قرارات وحلولاً.

أساليب العمل التي يمكن أن تيسر احترام المهل الزمنية المحددة.

سبب التسمية:

أورد الحناوي (1979م)[2] بأن كلمة بيرت PERT هي اختصار لعبارة (Program Evaluation and Review Technique أي أسلوب تقييم ومراجعة البرامج. وأن هذا الأسلوب يستخدم لتقدير الزمن أو لتقدير الكلفة.

النشأة:

واجهت الولايات المتحدة الأمريكية في أواخر الخمسينات من القرن الماضي مشكلة التطور الهائل الذي شهده الاتحاد السوفييتي في تطوير الصواريخ الذرية، لذلك فقد صمم هذا الأسلوب لاستخدامه في تخطيط وجدولة ومتابعة مشروع إنتاج صواريخ بولاريس في عام 1958م، وبما أن عنصر ـ التوقيت ـ من العناصر التي لها الأولوية القصوى في هذا المشروع (أبو ركبة، 1986م) فقد طور أسلوب بيرت

---

[1] عبد الدايم عبد الله، الثورة التكنولوجية في التربية العربية، دار العلم للملايين، بيروت، ط3، 1981م، ص250، 249.

[2] الحناوي، محمد، بحوث العمليات في مجال الإدارة، مؤسسة شباب الجامعة، 1979م، الإسكندرية.

"للإجابة عن الأسئلة العديدة المتعلقة بالوقت الذي سيستغرقه المشروع، والخطوات الأساسية في تطور المشروع حتى نهايته، وإمكانيات اختصار الوقت اللازم لإتمام المشروع" ولكن تبين لاحقاً بأنها طريقة متكاملة للتنسيق وترتيب مراحل المشروع بحيث يمكن معرفة استقلال بعض مراحل المشروع عن بعضها الآخر إضافة إلى الزمن الذي تستغرقه كل مرحلة من البداية إلى النهاية (1982م).

"وبالفعل فقد أمكن باستخدام هذا الأسلوب تخفيض مدة تنفيذ البرنامج من خمس سنوات إلى ثلاث سنوات ونصف السنة فقط".[1]

الشروط التي يجب توافرها في المشروع ليكون قابلاً للتحليل بهذه الطريقة:

1- أن يتكون المشروع من مجموعة من العمليات أو الأنشطة المختلفة، وأن تكون هذه العمليات والأنشطة محددة تحديداً كاملاً، وأن ينتهي المشروع بانتهائها كلها.

2- أنه يمكن أن تبدأ بعض هذه العمليات بصرف النظر عن بعضها الآخر ولكن من خلال ترتيب معين؛ أي لا يشترط وجود التسلسل الدائم المستمر في جميع عمليات المشروع.

3- أن يكون هناك ترتيب فني محدد لكل هذه العمليات أو بعضها؛ أي لا يكون في الإمكان القيام بجميع العمليات أو الأنشطة المكونة للمشروع في نفس الوقت وإلا ألغيت الحاجة إلى استعمال طريقة تخطيط ومراقبة وتنفيذ المشروعات.

---

[1] سلامة، عادل عبد الفتاح، مرجع سابق، ص55.

المصطلحات الخاصة بأسلوب بيرت:

1- **الأنشطة:** يعرف سلامة (1988م) [1] النشاط بأنه "القيام الفعلي بالعملية مستنفداً الوقت والموارد ويحدث عادة بين حدثين".

ويعرفه علي (1982م) [2] بأنه "العمل الذي يتطلبه إتمام حادث معين وإكماله".

2- **المسار الحرج:** تعرفه باهرمز [3] (2001م) بأنه "أطول مسار يربط بين بداية ونهاية المشروع ومدته تساوي المدة اللازمة لإنجاز المشروع".

3- **الوقت المتفائل** Optimistic Time: هو "الوقت الذي يتوقع أن يتم فيه النشاط لو تم كل شيء على ما يرام في خطوات العملية أو النشاط".

4- **الوقت المتشائم** Pessimistic Time: هو "الوقت الأعلى الذي تتم فيه هذه الأنشطة بجميع خطواتها لو صادفنا سوء الحظ في كل خطوة ولكن في حالة عدم وجود أشياء وعوامل وأحداث غير طبيعية".

5- **الوقت الأكثر احتمالاً** Most Likely Time: هو "الوقت المتوقع أن ينتهي فيه العمل في جميع خطوات النشاط تحت الظروف والأحوال العادية".

6- **الوقت المتوقع للمشروع** Expected Time for the Project: "مجموع الوقت المتوقع للانتهاء من مجموع من الأنشطة المختلفة التي يتضمنها المشروع".

رابعاً- مخطط غانت Gantt Chart:

تستند عمليات التخطيط والرقابة في أية منظمة على تحديد المعلومات الخاصة بالقرار وتجميعها وتحليلها. ومع تصاعد تعقيد التعاملات وزيادة عدد المتغيرات، اتجهت أفكار الباحثين والمشتغلين في المجالات المختلفة نحو الوسائل

---

[1] سلامة، عادل عبد الفتاح، مرجع سابق، ص52.

[2] علي، حمدي فؤاد، مرجع سابق، ص298.

[3] باهرمز، أسماء محمد، مقدمة في بحوث العمليات، دار حافظ للنشر والتوزيع، 2001م، جدة، ص274.

الرسومية التي تتيح تجميع المعطيات والمتغيرات الكثيرة في صورة إجمالية متكاملة واضحة تتيح جدولة العمل والمهمات والموارد عند التخطيط، ثم التعرف السريع على الموقف بتفاصيله المهمة عند الرقابة. ومن أهم هذه الوسائل الباكرة في تخطيط ومراقبة سير العمل مخطط غانت.

- **مخطط غانت Gantt's Chart**: مخطط أعمدة يبين العلاقة بين العمل المخطط والعمل المنجز على أحد المحاور، بالمقارنة مع الوقت المنقضي على المحور الآخر.

- **الجدولة Scheduling**: تحديد الفعاليات المطلوبة، وترتيب أدائها، والأشخاص المطلوبين لأداء كل مهمة، وموعد إنجازها.

كيف يستخدم مخطط غانت:

إن مخطط غانت أداة تخطيط طوَّرها في مطلع القرن الماضي هنري غانت Henry Gantt.

يعتمد المخطط على فكرة مبدئية بسيطة نسبياً، باعتباره مخطط أعمدة يمتد الزمن على محوره الأفقي والفعاليات المطلوبة جدولتها على المحور العمودي.

تبين الأعمدة كلاً من المخرج output المخطط والمخرج المحقق فعلاً على امتداد فترة زمنية، كما يبين مخطط غانت رسومياً المواعيد التي يفترض إنجاز المهام عندها ويقارن ذلك بالتقدم الفعلي في كل منها.

إن هذه التقنية بسيطة ومهمة أيضاً في تمكين المدراء من الاطلاع التفصيلي وبسهولة على ما ينبغي عمله لإتمام العمل أو المشروع، ولتقرير وضع الأداء متأخراً أو سابقاً أو مسايراً للمخطط.

يبين الشكل (3/3) مخطط غانت المرسوم لإنتاج كتاب في شركة طباعة. يبين الزمن بالأشهر في قمة المخطط بينما تبين الفعاليات الرئيسة على الجهة اليسرى.

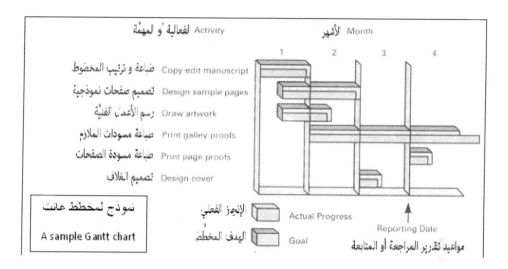

الفعالية و المهمة Activity
الأشهر Month
طباعة و ترتيب المخطوط Copy-edit manuscript
تصميم صفحات نموذجية Design sample pages
رسم الأعمال الفنية Draw artwork
طباعة مسودات الملازم Print galley proofs
طباعة مسودة الصفحات Print page proofs
تصميم الغلاف Design cover
نموذج لمخطط غانت
A sample Gantt chart
الإنجاز الفعلي Actual Progress
الهدف المخطط Goal
Reporting Date
مواعيد تقارير المراجعة أو المتابعة

الشكل (3/3)

يبدأ التخطيط بتقدير الفعاليات التي ينبغي القيام بها لإنهاء الكتاب وتسلسل تنفيذها، والزمن الذي ينبغي تخصيصه لكل منها. يمثل التظليل القرمزي التقدم الواقعي المنجز في عمل كل فعالية. ولذلك يعتبر مخطط غانت عملياً أداةً إدارية رقابية تفيد المدير في استكشاف الانحرافات عن المخطط.

في المثال الموضح بالشكل تكتمل جميع الفعاليات حسب الوقت المحدد لكن بالنظر إلى الفعالية الخاصة بـ"طباعة كتاب" نلاحظ أن التقدم الفعلي متطاول عن المخطط بأسبوعين، وبسبب هذه الملاحظة يتاح للمدير اتخاذ خطوات تصحيحية إما بتعويض الأسبوعين الضائعين أو باتخاذ الإجراء الذي يضمن عدم تكرار التأخير، وفي هذه النقطة يمكن للمدير توقع انتهاء الكتاب متأخراً بأسبوعين على الأقل ما لم تتخذ الإجراءات التصحيحية.

مخطط الحِمل:

لمخطط غانت نسخة معدّلة تدعى بـ"مخطط الحِمل Load Chart" يدرج فيها بدلاً من الفعاليات على المحور الأفقي إما الأقسام كاملة، أو الموارد المحددة. تتيح

المعلومات الناتجة للمديرين تخطيط ورقابة "استخدامية الطاقة Capacity Utilization" وعلى سبيل المثال يبين الشكل رقم (3/4) التالي مخطط حِمل لستة محررين إنتاجيين في شركة الطباعة السابقة، ويشرف كل منهم على تصميم وإنتاج كتب عدة.

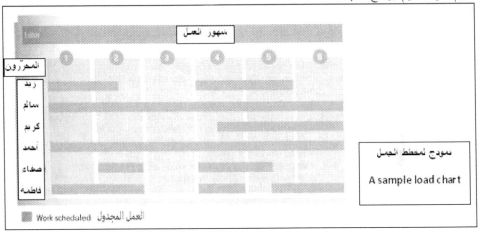

شكل (3/4)

من خلال مخطط الحِمل يمكن للمحرر التنفيذي المشرف على هؤلاء الستة ملاحظة من لديه فراغ متاح للعمل بكتاب جديد. وإن كان جدول الجميع ممتلئاً فقد يقرر الامتناع عن استقبال أية مشاريع جديدة، أو يستقبل هذه المشاريع ويقرر تأخير الأعمال الحاضرة، أو يطلب من المحررين لديه العمل بوقت إضافي، أو يستخدم المزيد من المحررين الإنتاجيين.

خامساً- التحليل الشبكي:

مفهوم التحليل الشبكي Critical Path Method (CPM):

يتطلب تنفيذ المشروعات الضخمة تخطيط وتنسيق دقيق لخطوات العمل والإجراءات المختلفة الواجب القيام بها لتنفيذ تلك المشروعات، ولتحقيق ذلك لا بد من الاعتماد على أساليب علمية اقتصادية، ويعد التحليل الشبكي أحد أهم هذه

الأساليب وهو أسلوب بياني لتخطيط ومراقبة وتوجيه مجريات العمل ويخدم تنفيذ مشاريع مختلفة (بناء، نقل، تصنيع) وموضوعه الأساسي تحليل عمليات ومهمات المشاريع هيكلياً وزمنياً (تخطيط البرامج الزمنية) حيث ترتب العمليات منطقياً (لا يمكن تنفيذ عملية ما قبل انتهاء كافة العمليات السابقة لها)، وتنفيذ كل عملية يتطلب زمناً محدداً وموارد مختلفة ولها زمن بدء وزمن انتهاء وهذا الأسلوب من التحليل هو خلاصة الأسلوب الرياضي لوصف وتوجيه ومراقبة مجرى العمل لمجموعة عمليات مركبة، وترتبط مع بعضها البعض من خلال المخطط الشبكي الذي يشير للربط الزمني فيما بين المهمات والحوادث التي يتألف منها المشروع.

لقد كانت بداية تطبيق هذا الأسلوب في عام 1957-1958م في الولايات المتحدة الأمريكية وفرنسا حيث استخدم تحت اختصارات عديدة وهي: هي إحدى الطرق المستخدمة في إدارة المشاريع تم تطويرها من قبل شركة دوبونت الأمريكية في عام 1957م لمعالجة مشكلة إيقاف وحدات الإنتاج للصيانة ثم إعادة تشغيلها. طريقة المسار الحرج طريقة تعيينية حاسمة Determinstic فهي لا تأخذ بعين الاعتبار احتمال اختلاف مدة تنفيذ كل مهمة (ليست كطريقة بيرت مثلاً والتي تعتمد توزيع زمني احتمالي).

أ- **طريقة المسار الحرج**[1] **(Critical Path Method)** ويرمز لها اختصاراً (CPM). يتم تمثيل كل الأنشطة في المشروع طبقاً للعلاقات الموجودة بينها على المخطط الشبكي، الأنشطة تمثلها العقد (الدوائر) بينما تمثل الأسهم البداية أو النهاية الخاصة بكل نشاط، النشاط الحرج هو النشاط الذي لو حدث به تأخير أثناء التنفيذ فإنه يؤدي إلى تأخير المشروع كله بنفس المقدار، المسار الحرج هو المسار الذي يربط بين الأنشطة الحرجة وهو يبدأ من بداية المشروع وينتهي عند نهاية المشروع، وهو أطول مسار من حيث المدة الزمنية في المخطط الشبكي. على هذا

[1] الجنابي، حسين محمود، الأحدث في بحوث العمليات، دار الحامد، 2010م، ص333.

المسار لا يوجد أي هامش زمني للمناورة في تنفيذ أي مهمة بسبب عدم وجود فائض زمني في أي مهمة على هذا المسار.

ب- طريقة تقييم ومراجعة البرامج (Technique Program Evaluation Review) ويرمز لها اختصاراً (Pert).

جـ- طريقة العقد والحوادث (Metra-Potential-Method) ويرمز لها اختصاراً (MPM).

ولقد طورت هذه الطرائق في ألمانيا وعرفت تحت اسم تقنية التخطيط الشبكي (Netz Plantechnik) (NPT) ووظفت لخدمة عملية تخطيط ومراقبة وتوجيه سير العمل.

أهمية التحليل الشبكي واستخدامه:

تبرز أهمية التحليل الشبكي من خلال تقديمه الفوائد التالية:

تحديد إجمالي الخطوات اللازمة لتنفيذ مشروع ما.

تحديد سير العمل بشكل أساسي مما يبعد نقاط الاختناق عن عملية التنفيذ عند استخدام عناصر الإنتاج.

تعرض التعاقب الزمني لخطوات العمل، وتوضيح بداية ونهاية كل خطوة عمل.

تحديد أزمنة الإنهاء للمشروع وتحقيق الشروط الملائمة لتخطيط الأزمنة في المستقبل.

وتتميز جميع هذه الأساليب باعتمادها على العرض البياني لخطوات العمل وذلك على مخطط شبكي، وتستطيع تخطيط مثل كل أنواع المشاريع الضخمة والمعقدة والتي تتألف من مجموعة خطوات العمل الجزئية، ويمكن أن تحل أي مشكلة باستخدام الحاسبات وأنظمة المعالجة الآلية للمعلومات.

- استخدامات التحليل الشبكي:

ويستخدم أسلوب تقنية التخطيط الشبكي في حالات كثيرة وعلى سبيل المثال:

مشروعات البناء (بناء الأبنية – بناء الجسور- بناء السفن).

تصنيع الآلات وإقامة المحطات.

أعمال التركيب والتجميع.

أعمال الصيانة والإصلاح والإعلان.

تنفيذ حملات الدعاية والإعلان.

تنفيذ الحسابات الختامية في الشركات.

أعمال البحث والتطوير.

إدخال المعالجة الآلية للمعلومات في الشركة.

- شروط استخدام شبكات الأعمال:

لاستخدام التحليل الشبكي في تخطيط وجدولة ومراقبة أنواع المشروعات المختلفة أعلاه ولتحديد الأسس والمعايير العلمية لاتخاذ القرارات المتعلقة بذلك لا بد من توافر مجموعة من الشروط في المشروعات التي تستخدم هذا الأسلوب، وأهم هذه الشروط ما يلي:

1- أن يتكون المشروع من مجموعة محددة وواضحة من الأنشطة والتي بإنجازها جميعها ينجز المشروع، وهذه الأنشطة أو العمليات تشكل فيما بينها ما يعرف بهيكل العمل، أي يجب أن يكون هناك إمكانية لتحقيق ما يلي:

أ‌- تحليل الأنشطة التي يتكون منها المشروع Activity Analysis.

ب‌- تصميم هيكل العمل Work Breakdown للمشروع وذلك بإيجاد العلاقات المنطقية والفنية ما بين الأنشطة المختلفة التي يتكون منها المشروع، وتحديد مراحل إتمام المشروع وتحديد الأنشطة اللازمة وتتابعها الفني.

2- أن يكون هناك بعض الأنشطة التي يمكن أن تبدأ وتنتهي بشكل مستقل Independent عن باقي الوظائف الأخرى ولكن في إطار تتابع معين (من الممكن مثلاً أن يتوقف أحد الأنشطة مع القيام بنشاط آخر)، وتعني هذه الخاصية أنه في حالة أن المشروع الذي يتصف بأنشطة تدفق مستمرة Continuos flow passactivities كما في مصفاة تكرير النفط. فالعمليات اللازمة في حالة التوقف المستمر ينبع بعضها البعض، ويتوقف العمل فيها بالكامل المجرد تعطل وحدة التشغيل في كل المعمل. وفي هذه الحالة لا يوجد بين الأنشطة ما يعرف بالوقت الفائض (Slack).

3- أن يكون هناك تتابعاً معيناً ومعروفاً في إنجاز الأنشطة المختلفة، ومثال ذلك أنه لا يجوز إقامة جدران المنزل إلا بعد الانتهاء من إقامة الأساسيات، وفي التحليل الشبكي Arrow digram أو Network.

4- أن تكون عملية إنجاز النشاط الواحد غير قابلة للتقسيم إلى عدة مراحل، فبمجرد بدء النشاط أو الوظيفة فإن الموارد تخصص لها حتى يتم إنجازها بالكامل.

المفاهيم الأساسية للتحليل الشبكي:

إن أهم المفاهيم المستخدمة مع عملية التحليل الشبكي ما يلي:

1- الحدث Event: لحظة معينة (نقطة زمنية) تشير إلى بداية أو نهاية النشاط ولا يتطلب الحدث إنفاق موارد أو وقت ويمثل بدائرة (Node) وحتى يصل المشروع إلى حدث معين، فإن كل الأنشطة التي تسبق هذا الحدث يجب أن تكون قد تمت بالكامل.

2- النشاط Activity: وتعرف أيضاً بالفعالية، وهو العمل المطلوب (عملية أو خطوة) لإتمام حدث معين ويشكل جزء من المشروع يحتاج إلى وقت وموارد لإتمامه ويمثل بسهم يصل بين حدثين.

وتقسم الأنشطة إلى قسمين:

أ-   أنشطة متعاقبة تحدث في ترتيب متعاقب وتنفذ خلف بعضها البعض في تسلسل معين.

ب-   أنشطة متوازية تنفذ في نفس الوقت وتحدث في ترتيب متوازي.

3- **الشبكة** Network: وهي تمثيل بياني لكل متطلبات المشروع، حيث يظهر عليها كـل الأحداث والأنشطة والعلاقات المتداخلة والمستقلة للأنشطة والأحداث ويمثل أول حدث على الشبكة نقطة البدايـة وآخر حدث نقطة النهاية.

4- **الوقت المتوقع لإنجاز النشاط** Expected time **متوسط**: وهو الوقت اللازم لإتمام النشاط في الظروف العادية.

5- **وقت البدء المبكر** Earliest start: وهو أول نشاط مبكر يمكن أن يبدأ فيه النشاط في الظروف العادية.

6- **وقت الانتهاء المبكر** Earliest finish: وهو أقرب وقت يمكن أن ينتهي فيه تنفيذ نشاط معين.

7- **وقت المتأخر** Latest start: وهو آخر وقت يمكن أن يبدأ فيه النشاط ويظل من الممكن إنهاؤه في الوقت المحدد.

8- **وقت الانتهاء المبكر** Latest finish: وهو آخر وقت يمكن أن يسمح به لإنهاء النشاط دون أن يؤدي إلى تأخير الأنشطة اللاحقة.

9- **المسار الحرج** Critical path: وهو أطول سلسلة (مسار) من الأنشطة المتصلة تبدأ من الشبكة وتنتهي بنهايتها.

10- **المسار غير الحرج** Non critical path: وهو سلسلة من الأنشطة المتصلة تقع على مسار آخر غير المسار الحرج.

11- **الوقت الفائض** Slack time: وهو أقصى وقت يمكن أن يؤخر به النشاط إلى ما بعد وقت البدء المبكر بدون أن يؤدي ذلك إلى تأخير وقت إتمام المشروع.

12- وقت الانتهاء المخطط Scheduled finish: وهو الوقت المخطط لإنهاء المشروع.

مراحل التحليل الشبكي:

يتم استخدام أسلوب التحليل الشبكي (npt) على مرحلتين هي:

1- المرحلة الأولى: تحليل الهيكل Structure analysis

يعرف تحليل الهيكل بأنه الفهم الفني والتنظيمي والعرض الشامل لمجرى المشروع.

2- المرحلة الثانية: تحليل الزمن Time analysis

إن أهم فوائد استخدام تقنية التحليل الشبكي تتمثل في التخطيط المفصل لهيكل سير العمل والمجرى الزمني لتنفيذ المشروع، وبعد تحليل الهيكل ورسم الشبكة يتم تحليل المجرى الزمني للمشروع وذلك بوضع تقديرات زمنية لتنفيذ كل نشاط من أنشطة المشروع والممثل على الشبكة، ثم وضع هذه التقديرات على الشبكة.[1]

---

[1] http//www.al3ez.net/vb/showthread. Php?t/232607.

مصطلحات الفصل الثالث

Observation	الملاحظة الشخصية
Administration Reports	التقارير الإدارية
Narrative Format	التقارير الوصفية
Budget	الموازنة
Programs and Performance Budget	موازنة البرامج والأداء
Zero Base Planning	الموازنة الصفرية
Critical Path Method	التحليل الشبكي (CPM)
Structure Analysis	تحليل الهيكل
Time Analysis	تحليل الزمن

أسئلة الفصل الثالث

س1- تشير المراجع والدراسات إلى أن الملاحظة الشخصية تعتبر من أقدم أدوات الرقابة الإدارية ومن أفضل الوسائل لجمع المعلومات عن الأعمال قيد البحث، بما يسمى بالتفتيش. ابحث في ذلك من حيث:

أ- ما المقصود بالتفتيش؟

ب- الهدف منها؟

س2- تعتبر التقارير الإدارية أحد الوسائل الرقابية التقليدية. ناقش ذلك من حيث:

1- تعريف التقرير.

2- فوائد ومزايا التقارير.

س3- ما أنواع التقارير من حيث:

أ- الزمن   ب- الهدف   جـ- المحتوى

د- الأسلوب   هـ- التوجيه

س4- ما العوامل التي تؤثر على تحديد دورية التقرير؟

س5- تعتبر تقارير تقييم الأداء أحد أنواع التقارير من حيث الهدف. ما المقصود بها مدللاً بذلك بمثال عليها.

س6- ما مراحل إعداد وكتابة التقارير الأساسية؟

س7- يعتبر الترتيب المرحلة الثانية لمراحل إعداد التقرير ويستلزم لذلك مراعاة عشر نقاط لإعداد تقرير دقيق منطقي اذكر خمسة منها؟

س8- ما الصفات المثالية الواجب توافرها في كاتب التقارير؟

س9- الشكاوى والتظلمات والاقتراحات هي أحد الأدوات الرقابية ولها عدة طرق لتقديمها اذكر هذه الطرق؟

س10- ما إجراءات التعامل مع الاقتراحات والشكاوى؟

س11- ما الأساليب الرقابية عن طريق الموازنات؟

س12- الموازنة التقليدية (موازنة البنود) وجهت لها العديد من الانتقادات. اذكرها؟

س13- ما الفرق بين موازنة البرامج وموازنة الأداء كما حدده "Allen Sehick".

س14- ما أهداف موازنة البرامج والأداء؟

س15- ما مزايا موازنة البرامج والأداء؟

س16- ما المشاكل التي تتعلق بموازنة البرامج والأداء؟

س17- الموازنة الصفرية أحد أساليب الرقابة عن طريق الموازنات. ابحث في ذلك من حيث:

أ- ماهيتها.

ب- جوهرها.

جـ- مقوماتها.

س18- ما الأركان الرئيسة للموازنات التقديرية؟

س19- ما الأساليب الرقابية المتخصصة؟

س20- ابحث في الإدارة بالأهداف من حيث:

أ- الأغراض.

ب- الخطوات.

جـ- المقومات.

د- الفوائد.

س21- ما المقصود بأسلوب بيرت، جانت؟

س22- اشرح مفهوم التحليل الشبكي؟

الفصل الرابع
خصائص الرقابة الإدارية ومقوماتها

أهداف الفصل الرابع

بعد دراسة هذا الفصل بإذن اللـه يتوقع من الدارس أن يكون قادراً على ما يلي:

1- معرفة ماهية مقومات الرقابة الإدارية.

2- معرفة خصائص نظام الرقابة الجيدة.

3- معرفة المقومات الأساسية لأنظمة الرقابة الداخلية.

4- معرفة إجراءات الرقابة الداخلية.

5- معرفة العلاقة بين الخصائص والمقومات.

6- فهم المصطلحات والمفاهيم.

الفصل الرابع
خصائص الرقابة الإدارية ومقوماتها

مقدمة:

يعتبر وجود أي نظام رقابي في أي منظمة أمر غاية في الأهمية، وذلك لضمان التنسيق بين الأفراد المعنيّن أو المكلفين فيها، ولتحقيق الغاية التي أنشئ من أجلها. وللحديث عن مقومات أي نظام رقابي فإنه يجدر بنا بداية التعرف إلى الخصائص التي يمتاز بها النظام الرقابي.

خصائص نظام الرقابة Control System Tenets:

من الطبيعي أن تختلف أساليب الرقابة باختلاف المشروعات ولكن لا يعتبر أي نظام للرقابة جيداً أو فعالاً إلا إذا احتوى على مجموعة من الخصائص أهمها ما يلي:

1- الدقة Accuracy:

المعلومات المتعلقة بالأداء يجب أن تكون دقيقة. حيث أن البيانات غير الدقيقة الناتجة من نظام الرقابة يمكن أن تقود المنظمة إلى اتخاذ إجراء إما أنه سوف يفشل في معالجة المشكلة أو أن يؤدي إلى خلق مشكلة لم تكن موجودة من قبل. ويعتبر تقييم دقة المعلومات من أهم مهام الرقابة التي يواجهها المديرون. [1]

2- الاقتصاد Economy:

إذ أي نظام رقابي فعال يجب أن يكون اقتصادياً بمعنى أن يساوي النظام الرقابي تكلفته فالهدف الأساس من وجوده هو ضبط العمليات والنشاطات المختلفة في المؤسسة للحد قدر الإمكان من إهدار التكاليف، فإذا كانت تكلفة النظام الرقابي

---

[1] محمد أحمد عثمان المقلي، مرجع سابق، ص552.

المستخدم تفوق الفوائد المتحققة منه فهذا قد يعني أن هناك انحرافاً أدى إلى زيادة التكلفة عما هو مقرر وبالتالي ستصبح العملية الرقابية انحرافاً بحد ذاتها.

والجدير ذكره هنا هو أن مسألة الاقتصاد في الأنظمة الرقابية مسألة نسبية نظراً للتفاوت في الفوائد والمزايا ونظراً لاختلاف النشاط والتكاليف، ومن هنا لا بد من التركيز على عملية التوازن الاقتصادي بين عائد الرقابة وتكلفتها.

3- سهولة الفهم Understandability:

تملي طبيعة العمل نظام الرقابة الواجب اتباعه. لذا لا بد من أن يراعى في نظام الرقابة مناسبته للنشاط من ناحية وقدرة المديرين من ناحية أخرى. كما يجب أن لا يكون التعقيد في خرائط وشبكات الرقابة هو القاعدة لأن كثيراً من المديرين لا يستطيعون قراءة مثل هذه الخرائط مما تجعلها غير فعالة في تحقيق أهداف التنظيم. ولا شك أن وضوح أهداف النظام الرقابي تنبع من قبول أهداف التنظيم وقبول معايير الرقابة من قبل المنفذين.

4- يعكس طبيعة النشاط واحتياجاته:

Reflecting the Activity Needs and Nature

حتى يكون النشاط الرقابي المستخدم فعّالاً يجب أن يتلاءم مع طبيعة الأعمال والأنشطة في المؤسسات، فالنظام الرقابي المستخدم في عملية تقييم أداء الأفراد في المؤسسة يختلف عن ذلك المستخدم في الإدارة المالية كما وتختلف النظم الرقابية المستخدمة في إدارة التسويق عنها في إدارة المشتريات، وبالرغم من أن هناك مجموعة من الأساليب التي يمكن استخدامها وتطبيقها بصفة عامة مثل الميزانيات، نقطة التعادل، النسب المالية، إلا أننا لا نستطيع الافتراض أن هناك أسلوباً رقابياً أمثل يمكن استخدامه في كل مجال كما يختلف الأسلوب المستخدم في المنشأة الكبيرة عنه في المنشأة الصغيرة.

5- المرونة Flexibility:

إن النظام الرقابي الجيد والفعال والقادر على الاستمرار هو النظام الذي يمكن تعديله، ليس فقط لمواجهة الخطط المتغيرة والظروف غير المتوقعة وإنما هو ذلك النظام الرقابي القادر على انتهاز أي فرصة جديدة دون تغيير جذري في معالمه الأساسية وبالتالي فإن القليل من الشركات التي تواجه بيئة مستقرة ولا تحتاج إلى مرونة، وعلى سبيل المثال فإن الموازنة التقديرية تقوم مثلاً على أساس التنبؤ بمستوى معين من المبيعات وقد تحدث بعض المعوقات أو الظروف أو المتغيرات البيئية التي تحول دون تحقيق هذا المستوى من المبيعات الذي تم تقديره مما يفقد نظام الرقابة فعاليته إذا لم يكن مرناً بالقدر الذي تستخدم فيه أدوات أخرى كما ينبغي، أيضاً لمدير الإنتاج مثلاً أن يكون مستعداً لمقابلة حالات الفشل الناجمة عن تعطل إحدى الآلات أو غياب أحد العاملين الفنيين أو انقطاع التيار الكهربائي.

6- سرعة الإبلاغ عن الانحرافات Timeliness:

وكما ذكرنا سابقاً إن النظام الرقابي المثالي هو ذلك النظام الرقابي الذي يمكن من خلاله اكتشاف الانحرافات قبل حدوثها مما يتطلب السرعة في الإبلاغ عنها والسرعة في توصيل المعلومات اللازمة والملائمة والدقيقة التي يحتاجها المدير لمعالجة الانحرافات وتصحيحها قبل تفاقمها. والجدير ذكره أن توصيل المعلومات الصحيحة يحتاج إلى نظم معلومات إدارية يتناسب وطبيعة الأنشطة الذي يمكن من خلاله توفير المعلومات الكافية للمساعدة في اتخاذ القرارات الصحيحة.

7- التنبؤ بالمستقبل Future Prediction:

يجب أن لا تقتصر النظم الرقابية المستخدمة على اكتشاف الانحرافات الحالية أو المتزامنة مع العملية الإنتاجية وإنما على المدير أن يسعى جاهداً للحصول على أساليب رقابية تمكنه من التنبؤ بالانحرافات قبل وقوعها واتخاذ الإجراءات التصحيحية التي من شأنها تفادي إهدار التكاليف التي قد تكون جسيمة وعلى سبيل

المثال لا يستطيع المدير أن يقف مكتوف الأيدي حيث يكتشف أن السيولة النقدية قد نفدت من المؤسسة منذ شهرين سابقين.

8- الأعمال التصحيحية Corrective Action:

إن أي نظام رقابي فعّال هو ذلك النظام الذي لا يشير فقط إلى الانحرافات الجوهرية عن المعايير الموضوعة ولكنه ذلك النظام الذي يوضح ويقترح مجموعة من الخطوات والأعمال أو الإجراءات لتصحيح الانحرافات وهذا يعني أن النظام الرقابي يجب أن يشير إلى المشكلة وحلولها وهذا يتطلب من المخطط أن يضع مسبقاً مجموعة من الإرشادات في الحالات التي يتوقع أن تكون فيها انحرافات، فعلى سبيل المثال إذا انخفض العائد المتحقق من بيع وحدة واحدة 5% فسيتبعه مباشرة انخفاض عائد على التكلفة.

9- التركيز على الاستراتيجية Strategic Placement:

إن النظام الرقابي لا يستطيع رقابة كل الخطوات والأنشطة والممارسات والإجراءات، وإذا حدث هذا فإن تكلفته قد لا تكون مبررة ولهذا يجب التركيز على العوامل والنقاط الاستراتيجية والأنشطة والعمليات والأحداث الحرجة والمعقدة والتي قد تؤدي وتهدد أمن وسلامة أصول وممتلكات الشركة فإذا كانت تكاليف العمال على سبيل المثال 20.000$ وكانت التكاليف البريدية 50$، 5% من تكاليف العمال أفضل من التركيز على تخفيض 20% من التكاليف البريدية.

10- استخدام جميع خطوات الرقابة Use All Control Steps:

إن عملية الرقابة تتكون من مجموعة من الخطوات سواءً في تحديد المعايير الرقابية تجميع بيانات ومعلومات عن الأداء الفعلي، مقارنة الأداء الفعلي بالمعايير ومن اتخاذ إجراءات تصحيحية وبالتالي فإن نقص في إحدى الخطوات السابقة قد يؤدي إلى عدم فعالية النظام الرقابي.

11- المشاركة Participation:

ينبغي لأي نظام رقابي فعال أن يكون مقبولاً لجميع الأعضاء الموظفين في الشركة وحتى يكون هناك قبول فلا بد من مشاركة الأعضاء في تصميم هذا النظام وخاصة عند وضع المعايير الرقابية فكلما كانت هناك مشاركة كلما كان هناك قبولاً كلما كان هناك تعهداً والتزاماً بالتنفيذ والمتابعة كلما أدى ذلك إلى نجاح العملية الرقابية وتحقيق أهدافها.

12- الاتفاق مع التنظيم Organizing Suitability:

فعالية النظام الرقابي ترتبط ارتباطاً وثيقاً بالتنظيم كونه الأداة الرئيسة لتنسيق الأعمال وتوضيح العلاقات وتحديد الواجبات والمسؤوليات كما هو مركز توزيع المهام وتفويض السلطات لذلك لا يجوز أن يمارس الرقابة إلا من كانت سلطته تسمح بذلك فالمدير في التنظيم الرسمي هو المركز التي تتركز فيه وظيفة الرقابة على من يخضع له من الأفراد وأما التنظيم غير الرسمي فلا يجوز له ممارسة الرقابة وإلا سيؤدي إلى الإخلال والإساءة بنظام العمل.

13- الموضوعية Objectivity:

أي نظام رقابي فعال يجب ألا يخضع لمحددات واعتبارات شخصية، فعندما تكون الأدوات والأساليب الرقابية المستخدمة شخصية فإن شخصية المدير أو شخصية المرؤوس قد تؤثر على الحكم على الأداء وتجعله حكماً غير سليم ولهذا يجب أن تتميز الأنظمة الرقابية بالموضوعية، والمعايير الموضوعية قد تكون معايير كمية مثل التكاليف أو ساعات العمل للوحدة أو تاريخ الانتهاء من العمل كما قد تكون معايير نوعية مثل برامج أفضل تدريب أو تحقيق نوع محدد من التحسين في جودة ونوعية الأفراد والمهم هنا أنه بغض النظر عن نوع المعيار الموضوعي يجب أن يكون المعيار قابلاً للتحديد والاختيار الدقيق.

المقومات الأساسية لأنظمة الرقابة الداخلية وإجراءاتها: [1]

أجمع الباحثون على أهمية توافر المقومات الرئيسة التالية في نظام الرقابة الداخلية:

أولاً- هيكل تنظيمي إداري:

أي خطة تنظيمية للمشروع تعمل على تقسيم أعماله ونواحي النشاط فيه إلى أقسام وفروع رئيسة تتفرع منها أقسام فرعية أخرى، كما تتضمن الخطة التنظيمية أيضاً تحديد المستويات والاختصاصات في أقسام المشروع ومستوياته الإدارية بحيث يتوفر عنصر التنسيق بين هذه الأقسام، ولكي يتم تنفيذ الأعمال بتناسق وانسجام وتعاون بين جميع الإدارات أو العاملين فيه والاستقلال الوظيفي للإدارات وتحديد السلطات والواجبات أي لا يقوم شخص واحد بمراقبة جميع نواحي النشاط الذي يشرف عليه دون تدخل شخص آخر حتى لا يحدث تلاعب أو تزوير في السجلات يجعل اكتشافه أمراً صعباً إن لم يكن مستحيلاً وعندما يتحقق استقلال الوظائف ينبغي بعدها تحديد المسؤوليات داخل كل قسم أو إدارة وتفويض السلطات التي تتناسب مع المسؤوليات.

ثانياً- نظام محاسبي سليم:

يستند على مجموعة متكاملة من الدفاتر والسجلات ودليل مبوب للحسابات يراعى في وضعه المبادئ المحاسبية السليمة ومجموعة من المستندات تفي باحتياجات المشروع وتعميم دورات مستندية تحقق رقابة فعالة.

---

[1] علي محمد سلطان، أثر الرقابة الداخلية في رفع كفاءة الإدارة في الوحدات الحكومية في المملكة الأردنية الهاشمية، دراسة حالة وزارة الأشغال العامة، رسالة ماجستير غير منشورة، كلية الدراسات التجارية والاجتماعية، جامعة النيلين، 2002م، ص25.

ثالثاً- وصف وظيفي لوظائف المشروع المختلفة:

برنامج مرسوم لتدريب العاملين في المشروع بما يتضمن حسن اختيارهم ووضع كل موظف أو عامل في المكان المناسب للاستفادة من الكفاءات المتاحة للمشروع. إن التحليل الدقيق للوظائف التي يحتاجها المشروع ووضع وصف دقيق لكل وظيفة مع تحديد المؤهلات العلمية والخبرة العملية لكل منها يضمن حصول المشروع على الموظفين المناسبين للقيام بالعمل. كما إن التدريب العملي سواءً بهدف رفع الكفاءة الإنتاجية للعاملين أو بهدف التعرف على الطريق والوسائل الحديثة للعمل أو الإنتاج تحقق رفع الكفاءة الإنتاجية للمشروع لكل ما يحقق الأهداف المخططة.

رابعاً- مستويات سليمة للأداء:

في جميع الإدارات ولجميع المستويات في مراحل المشروع بما يكفل أقصى إنتاجية ممكنة ويضمن السير بالسياسات الإدارية المرسومة في الطريق الذي خطط لها وتتضمن ذلك وضع مستويات الأداء المختلفة في معايير أو مقياس أو أنماط تحدد ما يجب أن يكون عليه التنفيذ الفعلي وكل مرحلة من مراحل العمل، وذلك لضمان تقيد العاملين بتنفيذ هذه المعايير بما يحقق سير العمليات وفق الأسس التي حددتها الإدارة دون حدوث خطأ أو انحراف، وكذلك تحقيق الكفاية الإنتاجية.

خامساً- نظام دقيق لمراقبة وتقويم الأداء:

يهدف إلى تحقيق الرقابة على التنفيذ ومقارنته بالأهداف المحددة مقدماً وتحديد الانحرافات عنها وتحديد أسبابها والمسؤولية عنها بهدف تصحيح هذه الانحرافات، وتتم مراقبة الأداء في جميع المستويات الإدارية بطريقة مباشرة، بل يقوم كل مسؤول بمتابعة أداء مرؤوسيه وبطريقة غير مباشرة بالاستعانة بأدوات الرقابة المختلفة مثل الموازنات التقديرية أو التكاليف المعيارية أو تقارير الكفاية الإنتاجية وغيرها.

سادساً- استخدام كافة الوسائل الآلية:

بما يكفل التأكد من صحة ودقة السياسات المحاسبية المسجلة بالدفاتر والسجلات والمحافظة على أصول المشروع وموجوداته من أي تلاعب أو اختلاس.

إجراءات وضع نظام للرقابة الداخلية: [1]

ولتحقيق تلك المقومات لا بد من اتخاذ بعض الإجراءات:

أولاً- إجراءات تنظيمية وإدارية:

1- تحديد اختصاصات الإدارات والأقسام المختلفة بشكل يضمن عدم التداخل بحيث لا يحدث تداخل أو ازدواج في التنسيق فيما بينهما لتتم الأعمال بطريقة سليمة وبأقل تكلفة.

2- توزيع الواجبات بين الموظفين وتحديد مسؤولياتهم بقدر هذه الواجبات بحيث لا ينفرد أحدهم بعمل ما منذ بدايته حتى نهايته وبحيث يقع عمل كل موظف تحت رقابة موظف آخر.

3- أن يتم توزيع المسؤوليات بشكل يؤدي إلى اكتشاف الأخطاء أو الغش ويؤدي إلى تحديد المسؤولين عنها ضماناً لعدم شيوع المسؤولية والتهرب منها.

4- تقسيم العمل بين الإدارات والموظفين بحيث يتم الفصل بين الوظائف التالية:
أ- وظيفة التصريح بإجراء العمليات والموافقة عليها.

---

[1] علوية سيف الدين عبد المولى محمد، دور الرقابة الإدارية في تحقيق الربط الضريبي، رسالة ماجستير غير منشورة، جامعة النيلين، كلية الدراسات التجارية والاجتماعية، 2006م، ص26-29.

ب- وظيفة تنفيذ العمليات.

جـ- وظيفة الاحتفاظ بالعهدة وممتلكات المشروع.

د- وظيفة التسجيل في المستندات.

5- تقسيم الأقسام بحيث يجمع الموظفين الذين يقومون بعمل واحد في خانةٍ واحدة وذلك لضمان سهولة الاتصال وتسهيل الأعمال.

6- وضع توجيهات دقيقة وواضحة ومفهومة لاستيعابها من قبل الموظفين لعدم اللجوء إلى الحكم الشخصي أو التقدير وأن يتم رسم خطوط السلطة والمسؤولية.

7- أن يتم توقيع المستندات من الموظفين المختصين منعاً للتهرب من المسؤولية وضماناً لتدعيم نظام داخلي.

8- استخراج عدة صور من المستندات دون المغالاة في ذلك بحيث ترسل نسخة المستند للأقسام ذات العلاقة بدلاً من أن يمر المستند الواحد عليها جميعاً وبذلك يوفر الرقابة على العملية الواحدة من جهات متعددة.

9- إجراء حركة تنقلات بين الموظفين من حين إلى آخر بحيث لا يتعارض ذلك مع حسن سير العمل.

10- ضرورة قيام كل موظف بإجازته السنوية دفعة واحدة وذلك لإيجاد الفرصة لمن يقوم بعمله أثناء غيابه لاكتشاف أي تلاعب في ذلك العمل.

ثانياً- إجراءات تتصف بالنظام المحاسبي للمشروع تتمثل في الآتي: [1]

1- إصدار تعليمات بموجب إثبات العمليات المالية والسجلات المحاسبية فور حدوثها لأن هذا يقلل من فرص الغش والاحتيال ويساعد إدارة المشروع في الحصول على ما تريده من بيانات بسرعة.

---

[1] علوية سيف الدين، مصدر سابق.

2- إصدار التعليمات بعدم تسجيل أي مستند إذا لم يتضمن توقيعات الموظفين المختصين بإعداده أو اعتماده وأن يرفع به جميع الوثائق المعززة له.

3- قيام المراجع الداخلي بإجراء عمليات المراجعة لما تم تسجيله في المستندات والدفاتر والسجلات ضماناً لعدم قيام الموظف بمراجعة العمل الذي قام به بنفسه.

4- استعمال الآلات المحاسبية مما يسهل الضبط المحاسبي وتقلل احتمالات الخطأ ويقوم إلى السرعة في إنجاز العمل.

5- استخدام وسائل التوازن المحاسبي قبل ميزان المراجعة والحسابات الإجمالية مثل حسابات المدينين والدائنين وغيرها.

6- إجراء مطابقة دورية بين الكشوف الواردة من الخارج وبين الأرصدة في الدفاتر والسجلات كما في حالة كشوف البنوك والموردين ومصادقات العملاء.

7- إجراء عمليات الجرد الفعلي بشكل مفاجئ ومطابقة نتائج الجرد مع الأرصدة الدفترية وذلك بواسطة أشخاص لا علاقة لهم بهذه الأصول ولا بالقيد بالدفاتر.

ثالثاً- إجراءات عامة:

1- التأمين على الممتلكات ضد جميع الأخطاء التي قد تتعرض لها حسب طبيعتها.

2- التأمين على الموظفين الذين في حوزتهم عهد نقدية أو بضائع أو أوراق مالية أو تجارية ضد خيانة الأمانة.

3- وضع نظام سليم لمراقبة البريد الصادر والوارد وتتبع المراسلات داخل المنشأة ثم حفظها في الملفات لسهولة الرجوع إليه مع الإشارة إلى بعض المستندات يجب حفظها في مكان آمن مثل سندات القبض والصرف.

4- اعتماد نظام الرقابة الحدية والذي يتمثل في تحديد سلطات الصرف حسب المستويات الإدارية بحيث تزاد المبالغ المسموح بصرفها بارتفاع المستوى الإداري للشخص المسؤول.

5- استخدام النظام لمراقبة المزدوجة فيما يتعلق بالعمليات المهمة وذلك لعدم اقتصار القيام بمثل هذه العمليات على شخص واحد قبل التوقيع على الشيكات حيث تتطلب بعض المنشآت توقيع شخصين فأكثر على الشيك وكذلك الخزائن الحديدية التي لا تفتح إلا بمفتاحين منفصلين وبحوزة شخصين مختلفين في الوظيفة.

6- استخدام نظام التفتيش بمعرفة قسم خاص بالمشروع في الحالات التي تستدعيها طبيعة الأصول بحيث تكون عرضة للتلاعب والاختلاس وغالباً ما تناط السلطة لقسم المراجعة الداخلية.

7- تدريب الموظفين على تطبيق الطرق الحديثة لإتمام العمليات مع استخدام وسائل توفير الوقت والمجهود خصوصاً باستخدام الآلات الحاسبة.

مصطلحات الفصل الرابع

Control Tenets	خصائص الرقابة
Flexibility	المرونة
Understandability	سهولة الفهم
Participation	المشاركة
Objectivity	الموضوعية
Job Description	الوصف الوظيفي
Accuracy	الدقة
Economy	الاقتصاد
Future Prediction	التنبؤ بالمستقبل

أسئلة الفصل الرابع

س1- ما خصائص نظام الرقابة الجيد؟

س2- سرعة الإبلاغ عن الانحرافات تعتبر أحد خصائص النظام الرقابي الجيد. ما مدى توافق ذلك مع تعريف الرقابة؟

س3- ما المقومات الأساسية لأنظمة الرقابة الداخلية مع شرح واحدة منها؟

س4- ما إجراءات وضع نظام للرقابة الداخلية؟

س5- هناك إجراءات عامة يتطلب القيام بها عند وضع نظام للرقابة الداخلية. اذكر خمسة منها؟

الفصل الخامس
مجالات الرقابة الإدارية

أهداف الفصل الخامس

بعد دراسة هذا الفصل بإذن اللـه يتوقع من الدارس أن يكون قادراً على ما يلي:

1- فهم معنى الرقابة الإدارية وتحديد مجالات المعايير الرقابية.
2- تحديد الرقابة على الإنتاج وأهدافها وأين يتم تطبيقها.
3- فهم تعريف الرقابة على جودة المنتجات وماذا تشمل هذه الرقابة.
4- توضيح معايير الرقابة في التسويق خاصة بالنسبة للبائع ولمناطق البيع.
5- تحديد أنواع المعايير المختلفة الخاصة بالرقابة على الأفراد (الموارد البشرية) العاملين في المنظمة.
6- فهم وتحديد المعايير المالية الضرورية لقياس أداء المنظمة.

الفصل الخامس
مجالات الرقابة الإدارية

إن الرقابة Control هي التأكد من أن ما يتحقق أو ما تحقق فعلاً مطابق لما تقرر في الخطة المعتمدة سواءً بالنسبة للأهداف أو السياسات والإجراءات أو بالنسبة للموازنات التخطيطية أو بالنسبة لبرامج العمل والجداول الزمنية.

وعلى ذلك فلا تكون الرقابة -ولا يصح أن تكون- بعد انتهاء تنفيذ الأعمال.

فمن الضروري أن تتم الرقابة عند نقاط معينة من التنفيذ تحدد مسبقاً.

ولكي يتم التحقق من أن ما يحدث -أو ما حدث- مطابق لما تقرر تحقيقه لا بد أن يكون هناك معايير Standards أو مقاييس يتم بموجبها قياس الأداء بحيث تظهر الانحرافات (المشكلات) وبالتالي يصبح من الضروري تشخيصها وعلاجها من أجل تصحيح المسار أو وضع أهداف جديدة.

إن المعايير الرقابية Control Standards بمثابة مقاييس يتم القياس بموجبها، وفي غياب هذه المقاييس لا يستطيع بداهةً "قياس" الشيء المراد قياسه وبالتالي لا نعرف "الانحراف" كما يجب أن يكون. إن المشكلة ليست في وجود أو عدم وجود معايير ولكن المشكلة هي في كيفية تحديد المعايير الرقابية الملائمة.

وبالرغم من اختلاف المعايير والأدوات الرقابية في تصميمها وفيما تقيسه إلاّ أن كلاً منها يسعى إلى تحقيق هدف رئيس وهو تحديد الانحرافات عن الأداء المخطط له حتى يتسنى للإدارة اتخاذ الإجراء المناسب لتصحيحه.

كما وأن توقيت الرقابة يعتمد على طبيعة النشاط المفترض قياسه وطبيعة الأداة الرقابية نفسها.

مجالات المعايير الرقابية:

تأخذ الأساليب والأدوات (المعايير) الرقابية العديد من الأشكال بعضها بسيط وأساسي في الرقابة والبعض الآخر أكثر تعقيداً ويعتمد بصفة خاصة على استخدام الحاسبات الآلية والأجهزة التكنولوجية المتطورة في تطبيقه.

وتقيس بعض هذه الأساليب عدداً من المؤشرات التي تحكم على الأداء الكلي للمنظمة وسلامة المركز المالي ومدى تمتع المنظمة بمركز متميز بين المنافسين الآخرين، بينما يركز البعض الآخر من المؤشرات على قياس كفاءة الأداء في الوظائف المختلفة للمنظمة مثل الإنتاج والتسويق والشراء والتخزين.

وعلى ذلك يمكن تمييز معايير الرقابة في المجالات التالية:

أولاً- معايير رقابية في الإنتاج:

تهدف الرقابة على الإنتاج التأكد من أن ما تم أو يتم في الإنتاج مطابق لما هو مطلوب إتمامه، والرقابة على الإنتاج بمعناها الواسع تشمل الرقابة على المواد، والرقابة على العدد والآلات، والرقابة على الوقت والحركة، والرقابة على العمليات الإنتاجية والرقابة على جودة الإنتاج والرقابة على القوى العاملة في الإنتاج وأخيراً الرقابة على تكاليف الإنتاج.

وسنعالج فيما يلي الرقابة على الآلات والرقابة على الوقت والحركة والرقابة على جودة المنتجات.

* الرقابة على الآلات:

تأخذ الرقابة على الآلات عدة أوجه:

أ-   التأكد من أن الآلات المطلوبة موجودة في المصنع وصالحة للعمل حسب المطلوب.

ب- التأكد من الاستخدام الأمثل للآلات الموجودة.

أي عدم وجود ضياع، ومعرفة السبب في عطل الآلات مع إجراء الإصلاحات اللازمة في الوقت الملائم.

ومن الأدوات الرقابية التي تساعد الإداريين في الرقابة على تشغيل الآلات:

- جدول أعمال الآلات.
- بطاقة البيانات الخاصة بالآلة غير الصالحة للعمل.
- سجل إجمالي الوقت الضائع للآلات.

$$\text{وعليه فإن استخدام الآلات} = \frac{\text{عدد الوحدات المنتجة}}{\text{عدد ساعات تشغيل الآلات}}$$

*** الرقابة على الوقت والحركة:**

إن الوقت والمجهود الجسماني من العناصر الأساسية المستخدمة في الإنتاج. ولما كانت الإدارة مسؤولة عن استخدام هذه العناصر استخداماً أمثل، وجبت الرقابة على الوقت والحركة. ومن هنا ظهرت أهمية دراسة الوقت والحركة Time and motion study.

ويمكن تعريف دراسة الزمن بأنها: ملاحظة وتسجيل الوقت اللازم لأداء كل عنصر- تفصيلي من عناصر العمليات الصناعية.

أما دراسة الحركة فهي عبارة عن: دراسة حركات العامل أو الآلة أثناء تأدية العملية بهدف تفادي الحركات غير الضرورية، وترتيب تتابع الحركة الضرورية بأحسن طريقة فعّالة.

ويتم قياس الزمن باستخدام الساعة الدقيقة Stop-Watch حيث يتم تسجيل عدة قراءات للساعة ثم يؤخذ المتوسط بينها، ومن هذا المتوسط يمكن الوصول إلى الوقت المعياري Standard time.

أما حركات العامل فتقاس بآلة فوتوغرافية ديجتال دقيقة ثم يُعرض الفيلم بعد تصوير الحركات ومنها يستطيع الباحث اكتشاف الحركات غير الضرورية.

* الرقابة على جودة المنتجات Quality Control:

وتعني التأكد من أن هذه المنتجات مطابقة للجودة المطلوبة والمحددة محلياً أو عالمياً.

والواقع أن هذا التعريف يسوقنا إلى تحديد تعريف الفحص Inspection ويمكن تعريف الفحص أو التفتيش بأنه: نشاط يتعلق بقبول كمية معينة من الإنتاج أو رفضه طبقاً للمواصفات الموضوعة، فالرقابة على الجودة عملية فكرية تتعلق بتحديد معايير الجودة Quality Standard المطلوبة والمدى المقبول (أي حدود الرفض العليا والسفلى) وتقرير حجم العينة التي تفحص ووقت الفحص والمراحل الواجب الفحص عندها.

وقد يشمل الفحص ما يلي:

1- الخامات.

2- أجزاء السلعة المصنوعة.

3- السلعة النهائية.

وقد يتم الفحص:

أ- قبل بدء الإنتاج.

ب- خلال مراحل العمل المختلفة.

جـ- قبل المراحل الأساسية للعمل أو بعدها.

د- قبل التجميع النهائي للسلعة.

هـ- السلعة النهائية أي التامة الصنع.

والغرض من الفحص لا يخرج عن الاستخدام الأمثل للأموال والمواد والآلات والمجهود والوقت وقد يتم الفحص بواسطة العامل، كما قد يتم بمعرفة آلات حديثة متخصصة في ذلك.

وفيما يلي مجموعة من المعايير الرقابية اللازم وضعها في الإنتاج:

أ- الطاقة الإنتاجية:

نسبة الطاقة المستخدمة إلى الطاقة الكلية للمصنع.

نسبة الطاقة العاطلة نتيجة خلل في الآلات إلى الطاقة الكلية للمصنع.

ب- الكفاية الإنتاجية:

معدل الإنتاج بالنسبة لعدد ساعات العمل.

معدل الإنتاج بالنسبة لرأس المال المباشر.

جـ- جودة المنتجات:

نسبة المرفوض (لعدم مطابقته للمواصفات) إلى إجمالي الإنتاج.

نسبة الوقت المستخدم في التفتيش والفحص إلى وقت الإنتاج.

تكاليف الفحص إلى تكاليف الإنتاج.

د- البرامج الزمنية:

نسبة الطلبات التي تم تنفيذها في الميعاد المحدد لها.

هـ- التكاليف:

نسبة تكاليف مناولة المواد بالنسبة لتكاليف المصنع.

نسبة تكاليف الصيانة إلى تكاليف الوحدة المنتجة.

نسبة الأجور إلى تكاليف الوحدة المنتجة.

"ومما لا شك فيه أن المنظمة التي لا تراعي الرقابة على الإنتاج تجد نفسها في وضع غير متكافئ مع منافسيها".

ثانياً- معايير رقابية في التسويق:

الرقابة في التسويق أصعب كثيراً من الرقابة في الإنتاج؛ فالإنتاج يتعلق بخلق منفعة تكوينية يمكن قياسها، أما التسويق فهو يتعلق بخلق:

1- منفعة مكانية.

2- منفعة زمنية.

3- منفعة حيازية.

فلا يمكن وضع أسس كمية للرقابة لاختلاف طبيعة المجهودات.

كما أن التسويق يشمل عدة وظائف مختلفة ومتنوعة ويصعب قياس فاعليتها لارتباطها بالعنصرـ

البشري.

وفيما يلي عدة معايير رقابية في التسويق:

* معايير بالنسبة للبائع:

حجم المبيعات لكل بائع.

أرباح المبيعات لكل بائع (الإيرادات مطروحاً منها التكاليف).

متوسط حجم الصفقة التي يقوم بإتمامها البائع.

عدد الحسابات الجديدة التي يقوم البائع بإتمامها (كل ستة أشهر مثلاً).

* معايير بالنسبة لمناطق البيع:

حجم المبيعات بالنسبة لكل منطقة بيع معينة.

تكاليف المبيعات بالنسبة لكل منطقة.

إيرادات المبيعات بالنسبة لكل منطقة على حدة.

عدد العمال بالنسبة إلى حجم المبيعات.

ثالثاً- معايير رقابية على الأفراد:

لكي تتم إدارة الموارد البشرية على الوجه الأكمل يجب التأكد من أن قوة العمل في المشروع كافيـة

وماهرة ومتعاونة من أجل تحقيق أهداف المشروع.

إن الأمر يتطلب المعايير الآتية:

عدد طلبات النقل من وظيفة إلى أخرى، فقـد يكـون طلب النقـل نتيجـة عـدم الاسـتقطاب الجيد.

عدد من تقدموا باستقالات في كل إدارة وفي المشروع ككل.

عدد الأشخاص الذين تم فصلهم من العمل كإجراء تأديبي.

عدد الأشخاص الذين تم الاستغناء عن خدماتهم لعدم حاجة العمل إليهم.

عدد الوظائف الخالية التي ظهرت فجأة، نتيجة سوء التخطيط للموارد البشرية.

كمية العمل الذي يقوم الموظف أو العامل بإنجازه في زمن معين.

مستوى الأجور والمرتبات في المشروع بالنسبة للأجور والمرتبات السائدة في المشروعات المماثلة أو في المجتمع ككل.

حجم المكافآت التشجيعية التي يحصل عليها الأفراد العاملين.

عدد الأشخاص أو الأفراد الذين يستفيدون من هذه المكافآت.

عدد مرات الغياب والتأخير.

عدد الحوادث ومعدلها.

عدد الشكاوى المرسلة إلى الاتحادات العمالية أو النقابية.

عدد الشكاوى المرسلة للإدارة بخصوص التعويضات المالية أو ظروف العمل أو الترقيـة أو النقل.

رابعاً- معايير رقابية على الأموال (المعايير المالية):

قد يخطر على بال البعض أن المعايير المالية موضوع يخص المـدير المـالي في المنظمة فقـط، ولكـن هذه مغالطة كبيرة، فكل القرارات وكل التصرفات التي تتخذ في أي مجال لها أثر مالي، فشراء أصل ثابـت أو تشغيل عمالة إضافية أو البيع الآجل أو الشراء الآجل أو تخفيض سعر البيع كل ذلك ينعكس علـى المركـز المالي للمشروع.

إن المعايير المالية ضرورية لقياس أداء المنظمة في المجالات التالية:

1- **السيولة:** قدرة المنظمة على الوفاء بالتزاماتها قصيرة الأجل.

2- **رأس المال العامل:** قدرة المنظمة على استخدام رأس المال العامل (النقدية + المخزون + المدينون) بحيث لا يكون أكثر من اللازم (كفاءة رأس المال العامل).

3- **هيكلية التمويل:** مدى ملائمة الالتزامات طويلة الأجل للمنظمة في ضوء ظرفها.

4- **الحماية الربحية:** مدى قدرة المنظمة على تحقيق أرباح كافية لتغطي التزاماتها بدفع الفوائد الناتجة عن عمليات اقتراض الأموال.

5- **استخدام الأصول الثابتة:** قدرة المنظمة على استخدام الأصول الثابتة استخداماً أمثل (كفاءة استخدام الأصول الثابتة).

6- **ربحية الأصول المستثمرة:** قدرة المنظمة على تحقيق أرباح ملائمة بالنسبة لأصولها المستثمرة (أصول ثابتة + أصول متداولة).

7- **كفاءة عمليات التشغيل:** مدى قدرة المنظمة على تحقيق النتائج بأقل التكاليف (تكاليف إنتاج، وتكاليف تسويق وتكاليف عمالة وتكاليف إدارية ومالية).

وفيما يلي إطار النسب المالية الأساسية:

إطار النسب المالية الأساسية

نوع التحليل	هدف التحليل معرفة:	النسب أو المعدلات
تحليل قصير الأجل أو تحليل طويل الأجل	السيولة	• نسبة التداول • نسبة السيولة السريعة • معدل الفاصل الزمني الدفاعي
	كفاءة رأس المال العامل	• معدل دوران المخزون • متوسط فترة التحصيل

نوع التحليل	هدف التحليل معرفة:	النسب أو المعدلات
رأس المال العامل	الالتزامات طويلة الأجل	• معدل التمويل بالقروض • نسبة الديون إلى حق الملكية
	الحماية الربحية	• معدل تغطية الفوائد • معدل تغطية الأعباء الثابتة (الفوائد والإيجار)
	كفاءة استخدام الأصول الثابتة	• معدل دوران الأصول الثابتة • معدل دوران إجمالي الأصول
	ربحية الأصول المستثمرة	• معدل العائد على إجمالي الأصول • معدل العائد على حق الملكية • معدل السعر للربح (بالنسبة للسهم)

وفيما يلي شرحاً لتبيان النسب أو المعدلات:

- نسبة التداول:

وهي المعيار الشائع لقياس السيولة قصيرة الأجل طالما أنها تبين مدى إمكانية الوفاء بالقروض قصيرة الأجل من الأصول التي يمكن تحويلها إلى نقدية في مدة زمنية متفقة مع آجال القروض. ويتم احتسابها كما يلي:

$$\text{نسبة السيولة} = \frac{\text{الأصول المتداولة}}{\text{الخصوم المتداولة}} \times 100$$

- نسبة السيولة السريعة:

يتم احتساب السيولة السريعة بطرح المخزون السلعي من الأصول المتداولـة وقسـمة البـاقي عـلى الخصوم المتداولة على أساس أن المخزون السلعي هو أقل الأصول المتداولة سيولة.

$$\text{أي أن نسبة السيولة} = \frac{\text{الأصول المتداولة} - \text{المخزون السلعي}}{\text{الخصوم المتداولة}} \times 100$$

- معدل الفاصل الزمني الدفاعي الأساسي Basic Defensive Interval:

يقال أنها "دفاعية" لأنها أصول سهلة التحويل إلى نقدية تدافع عن المنظمـة في مقابلـة احتياجـات التشغيل النقدية اليومية وتساوي:

$$= \frac{\text{الأصول الدفاعية الإجمالية}}{\text{مصروفات التشغيل اليومية المتوقعة}}$$

وتشمل الأصول الدفاعية:

النقدية.

الأوراق المالية القابلة للبيع.

الحسابات المدينة وأوراق القبض.

- معدل دوران المخزون Inventory Turnover:

يتم احتساب معدل دوران المخزون كالآتي:

$$\text{معدل دوران المخزون} = \frac{\text{تكلفة البضاعة المباعة}}{\text{متوسط المخزون}}$$

إن معدل دوران المخزون يوضح السرعة التي يـتم بهـا تحويـل المخزون إلى حسـابات مدينـة عـن طريق المبيعات.

والعلاقة بين المبيعات والمخزون السلعي تمثل نوعاً من المعايير التي يمكن استخدامها في التخطيط.

* متوسط فترة التحصيل:

إن متوسط فترة التحصيل تبين لنا –في المتوسط- عدد الأيام التي تبقى فيها الحسابات المدينة غـير مُحصّلة. ويقترح خبراء التحليل المالي ضرورة إعداد ودراسة "جدول أعمار الحسابات المدينة" حيـث يـتم تصنيفها على أساس فترة الاستحقاق.

$$\text{متوسط فترة التحصيل} = \frac{\text{رصيد الحسابات المدينة} \times \text{عدد أيام السنة}}{\text{المبيعات الآجلة السنوية}}$$

* نسبة الديون (الديون التي على المنشأة) إلى إجمالي الأصول:

يقيس هذا المعدل الأموال التي قدمها الدائنون إلى إجمالي الأموال المسـتثمرة في المنظمـة. ويهـم الدائنين أن تكون هذه النسبة منخفضة لأن معنى ذلك أنهم في أمان. ويتم احتسابها كالآتي:

$$\text{نسبة الديون إلى إجمالي الأصول} = \frac{\text{إجمالي الديون}}{\text{إجمالي الأصول}} \times 100$$

ويرى البعض أن نسبة إجمالي الديون إلى إجمالي رأس المال الدائم (حـق الملكيـة + قـروض طويلـة الأجل) أفضل من نسبة إجمالي الديون إلى إجمالي الأصول حيث يكون الفـرق هـو القـروض قصيرة الأجـل على اعتبار أنها ليست من مكونات التمويل الدائم.

* نسبة الديون إلى حق الملكية Debt -to- Equity Ratio:

$$\text{نسبة الديون إلى حق الملكية} = \frac{\text{إجمالي الديون}}{\text{حقوق الملكية}} \times 100$$

* معدل تغطية الفوائد Times Interest Earned:

يتم احتساب هذا المؤشر كما يلي:

$$\frac{\text{الأرباح قبل احتساب الفوائد والضرائب}}{\text{الفوائد المحتسبة}}$$

إن هذا المعدل يقيس مدى الانخفاض المسموح في الأرباح والذي ينتج عن عدم قدرة المنظمة على الوفاء بالفوائد السنوية. وهو ما قد يؤدي إلى إجراء قانوني ينتهي إلى الإفلاس.

* عدد مرات تغطية الأعباء الثابتة Fixed Change Coverage:

$$\text{وتساوي} = \frac{\text{الدخل المتاح للوفاء بالأعباء الثابتة}}{\text{الأعباء الثابتة}}$$

$$= \frac{\text{مجمل الدخل + الإيجار}}{\text{الفوائد + الإيجار}}$$

وتأتي أهمية هذا المعدل من أن المشكلات المالية يمكن أن تنشأ من عدم القدرة على دفع الأعباء الثابتة بما فيها الفوائد.

ومن الأهمية بمكان مقارنة هذا المعدل بالمعدل السائد في الصناعة.

* معدل دوران الأصول الثابتة Fixed Assets Turnover:

$$= \frac{\text{المبيعات}}{\text{الأصول الثابتة}}$$

والأصول الثابتة هـي الأصول التـي لا يمكـن بسهولة تحويلها إلى نقدية في العمليات العاديـة للمنظمة وتشمل الأصول الثابتة: الأراضي، المباني، العدد والآلات، الأثاث والسيارات والتحسينات الرأسمالية.

* معدل دوران إجمالي الأصول Total Assets Turnover:

$$\text{ويساوي} = \frac{\text{المبيعات}}{\text{إجمالي الأصول}}$$

وهو يقيس درجة استخدام الأصول لطاقتها القصوى. فإذا كان المعـدل منخفضاً معنـى ذلك أن المنظمة لا تقوم بحجم أعمال يتناسب مع حجم استثماراتها في الأصول.

وهنا في هذه الحالة من الضروري إما زيادة حجم الأعمال مع ثبات الأصول، أو التخلص من بعض الأصول أو اتباع الخطوتين معاً.

* نسبة العائد على إجمالي الأصول Return on Total Assets:

ويقيس هذا المعدل درجة الإنتاجية النهائية للأصول أي درجة العائد النهائي، وهـو يـرتبط إلى حـد كبير بربحية المبيعات وبدوران إجمالي الأصول. ويساوي:

$$= \frac{\text{صافي الربح (بعد الضرائب)}}{\text{إجمالي الأصول (تستبعد أي أصول غير ملموسة)}} \times 100$$

* نسبة العائد على حق الملكية Return on Net Worth:

يعتبر حق الملكية محاسبياً من الخصوم باعتبار أنه ديون لهيئة خارجية عن المنظمة.. لأصحابه.

وحق الملكية يشمل:

رأس المـال (الأسـهم الممتـازة والأسـهم العاديـة)، وفـائض رأس المـال، والأربـاح غـير الموزعـة، والاحتياطيات، ويقيس هذا المعدل ربحية الأموال المملوكة.

$$\text{معدل العائد على حق الملكية} = \frac{\text{صافي الربح (بعد الضرائب)}}{\text{حق الملكية}} \times 100$$

معايير رقابية على المنظمة:

ويسعى هذا النوع من الرقابة إلى محاولة تقييم الأداء الكلي للمنشأة أو أجـزاء هامـة منهـا خـلال فـترة زمنيـة. والهـدف مـن ذلـك تحقيـق إلى أي مـدى تقـوم المنظمـة كوحـدة واحـدة بتحقيـق الأهـداف الموضوعة سلفاً.

ومن المعايير المستخدمة في هذا الصدد:

معدل العائد على الاستثمار.

حصة المنظمة من السوق.

نمو المبيعات.

ربحية المنظمة.

وفي حالة الفشل في مقابلة معايير الرقابة على مستوى المنظمة يمكن علاجه عن طريق:

إعادة تصميم الأهداف.

إعادة وضع الخطط.

تغييرات في الهيكل التنظيمي.

توجيه دافعية الأفراد العاملين داخل المنظمة.

تحقيق وسائل اتصالات (داخلية أو خارجية) أفضل.

وينبثق من المعايير الرقابية على المنظمة:

* الرقابة على العلاقات الخارجية Control Over External Relations:

لعل من الأهمية بمكان أن نوضح أنه لا يوجد في ظل مجتمعنا الـدولي المعـاصر، أي منظمـة مـن المنظمات تستطيع أن تقوم بنشاطها كاملاً مستقلاً تماماً وفقاً لقاعدة الاكتفاء الـذاتي.. بـل غالبـاً مـا يكـون لعدد من موظفيها صلات وعلاقات واتصالات دائمة مع منظمات وأشخاص عديدين خارجها، وهـم جميعـاً يعملون وفق التعليمات واللوائح الخاصة بمنظمتهم. وأن الكثيرين منهم يقومون بدور إيجابي في الإسهام في النشاط الاجتماعي الذي يتعلق بشئون المجتمع الذي يعيشون فيه.

ويلاحظ أن المنظمة بأسرها لها اهتمام كبير في الأسلوب الذي تتم به هذه الصلات.

"Its Business Reputation Depends in Large Part Upon the Nature of the Contacts Made".

"فسمعة المنظمة تعتمد إلى حد كبير على طبيعة هذه الصلات التي تتم".

من أجل ذلك فإن المنظمات تهتم جداً بطبيعة هذه الصلات، ونادراً ما يحدث أن تتجاهـل إحـدى المنظمات ذلك، لأن تجاهلها هذا يجعلها في وضع يصعب عليها أن تحافظ عـلى مصـالحها وبالتـالي مصـالح موظفيها.

نتيجة لذلك فإن هناك أمراً شائعاً بين المـنظمات وهـو "ضرورة وضـع سياسـات وإجـراءات تحكـم علاقات موظفيها الخارجية".

"It is in most common for organizations to adopt policies and procedures that will govern their external personal relations".

* **الرقابة على العلاقات التي لا تتصل بالعمل:**

Control Over Non-business Relationships

يضع المسؤولون عـن المنظمـة، حسـن سـمعة منظمـتهم ورعايـة مصـالحها في الدرجـة الأولى مـن اهتمامهم، وهم من أجل تحقيق هذا الهدف يلجأون إلى أساليب متعددة من وجهة نظرهم أنها تُسـهم في تحقيق هذه الأهداف.

"فالكثير من المنظمات وجدت أنه ينبغي أن تفرض رقابة عـلى خطـب موظفيهـا، وكذلك مختلـف أوجه نشاطهم العام".

"Many organization have found it necessary to centralize the control of the public utterances and activities of employees".

وتمارس الرقابة على خطب وتصريحات الموظفين عن طريـق تكوين لجنـة خاصـة غالبـاً مـا تكـون منبثقة عن إدارة العلاقات العامة، ويدخل في نطاقها تلقي الطلبات التي يوضح فيهـا الموظفـون المناسـبات التي يودون فيها إلقاء خطب أو أحاديث مع إيضاح الظروف التي تناسبها مع "مسودة" أو صورة عن هذه الخطب والأحاديث لمراجعتها من قبل اللجنة في ضوء أهداف المنظمة والتي من ضمنها كسب الرأي العـام لصالحها.

ومن أوجه الرقابة الهامة والحديثة:

* **الرقابة على البحوث والتطوير Control of Research and Development:**

يمكن القول أن برامج البحوث والتطوير قد اتسعت في السـنوات الأخـيرة إلى درجـة كبـيرة. وهـي تتميز بخصائص غير عاديـة تتطلب عنايـة خاصـة. والسـبب في ذلك يرجـع إلى أن الرقابـة عـلى البحـوث والتطوير تختلف عن الرقابة على أوجه النشاطات الأخرى فيما يلي:

1- الرقابة على البحوث تعني الرقابة على نوع معين من الأفراد، وذلك لأن الذين يقومـون بهـذه البحوث يتميزون بنوعية خاصة من حيث التدريب، والأساليب الفنية لبلوغ الأهداف.

2- إن البيانات والمعلومات التي تؤدي إلى تخطيط برنامج للبحـوث والتـدريب تعتمـد إلى حـد كبير على تقديرات شخصية أكثر منها أحكام موضوعية.

"Subjective Judgments Rather than Objectives".

مـن أجـل ذلـك يـرى R.N. Antony في كتابـه (The practice of management) أن البحـوث تخضـع لمبدأين متناقضين:

أولهما: أن الباحثين ينبغي أن تكون لهم حرية العمل.

ثانيهما: أن الإدارة ينبغي أن تمارس حقها الإداري.

1- Research workers must have freedom.

2- Management must manage.

ولعل مصدر الصعوبة فيما يتعلق بالرقابة على البحوث والتطوير، أن الإدارة تريد أن تتأكد مـن أن الجهد الذي تبذله الكفاءات القادرة، إنما يبذل بطريقة اقتصادية، وأن الجهد الـذي تبذلـه هـذه الكفـاءات هو مقصور فعلاً على البحوث، ولا يوجه إلى أي نوع آخر من النشاط.

مصطلحات الفصل الخامس

Control Standards	المعايير الرقابية
Time and Motion Study	دراسة الوقت والحركة
Quality Control	الرقابة على جودة المنتجات
Quality Standards	معايير الجودة
Inventory Turnover	دوران المخزون
Basic Defensive Interval	الفصل الزمني الدفاعي الأساسي
Debt -to- Equity Ratio	نسبة الديون إلى حق الملكية
Times Interest Earned	معدل تغطية الفوائد
Fixed Change Coverage	تغطية الأعباء الثابتة
Fixed Assets Turnover	معدل دوران الأصول الثابتة

أسئلة الفصل الخامس

س1- عرف الرقابة الإدارية مع توضيح للمعايير التي يتم بموجبها قياس الأداء؟

س2- إن المشكلة ليست في وجود أو عـدم وجـود معـايير ولكـن المشـكلة هـي في كيفيـة تحديـد المعـايير الرقابية الملائمة. ما المقصود بذلك مع الشرح؟

س3- إحدى المعايير المالية الضرورية لقياس أداء المنظمة السيولة ورأس المـال العامـل. مـا المقصـود بكـل منهما وكيف يتم احتسابهما؟

س4- يرى البعض أن نسبة إجمالي الديون إلى إجمالي رأس المال الدائم أفضل من نسبة إجـمالي الـديون إلى إجمالي الأصول. ماذا نعني بذلك مع التوضيح؟

س5- ما المعدل الذي يقيس مدى الانخفاض المسموح به في الأرباح؟

س6- اشرح بالتفصيل الرقابة على العلاقات الخارجية؟

س7- من أوجه الرقابة الهامة والحديثة الرقابة على البحوث والتطوير. اشرح بالتفصيل؟

الفصل السادس
أنواع الرقابة الإدارية
Types of Managerial Control

أهداف الفصل السادس

بعد دراسة هذا الفصل بإذن اللـه يتوقع من الدارس أن يكون قادراً على ما يلي:

1- تحديد أنواع الرقابة الإدارية حسب توقيت القيام بها وأهداف كل منها.
2- تحديد أنواع الرقابة الإدارية من حيث مصدرها خاصة الرقابة الداخلية والرقابة الخارجية.
3- تحديد أنواع الرقابة حسب أهدافها.
4- تحديد أنواع الرقابة المتعلقة بعناصر العملية الإدارية.

الفصل السادس
أنواع الرقابة الإدارية
Types of Managerial Control

هناك العديد من أنواع الرقابة الإدارية التي تمارس على المنظمات، والتي يمكن التعرف عليها وأن نميز بين هذه الأنواع حسب المعيار المستخدم في تصنيفها وعلى النحو التالي:

أولاً- أنواع الرقابة الإدارية حسب توقيت القيام بها Timeliness Control:
أ- الرقابة المستمرة الموجهة Steering Control:

وتسمى الرقابة الوقائية، ويقصد بهذا النوع من الرقابة توقع الخطأ أو الانحراف قبل وقوعه أو حدوثه، والاستعداد لمواجهته أو العمل على منع حدوثه وذلك من خلال الجولات الدورية الميدانية المفاجئة والقيام بالتوجيه والإشراف، باستخدام أسلوب المتابعة لسير العمل بصورة مستمرة. ففي منظمات الأعمال والمصانع يمكن اكتشاف الخطأ أو الانحراف قبل أن يتم تصنيع السلعة نهائياً من خلال استخدام محطات التفتيش والرقابة بعد كل مرحلة من مراحل عملية التصنيع، أي تشمل عملية الإشراف على تنظيم آلية عمل المشروع قبل البدء بالتنفيذ.

وتظهر أهمية هذه الرقابة أثناء وضع الخطة ومشتقاتها من موازين ومعدلات ومعايير، ويمتد دورها خلال مراحل تحضير المستلزمات الضرورية لتنفيذ الخطة بعد إقرارها.

تهدف هذه الرقابة إلى تحقيق الأهداف التالية:

التحقق من انسجام الخطة الأساسية للمشروع.

تحقيق التناسب بين القرارات التحضيرية والخطة المحددة.

تحقيق الاستخدام الأمثل والأكفأ للموارد البشرية والاقتصادية المتاحة للمشروع.

تحقيق الاستقرار في معدلات نمو كفاءة المشروع وإنتاجيته في هذا المجال.

ب- الرقابة المرحلية Step -by- Step Control:

ويقصد بها متابعة العملية التنفيذية ومقارنة ما يتم تحقيقه أولاً بأولاً مع الخطة التي تم جدولتها حسب الزمن، وذلك بقصد تحديد الانحرافات السلبية والعمل على تصحيحها فور حدوثها، كما يمتد دور هذه الرقابة إلى كشف الإمكانيات غير الملحوظة في الخطة، فإذا تبين للإدارة أن استخدام مواد أولية بديلة يؤدي إلى تحسين الإنتاج أو تخفيض تكلفته، فإن إدخال هذا الصنف في العملية الإنتاجية سيؤدي حتماً إلى زيادة إنتاجية المشروع وبالتالي تحقيق الأهداف المقررة بزمن وتكلفة أقل.

جـ- الرقابة بعد التنفيذ (اللاحقة) Post Exuction Control:

وهي أكثر أشكال الرقابة انتشاراً وأقلها تأثيراً في توجيه المسار الكلي للمشروع، وتنحصر مهمة هذه الرقابة في قياس النتائج المحققة من قبل المشروع بعد انتهاء عملية التنفيذ، من أجل رصد الانحرافات والإبلاغ عنها فوراً من أجل علاجها ومنع تكرار حدوثها.

وبالتالي فهي تتكون من مرحلة جمع البيانات عن التنفيذ الفعلي ثم تحليل هذه البيانات ومقارنتها مع بيانات الخطة لقياس الانحراف ثم تحليل هذه الانحرافات وتحديد الأسباب التي أدت إلى وقوعها وصولاً إلى تحديد المسؤولية.

كما تهدف هذه المرحلة إلى تزويد الإدارات المختصة بالمعلومات الفعلية من دافع التنفيذ وبالتالي فهي تشكل أيضاً نظاماً لتغذية التخطيط بالمعلومات المرتدة والتي تعتبر الأساس في عملية إعادة التخطيط للمراحل القادمة.

لذا يمكن القول بأن هذا النوع من الرقابة يتصف بالشمولية لأنه يتمركز حول أحد المؤشرات التي تقيّم نشاط المشروع.

ثانياً- الرقابة من حيث مصدرها:

ضمن هذا الإطار يمكننا ملاحظة نوعين من أنواع الرقابة:

أ- الرقابة الداخلية:

ويقصد بها كافة الفعاليات الرقابية التي يمارسها أفراد يتبعون إدارياً للمنظمة ذاتها على اختلاف وظائفهم ومواقعهم.

ومن الطبيعي أن يختلف حجم هذا الجهاز الرقابي من منظمة لأخرى وفقاً لاعتبارات عديدة منها حجم المنظمة والهيكل التنظيمي.

ومن أنواع الرقابة الداخلية ما يلي:

1- الجهاز الدائم للرقابة الداخلية:

تملك معظم المنظمات المتوسطة والكبيرة الحجم جهازاً مخصصاً للرقابة الإدارية بشكل إدارة مستقلة تتبع مباشرة لمجلس الإدارة في المنظمات الكبيرة الحجم ولأصحاب المنظمة في المتوسطة الحجم.

مهمة هذا الجهاز تتبع العمل في إدارات المنظمة منذ البدء في إعداد الخطة إلى أن يتم التنفيذ الكلي وتقييم الأداء، بهدف التأكد من أن التطبيق منسجم مع الأهداف الرئيسة.

وأن العمل الجوهري لهذا الجهاز يتركز في تتبع التنفيذ ومقارنته بالمعايير التخطيطية لكشف الانحرافات وتحليل أسبابها وإعلام الإدارة العليا بها لاتخاذ الإجراءات المناسبة التي تؤدي إلى تصحيح وتفادي الأخطاء بأقل تكلفة ممكنة، أي أن مهمة هذا الجهاز وقائية تصحيحية في آن واحد.

2- رقابة اللجان:

تشكل إدارة المنظمات لجان من أعضائها تنحصر مهمتها في الموضوعات التـي كلفـت بهـا بموجب القرار الإداري وتنتهي هذه المهمة بانتهاء الموضوع الذي كلفت به.

علماً بأن وجود هذه اللجان لا يلغي بالضرورة دور الجهاز الدائم للرقابة، بل تـأتي رديفـاً لـه سـواءً لمؤازرته أو لتصحيح بعض الأخطاء التي وقعت بها أو لدراسة موضوع نـوعي معـين لا يـدخل في مجـال اختصاصه هذا النمط من الرقابة يعطي نتائج جيدة بتكلفة منخفضة وبوقت أسرع.

3- رقابة الإدارة:

بالإضافة إلى القيادة والتوجيه فإن الإدارة العليا تقوم بمهمة الرقابة مباشرة على الجهات التي تتبع لها سواءً من خلال الجولات الميدانية أو من خلال تتبع تقارير الأداء.

4- رقابة العاملين:

على إدارة المنظمات أن تنمي لدى العاملين روح المبادرة والقدرة على النقد بالشكل الـذي يسـمح لهؤلاء الأفراد العاملين بممارسة دور رقابي فعّال من خـلال تقـديم الدراسـات والاقتراحـات التـي تسـاعد في تطوير العمل الإنتاجي للمنظمة ومعالجة الأخطاء، لا سيما وأن العاملين هم الأكثر التصاقاً بمواقع التنفيذ والأقرب إلى كشف مواقع الخلل. فالرقابة الإدارية السليمة يجب أن تقنـع العـاملين بـأن معـايير الأداء الموضوعة عادلة وقد صممت بطريقة لا تؤدي إلى إرهاقهم لأنها قـد راعـت الإمكانيـات المتاحـة لعمليـة التنفيذ.

والرقابة فضلاً عن ذلك يجب أن تضع في تفكير الأفراد العاملين الاقتناع بأنها أداة لقياس تقدمهم وتحسين مستوى أدائهم وصولاً لعدالة توزيع المكافآت

والترقيات وأن هذه الرقابة ما هي إلا وسيلة لكشف المقصرين في عملهم لمساعدتهم في تجاوز التقصير وتحسين معدلات الأداء.

ب- الرقابة الخارجية:

وهي الرقابة التي تتم من خارج المنظمة ويمارسها أفراد اعتباريون يتبعون جهات رسمية أخرى خارجة عن الهيكل الإداري للمنظمة. وبالتالي فإن مركز عمل هؤلاء الأفراد قد يكون داخل المنظمة أو خارجها لكن الشرط الأساسي لممارسة مهمتهم الرقابية يتركز في تبعيتهم الإدارية لجهة مستقلة عن إدارة المنظمة مما يكفل جديتها وفاعليتها.

ويُنظر للرقابة الخارجية على أنها عمل مُكمّل للرقابة الداخلية، والرقابة الخارجية من حيث الشكل رقابة إجمالية وإن كانت توجد أحياناً رقابة تفصيلية، كما أنها تمارس بواسطة أجهزة أو تنظيمات متخصصة يتولى كل منها الرقابة على نوع معين من النشاط الذي تزاوله المنظمة بما يكفل الاطمئنان إلى أن تصرفات الأفراد العاملين في المنظمة لا تشكل إخلالاً أو خروجاً عن القواعد أو القوانين المقررة وأن أداء المنظمة ككل يسير بشكل صحيح نحو الأهداف الاجتماعية والاقتصادية المتوخاة من حيث الكم والنوع والأساليب المستخدمة.

إن أساليب العمل بأجهزة الرقابة الخارجية المركزية لم تعد مقصورة على مجرد الرقابة والتفتيش وإنما إلى نواحي إيجابية أخرى مثل القيام بالبحوث ودراسة المشكلات وتحليلها ومعرفة أسبابها من أجل مساعدة الأجهزة الحكومية على تحقيق أهدافها، وتحسين الأداء وتبسيط الإجراءات.

ومن أنواع هذه الرقابة ما يلي:

1- الرقابة التشريعية:

وهي إحدى أنواع الرقابة الخارجية على المنظمات الإدارية تفرضها المجالس التشريعية في الدول على الإدارات العاملة فيها. حيث يجوز للمجالس التشريعية

بحكم دستور الدولة، استدعاء الموظفين للتحقيق معهم بواسطة لجان منبثقة عن هذا المجلس، وأن صلاحيات بعض المجالس التشريعية المستمدة من الدستور لها الأثر العام الرادع بالنسبة للموظفين الذين يتجهون سلوكياً في الابتعاد عن قواعد أخلاقيات الوظيفة كما يحددها القانون.

والرقابة التشريعية موجودة بشكل واضح في حدود نسبية ومتفاوتة من دولة إلى أخرى في عالمنا العربي.

فالهيئات التشريعية في الدول النامية والعربية، لها دور أساس في مناقشة الميزانية العامة للدولة وفي وضع القوانين الأساسية المنظمة لشؤون الدولة.

وكذلك دورها ممثلاً في مجلس النواب في حقهم في تقديم الاستجوابات والأسئلة للوزراء المختصين من أجل الحصول على إجابات على تلك الأسئلة.

وكذلك الرقابة البرلمانية من خلال أعمال اللجان البرلمانية المتخصصة في النشاطات الرئيسية للدولة مثل لجنة الشؤون الخارجية، لجنة الدفاع ولجنة الشؤون المالية.

وعليه فإن الرقابة التشريعية تستهدف في الأساس التحقق من مسايرة السياسات العامة وسياسات الإنفاق الحكومي طبقاً لما يتم التوصل إليه من اتفاق بين السلطتين التشريعية والتنفيذية.

2- الرقابة القضائية:

تختلف الرقابة القضائية في قوة تطبيقها وانتشارها من دولة إلى أخرى في معالجة القضايا الناجمة عن مخالفات الأفراد العاملين في الخدمة المدنية، ففي بعض الدول توجد محاكم إدارية متخصصة للنظر في شؤون العاملين ومخالفاتهم وشكاواهم ومراقبتهم، بينما تنظر معظم الدول في المخالفات الكبيرة والجنائية التي يرتكبها الموظفون عن طريق المحاكم القضائية المدنية.

بينما تترك المخالفات الصغيرة والروتينية إلى اللجان التأديبية التي تشكل داخل الـوزارات ضمـن أنظمة وتعليمات معينة وكذلك إلى مجالس التأديب الإدارية التابعة للجهاز التنفيذي فيها.

وأن وجود مثل هذه الجهات التي ترتبط بها الهيئة القضائية يشكل نوعاً مـن الانضباط عـلى الموظفين والالتزام بالأنظمة والقوانين وقواعد الأخلاق في العمل، مما يولد لديهم الخوف مـن الإقـدام عـلى أية مخالفة وبالتالي يحترمون القانون والنظام ما أمكن.

وتختلف الدولة في مدى التوسع في تطبيق واستخدام هذا الأسلوب مـن الرقابة عـلى أعـمال الإدارة العامة عن طريق القضاء، ففي المملكة الأردنية الهاشمية هناك نظام القضاء الموحـد الـذي بموجبـه تقـوم المحاكم العادية بالنظر في جميع ما يتم عرضه عليها من قضايا بغض النظر عن أطرافها سواءً كانوا أشخاصاً عاديين أو موظفين عموميين، وكذلك الحال في الولايات المتحدة الأمريكية وبريطانيا.

وهناك ما يسمى بنظام القضاء المزدوج والذي بموجبه يوجد نوعان مـن المحاكم: محاكم عاديـة تنظر في القضايا المتعلقة بالأفراد العاديين، ومحاكم إدارية تنظر في القضايا التي تنشأ بين الأفراد والحكومة، وهذا النظام موجود في كل من فرنسا ولبنان ومصر ودول أخرى.

وللرقابة القضائية أهمية كبيرة وبالغة حيث أن الهيئة التي تمارس هـذا النـوع مـن الرقابة تتمتـع بالحياد والاستقلال التام مما يجعلها أكثر أنواع الرقابة فعالية.

وتجدر الإشارة هنا إلى أن الرقابة القضائية على أعمال الإدارة العامة تشمل ثلاثة أنواع هي:

أ- رقابة التفسير وشرعية الأعمال الإدارية:

المحاكم المختصة هنا لديها كامل الصلاحية في فحص شرعية القرارات الإدارية وعدم تطبيقها وذلك في حالة الادعاء بعدم صحة القرارات الإدارية ومخالفة هذه القرارات للتشريعات النافذة.

وفيما يلي الحالات التي تتدخل المحاكم في أعمال الإدارة:

* **حالة سوء استعمال السلطة:**

وذلك بقيام الموظف العمومي باستعمال السلطة الممنوحة له بطريقة تخالف الأهداف المشروعة، عندها يكون من حق كل من أضير من وراء سوء الاستخدام ذلك أن يرجع على المتسبب بالمسؤولية مع الاحتفاظ بحقه في جميع التعويضات التي يقرها القانون له.

* **حالة التفسير الخاطئ لبعض النصوص القانونية:**

مما قد يترتب على ذلك تحميل الأفراد بأعباء وواجبات لم تقر أصلاً من قبل القانون وبالتالي يكون من حق هؤلاء الأفراد المتضررين أن يتظلموا إلى القضاء طالبين تعويضهم عما لحقهم من أضرار مادية أو معنوية.

* **حالة سوء تفسير لبعض الوقائع أو الحقائق:**

مما قد يؤدي إلى استنتاجات خاطئة بشأنها ستؤدي إلى الإضرار ببعض المواطنين وعليه يمكن مقاضاة الجهة أو الموظف المخطأ والرجوع عليه بالمسؤولية.

* **حالة تجاوز الاختصاص:**

عندما يخرج الموظف العمومي عن حدود اختصاصه المقرر له ويتعدى نطاق السلطات الممنوحة له؛ عندئذ للقضاء كل الحق في أن يحكم ببطلان هذا التصرف.

* **حالة حدوث خطأ في الجوانب الإجرائية المتعلقة بأداء العمل التنفيذي مما ينتج عنه تضرر المواطنين من هذا الخطأ:**

فهنا يكون الإجراء الذي تم تنفيذه باطلاً ويجوز الطعن في صحته وشرعيته أمام القضاء.

وعليه فإن الغاية مـن ممارسـة الرقابـة القضـائية هـي ضـمان شرعيـة التصرفـات الإداريـة وتـأمين الحقوق الدستورية للأفراد والجماعات ضد أي تجاوز أو انتهاك قد تتعرض له من قبل الإدارة التنفيذية.

ب- رقابة التعويض:

وفيها تملك المحاكم وبموجب هذه الرقابة أن تلزم الإدارة العامة بتعويض الأفراد عـن الأضرار التـي صابتهم من قبل الموظفين العموميين أو من جراء سير المرافق العامة التابعة لها.

جـ- رقابة الإلغاء:

بموجب هذه الرقابة يحق للمحاكم الاعتيادية والإدارية إبطال أو إلغاء أية قرارات إداريـة مخالفـة للقانون أو التي تم الطعن عليها من قبل أصحاب المصلحة ومنها القـرارات والمراسـيم الصـادرة عـن الإدارة العامة.

3- الرقابة المالية والمحاسبية:

ويقصد بها الرقابة على التصرفات الإدارية ذات الطـابع المـالي والمتعلقـة بصرف وتحصـيل الأمـوال العامة والخاصة وذلك من خلال التأكد من أن كافة التصرفات والقرارات التي يترتـب عليهـا حقـوق ماليـة للدولة أو للغير قد تمت وفقاً لأحكام القوانين والأنظمة واللوائح والتعليمات النافذة وسارية المفعول.

ويتم ذلك من خلال الرقابة على إعداد الدفاتر والسجلات والمستندات القانونية بأسلوب محاسـبي وفقاً للطرق النظامية والمبادئ المحاسبية المتعارف عليها. أي أن الرقابة المالية تسـتمد أهميتهـا مـن كونهـا نظام شامل يتطلب التكامل بين المفـاهيم القانونيـة كالأنظمـة والتعلـيمات والمبـادئ المحاسـبية والإداريـة والتي تهدف إلى المحافظة على أموال الدولة والمنظمة.

4- الرقابة الشعبية:

وتقوم بها المنظمات الشعبية عبر اللجان النقابية المتواجدة في الشركات كمجلس الإدارة واللجنة الإدارية.

يضاف إلى رقابة المنظمات النقابية رقابة السلطة السياسية المتمثلة في اللجان الحزبية المتواجدة في المشروعات مباشرة، والقيادات السياسية المتسلسلة التي تمارس أيضاً عملية الإشراف والتوجيه سواءً كان ذلك بشكل مباشر كما هو الوضع في الدول ذات الاقتصاد المخطط أو بشكل غير مباشر من خلال التحريض والترغيب كما هو مطبق في دول الديموقراطيات البرلمانية.

وإن أهم ما يميز الرقابة الشعبية عن الرقابات الأخرى أنها رقابة مباشرة تحاول الوقوف أمام انحراف الإدارة عن الأهداف العامة المحدد لها وهي التي تحدد المعايير التي يجب استخدامها من قبل الجهات الرقابية الأخرى.

ويمارس هذه الرقابة في العادة المواطنون سواءً كانوا أفراداً أم جماعات مثل النقابات العمالية، المنظمات المهنية، الأحزاب والأقليات العرقية والصحافة ووسائل الإعلام الأخرى وجماعات حماية البيئة، ومنظمات حقوق الإنسان.

وتلعب المنظمات الشعبية دوراً مهماً في تقرير السياسات العامة وإبداء الرأي في القضايا الأخرى المهمة في المجتمعات.

ثالثاً- أنواع الرقابة حسب أهدافها:

بموجب هذا التقسيم هنالك نوعان من الرقابة:

1- الرقابة الإيجابية Positive Control:

وتهدف هذه الرقابة إلى التأكد من أن كافة الإجراءات والتصرفات يتم العمل بها طبقاً للوائح والأنظمة والتعليمات المعمول بها داخل المنظمة بما يكفل تحقيق أهدافها من جهة والتنبؤ بالانحرافات والأخطاء المحتمل حدوثها واتخاذ الإجراءات اللازمة والقرارات الخاصة لمنع حدوث هذه الانحرافات، ومن جهة أخرى أي

العمل على ضمان حسن سير العمل في المنظمة، وهذه الرقابة تعتبر أحد الأساليب الناجحة في حفز الموظفين وتنميتهم وبالتالي تطوير وتحسين المنظمة

2- الرقابة السلبية Negative Control:

وتعمل هذه الرقابة على البحث عن الأخطاء والانحرافات والعمل على منع حدوثها مع التركيز على معاقبة مرتكبي هذه الأخطاء والانحرافات، وبمعنى آخر تعمل على تَصيُّد الأخطاء والانحرافات، لهذا تسمى بالرقابة البوليسية؛ ففي غالبية المنظمات الإدارية في الدول النامية تأخذ بالرقابة السلبية، وتتعمد تجاهل الرقابة الإيجابية.

رابعاً- أنواع الرقابة حسب التخصص:

وتشمل الرقابة هنا غالبية عناصر العملية الإدارية بالمنظمة (تخطيط وتنظيم وقيادة وتوجيه شؤون الأفراد) فتشمل النواحي الإدارية والتنظيمية ووسائل وطرق العمل المستخدمة والقوانين واللوائح وشؤون الأفراد والمشكلات التي تكون عائقاً أمام سير العمل وتحقيق الأهداف.

ومن أنواع الرقابة حسب التخصص (النشاطات) ما يلي:

أ- الرقابة على الهيكل التنظيمي Organization – Structure Control:

يرى علماء التنظيم والإدارة أن هناك فوائد عديدة تعود على المنظمات نتيجة لاهتمامها بالتطور المثالي الذي ينبغي أن يكون عليه التنظيم، إن مثل هذا الاهتمام، يوضح الجوانب التي يرغب المديرون في تحقيقها في أسرع وقت ممكن، وبذلك تصبح صور التنظيم المتوقعة مرشداً أو دليلاً عند إجراء التغيير الذي يحقق التنظيم الأمثل المنشود. ولعل هذا يوضح لنا الاهتمام الكبير الذي ينبغي أن يوليه المديرون لتخطيط الهيكل التنظيمي النهائي الذي يعتبر في نفس الوقت أداة رقابية مهمة عند إجراء أية تعديلات في التنظيم.

ويمكن للمديرين عن طريق عقد المقارنة بين الهيكل التنظيمي الحالي، والهيكل التنظيمي المثالي، أن يتعرفوا على المزايا التي قد تتحقق بسرعة فائقة.

وهناك جانب آخر ينبغي أن يؤخذ في الحسبان، وهو أن مديري الإدارات والأقسام غالباً ما يتقدمون باقتراحاتهم لتعديلات في هياكل أقسامهم، وتكون نظرتهم الحقيقية من وراء هذه التعديلات ذات ميول شخصية، الأمر الذي يجعل من هيكل التنظيم المثالي أداة مهمة للرقابة في يد الرؤساء الأعلى، حيث يتخذون قرارهم بالموافقة على هذه التعديلات أم عدم الموافقة عليها في ضوء التنظيم المثالي، وبذلك توفر أيضاً على هؤلاء الرؤساء جهدهم الذي كانوا سيبذلونه في إعادة التفكير عندما يتقدم كل رئيس قسم أو إدارة باقتراحه فيما يتعلق بإعادة التنظيم.

ب- الرقابة على السياسات:

السياسات هي الإطار العام الذي تعمل في نطاقه الإدارة، إذ أنها تُعبّر عن اتجاهات الإدارة لما ينبغي أن يكون عليه سلوك الأفراد وأعمالهم، ومن أجل ذلك تعتبر السياسات المرشد لاتخاذ القرارات في المنظمات.

ويتعين أن تتضمن الرقابة على السياسات، تقرير ما إذا كانت السياسات المتعددة والتي تتعدد بقدر تعدد المستويات الموجودة في الهيكل الإداري تقرير ما إذا كانت هذه السياسات في صالح المنظمة أم لا، ومدى تطبيق هذه السياسات فعلاً.

ويمكن تحقيق الرقابة على السياسة بوسائل متعددة منها:

- التأكد من أن المديرين الذين سيطبقونها قد قاموا بدور مهم في تكوينها، لأن المشاركة أو الإسهام في تكوين السياسات من قبل المديرين، يولد عندهم المسؤولية في تحقيق نجاها.
- ينبغي أن تكون السياسة معلنة، وذلك لأن إعلانها يمكن من التعرف على مختلف جوانبها، وبذلك يمكن مراقبة حسن تنفيذها.

جـ- الرقابة على الإجراءات:

الإجراءات هي الوسيلة التي عن طريقها تتم الأعمال المتكررة في دوائر الأعمال، فهي التي تحـدد من، وكيف، ومتى يقوم الأفراد بالعمل؟

فالإجراءات هي انعكاس للسياسة Reflection of Policy وهـي غالباً مـا تكون أسـاس الملاحظـة في حالة ما إذا كان هناك نقص في السياسات القائمة.

ولعل من الأهمية بمكان أن نوضح أن الإدارة العلمية منذ نشأتها قـد اعترفت بأهميـة الإجراءات، غير أنها حذرت من المغالاة في نظم الإجراءات بحيث تصبح أداة من أدوات التعقيد.

فهنري فايول حذر قائلاً: "أنه ينبغي على الإدارة أن تحارب ضد كثرة التعليمات، والـروتين، وكثـرة المنشورات التي تستهدف الرقابة".

ويتطلب القيام بمقتضيات الرقابة على الإجراءات، توافر الشرطين الآتيين:

الشرط الأول: ينبغي على المديرين والرؤساء في أي منظمة أن يكون لديهم العزم والتصميم على أن تسير أعمال هذه المنظمة وفقاً للأساليب الإجرائية المقررة، ويتطلب ذلك أن يستخدموا سـلطاتهم في إلـزام مرؤوسيهم باتباعها.

الشرط الثاني: ينبغي توافر مواصفات معينة في أولئك الـذين يوكل إليـهم مهمـة وضع وصياغة الإجراءات.

ومما لا شك فيه أن إعداد كتيبات للإجراءات Procedure Manuals، تتضمن شرحاً وافياً للإجـراءات الرسمية المتبعة في المنظمة، يعتبر من أفضل الأساليب التي تصلح لممارسة الرقابة الفعّالة، حيث يمكن دائماً الرجوع إليها في حالة اختلاف وجهات النظر، أو حدوث نوع من أنـواع المنازعـات التي تتعلـق بالأسـاليب الإجرائية. وهذا لا يتعارض إطلاقاً مـع مراجعـة الإجراءات بصفة دوريـة للتأكد مـن ملاءمتها ومسايرتها للأوضاع، وتطورها إن اقتضت الظروف ذلك.

د- الرقابة على الأفراد:

يتعلق موضوع الرقابة على الأفراد تنفيذ السياسات والاتفاقات التي ترتبط بها المنظمة قبل موظفيها.

وتتضمن هذه السياسات نوع الأفراد الذي تنوي المنظمة استقطابهم وتعيينهم، وكذلك حفزهم على العمل، والروح التي ينبغي أن تسود الاتفاقات التي تعقد. وتستهدف وسائل الرقابة منع ما قد يحدث من انحرافات عن السياسات الموضوعة، واتخاذ كافة الإجراءات لتصحيح هذه الانحرافات.

فالرقابة على الأجور التي تُدفع للأفراد العاملين حققت نجاحاً ملحوظاً، ذلك لأن مقاييس الرقابة بالنسبة للأجور تكون واضحة ومعروفة وقابلة للقياس. غير أن الأمر يختلف إذا كانت الحوافز غير مالية، فإن الاعتراف بالمركز الاجتماعي والترقية شيء، ووضع سياسات تضمن تنفيذ هذه العوامل شيء آخر.

مصطلحات الفصل السادس

Steering Control	الرقابة المستمرة (الموجهة)
Step –by- Step Control	الرقابة المرحلية
Post Execution Control	الرقابة بعد التنفيذ
Positive Control	الرقابة الإيجابية
Negative Control	الرقابة السلبية
Administrative Control	الرقابة على الأعمال الإدارية
Control of Policies	الرقابة على السياسات
Control of Procedures	الرقابة على الإجراءات
Reflection of Policies	انعكاس السياسات
Procedures Manual	كتيب الإجراءات

أسئلة الفصل السادس

س1- للرقابة الإدارية أنواع عديدة منها الرقابة المستمرة Steering Control اشرح ذلك بالتفصيل مبيناً أهداف هذه الرقابة؟

س2- الرقابة من حيث مصدرها نوعان هما الرقابة الداخلية والرقابة الخارجية، اشرح كل منهما بالتفصيل مبيناً أجهزة الرقابة الداخلية؟

س3- يتفرع من الرقابة الخارجية أنواع عديدة أهمها الرقابة القضائية اشرح ذلك؟

س4- ماذا نعني بالرقابة المالية؟

الفصل السابع
نظم المعلومات في
الرقابة الإدارية

أهداف الفصل

بعد دراسة هذا الفصل بإذن اللـه يتوقع من الدارس أن يكون قادراً على ما يلي:

1- معرفة مفهوم نظم المعلومات الإدارية.

2- معرفة عناصر نظم المعلومات الإدارية.

3- إدراك أهمية نظام المعلومات الإدارية.

4- معرفة فوائد نظم المعلومات الإدارية.

5- معرفة خصائص نظم المعلومات الإدارية.

6- معرفة أبعاد نظم المعلومات الإدارية والرقابة.

7- فهم قواعد نظم المعلومات الإدارية في الرقابة الإدارية.

8- معرفة استخدام نظم المعلومات الإدارية في الرقابة الإدارية بفاعلية.

9- معرفة متطلبات نجاح نظم المعلومات الإدارية في الرقابة الإدارية.

10- معرفة بعض المفاهيم والمصطلحات.

الفصل السابع
نظم المعلومات في الرقابة الإدارية

مقدمة:

يعتقد البعض أن كفاءة المديرين تتوقف على مقدار الذكاء الشخصي- الذي يتمتعون به، أي أن المدير الذي يمتلك قدراً كبيراً من الذكاء سيكون ناجحاً على الأغلب والعكس صحيح، حيث يتفاوت الأفراد في امتلاك هذا الذكاء عند التثبت من صحة هذه الفكرة حيث يمكن طرح التساؤل التالي:

هل بإمكان أي مدير أن يقرر بحكمة ونجاح فيما إذا كان إضافة خط إنتاجي جديد يحقق عائدات معينة للمنظمة وهو لا يملك التصور الكافي عن حالة المنافسة السائدة في السوق.. أو التغييرات التنظيمية المطلوبة... أو رأس المال المطلوب؟

وحتى في امتلاكه هذا التصور هل بإمكانه النجاح في تنفيذ الخطة المطلوبة إذا لم يتمكن من إيصال أفكار إلى المستويات الإدارية الأدنى أو إلى الجهات الأخرى خارج المنظمة؟ وفي اعتقادنا فإن الإجابة في هاتين الحالتين وفي جميع الحالات تكون بالنفي انطلاقاً من وحي المثل المعروف "المعرفة قوة" فإن الإدارات في ظل ظروف العمل الحالية في عصرنا الذي يتسم بالتعقيد بحاجة إلى المعلومات والتي تمثل القوة في العمل. وأن امتلاك المعلومات لا يتأتى إلا من خلال القيام بإدارة المعلومات، وبعبارة أخرى فإن العقل الإداري حتى يضمن توفير المعلومات التي تحتاجها بصورة مستمرة ومنتظمة تبرز أهمية إدارة هذه المعلومات وأن إدارة المعلومات هي المصدر الرئيس لحلول الكثير من المشكلات التي تعاني منها المنظمات.

إن أهمية نظام المعلومات الإدارية لا يقتصر على المنظمات فقط وإنما تتعداها إلى المجتمعات وإلى الشعوب والدول. ومن هنا نرى أن نظم المعلومات هي الداعم الأساس للرقابة الإدارية حيث أن أي رقابة سواءً إدارية أو مالية أو

غيرها لن تؤتي ثمارها إن لم يكن هناك نظم معلومات تستخدم لأغراض الرقابة، وفي هذا الفصل سوف نقوم بالتعرف على نظم المعلومات وأثرها في الرقابة الإدارية.

مفهوم نظام المعلومات الإدارية:

اختلف الكتاب والمتخصصون في تحديد مفهوم (ماهية) نظام المعلومات الإدارية، وبهذا الصدد يمكن أن نبرز اتجاهين أساسيين وصولاً إلى المفهوم الشامل:

الأول: يركز على الجانب المادي كأحد المقومات أو الخصائص المميزة له، ومن الأمثلة على التعريفات التي تدخل ضمن هذا الاتجاه نذكر التعريفين التاليين:

تعريف الكاتب (لوكس Lucas): نظام المعلومات عبارة عن مجموعة من الإجراءات والبرامج والآلات. والتركيبات وعلم المناهج الضرورية لمعالجة البيانات التي تعد ضرورية لإدارة المنظمة – واسترجاعها.[1]

تعريف الكاتبات (مردوك، روز Murdick, Ross): نظام المعلومات عبارة عن مجموعة من البشر والتجهيزات والإجراءات والوثائق والاتصالات التي تجمع وتلخص وتعالج وتخزن البيانات لاستخدامها في التخطيط والموازنة والحسابات والسيطرة والعمليات الإدارية الأخرى.[2]

حيث يلاحظ تركيز هذا الاتجاه على الجانب التصميمي (المادي) بشكل أساسي بسبب تحديده لنظام المعلومات الإدارية من خلال تركيبه وخصائص التصميم وهو اتجاه مقيد مثله مثل تعريف الطائرة النفاثة على أنها عربة ذات

[1] Henry C. Lucas, "Performance & Use of an Information system", (Management Science, Vol. 21, No. 8., April, 1975), pp. 909-912.

[2] Robert G. Murdick & Joel E. Ross, Op. Cit., PP. 7-8.

أجنحة ومحرك نفاث الأمر الذي يعني أن جميع العربات الأخرى بدون هذه الخصائص لا تعتبر طائرات بغض النظر عما إذا كانت هذه العربات تطير أم لا.

أما الاتجاه الثاني فإنه يركز على الوظائف الأساسية للنظام والأهداف التي يسعى إلى تحقيقها ويميزه من خلال ذلك ومن الأمثلة على تعريفات هذا الاتجاه نذكر:

تعريف (كروسمان Grossman): نظام المعلومات الذي يزود الإدارة بالمعلومات التي تحتاجها في إدارة نشاطات المنظمة.[1]

أما تعريف (كنيفان Kennevan): نظام المعلومات عبارة عن أسلوب منظم لجمع المعلومات عن الماضي والحاضر ومعلومات تساعد في التنبؤ بالمستقبل والخاصة بعمليات المنظمة الداخلية والبيئة الخارجية لأجل مساعدة الإدارة في اتخاذ القرارات الخاصة بالتخطيط والرقابة والعمليات الأخرى.[2]

من خلال التعريفين أعلاه يتضح لنا أن هذا الاتجاه يركز بالدرجة الأساس على وظائف وهدف النظام والمتمثل بتوفير المعلومات للإدارة التي يجب عليها القيام بالاستفادة من هذه المعلومات واستخدام النظام، وعليه فإن نظام المعلومات الإدارية لا يعد كذلك إلا إذا قامت هذه الإدارة باستخدامه والاستفادة من مخرجاته، وهذا الاتجاه كسابقه اتجاه مقيد أيضاً انطلاقاً من تعريف الفكر الخلاق الذي يقرر بأن الإبداع هو الفكر بحد ذاته عندما يتمكن الإنسان المفكر أن يميز بين سلوكه وسلوك المفكرين الآخرين، فالمديرون في المنظمات المختلفة هم المحك لاختبار نظام المعلومات الإدارية تماماً مثلما يكون المفكر المحك لاختبار الإبداع، وبتعبير آخر فإن تعريف نظام المعلومات الإدارية من وجهة نظر أصحاب هذا الاتجاه هو

---

(1) Gerome H. Grossman, "Management Information Systems In Medicine", (Sloan Management Review, Vol 13, No. 2, Winter 1971), PP. 1-7.

(2) Irvine Forkner & Raymod Meleod, "Computerized Business Systems: An Introduction to Data Processing", (London: John Willey & Sons, Inc., 1973), p. 368.

بالأساس موضوع تجريبي يخضع للاختبار ويمكن ملاحظته والتحقق منه من خلال قياس التفاعل الموجود بين المدراء وبين نظام المعلومات الإدارية، وتبعاً لذلك فإن نظام المعلومات الإدارية الذي يستخدمه المديرون يعد نظاماً للمعلومات والذي لا يستخدم لا يعتبر كذلك بغض النظر عن طبيعة تصميم هذا النظام ودرجة تعقيد هذا التصميم أو طبيعة المستلزمات والتسهيلات المستخدمة في تشغيله.

ومن وجهة نظرنا -وكاتجاه ثالث- فإنه يمكن تعريف نظام المعلومات الإدارية على النحو الآتي:

عبارة عن التكوين الهيكلي المتكامل والمتفاعل من الآلات والمعدات؛ البرامج، القواعد، القوى العاملة والذي يكفل تحصيل ومعالجة البيانات لأجل توفير المعلومات الضرورية (توصيلها إلى المستفيدين؛ تخزينها، تحديثها، استرجاعها) بالوقت المناسب والتكلفة والكمية المناسبتين عن البيئة الداخلية للمنظمة والبيئة الخارجية المحيطة بها وفيما يخص أداءها في الماضي والحاضر والتنبؤات المحتملة في المستقبل وبالشكل الذي يوفر الخدمة لجميع المستويات الإدارية في اتخاذ القرارات من خلال إنجاز الوظائف الإدارية وبما يحقق أفضل استخدام ممكن لهذه المعلومات.

نستنتج من التعريف أعلاه أن مفهوم نظام المعلومات الإدارية يتجسد في الآتي:

هيكل متكامل يضم عناصر النظام الأساسية وهي المدخلات، العمليات، المخرجات والتغذية العكسية.

المستلزمات الضرورية لإدارة وتشغيل النظام وهي الآلات، القوى العاملة، البرامج والنظم.

البيانات التي يتم تغذية النظام بها يتم تجميعها عن البيئة الداخلية (نشاطات المنظمة) وعن البيئة الخارجية (الاعتبارات السياسية، الاقتصادية، الاجتماعية، الثقافية...الخ).

الهدف الأساسي للنظام هو توفير المعلومات الضرورية التي تحتاجها الإدارات المختلفة في اتخاذ القرارات عند إنجازها لوظائف التخطيط والتنظيم والتوجيه والرقابة بالوقت المناسب والتكلفة والكمية المناسبتين.

المعيار الأساسي لتقرير فاعلية النظام هو مدى انتفاع المدراء (المستفيدون) من المعلومات التي يوفرها النظام.

أن تعكس هذه المعلومات أحداث الماضي وصورة الحاضر وتوقعات المستقبل لنشاطات المنظمة.

والشكل رقم (7/1) يوضح النموذج الأساسي العام للنظام:

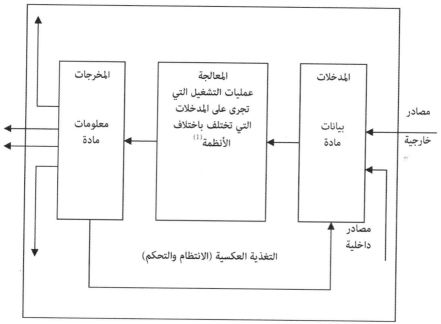

شكل رقم (7/1)
النموذج الأساسي العام للنظام

---

(1) مثال ذلك أن نظام السيارة تتمثل عمليات التشغيل بالاحتراق الداخلي وفي نظام الراديو بعمليات تحويل الذبذبات الموجبة إلى ذبذبات صوتية وفي النظام البشري بعمليات الهضم والتمثيل الغذائي ...الخ.

عناصر نظام المعلومات الإدارية:

يمكن دراسة نظام المعلومات الإدارية وأية أنظمة ثانوية متفرعة عنه اعتماداً على مفهوم النظام السالف الذكر. فالنموذج الأساسي العام للنظام والمتكون من عناصر المدخلات، العمليات، المخرجات، التغذية العكسية يعتبر الأساس الذي يقوم عليه نظام المعلومات الإدارية، حيث تتمثل المدخلات بسلسلة البيانات التي تنساب في قنوات الاتصال المختلفة من المصادر الداخلية عن كافة أقسام ونشاطات المنظمة، والمصادر الخارجية عن البيئة المحيطة (السوق، المنافسين، الجهات الحكومية...الخ) لتغذية النظام بما تستجد من بيانات وما يطرأ على الموقف من تغيير، الأمر الذي يحتم أن تكون هذه البيانات على شكل معين مستمر التدفق لضمان تجديد محتويات النظام من المعلومات باستمرار، وبما ينسجم مع احتياجات المستفيدين المتجددة والمتغيرة باستمرار.

ويقصد بالبيانات المادة الخام (التي تستخدم لتوليد المعلومات والتي هي عبارة عن حقائق وأصاف تصف أحداث أو وقائع معينة، إلا أنها بحد ذاتها لا تعطي الدلالة الكافية أو المؤشر الكافي الذي في ضوئه يمكن لمتخذ القرار من اتخاذ القرار بشأن الموقف أو الحالة موضوع القرار.

إن المادة الخام أعلاه قد لا تكون ملائمة للاستخدام المباشر من قبل الإدارات المختلفة في اتخاذ القرارات، وقد يرجع السبب في ذلك إلى واحدة أو جملة الأمور التالية:

ليست لها دلالة واضحة ولا تعطي المؤشر الكافي الذي في ضوئه يتم اتخاذ القرار.

غير ملائمة أو ليست لها علاقة بالغرض موضوع القرار.

غير منظمة ومرتبة في صيغة منطقية.

فائضة عن الحاجة ولا تضيف إلى معرفة الإداري شيئاً بخصوص الموضوع.

متعارضة ومتناقضة الأمر الذي يقتضي إزالة التعارض.

تأسيساً على ما سبق يكون مطلوباً القيام بتحويل هذه البيانات (المادة الخام) إلى الصيغة الملائمة (المعلومات) عن طريق عمليات المعالجة "Process" التي تعني إجراء بعض أو كل العمليات المدرجة أدناه:

1- تجميع البيانات Collection:

القيام بتجميع البيانات من مصادرها الأولية أو الثانوية ويشترط الابتعاد عن العشوائية والارتجال عند إنجاز هذه الخطوة، وبتعبير آخر يفترض عدم القيام بتجميع البيانات كيفما اتفق ومن أي مصدر كان ودائماً يجب أن يكون التجميع في ظل الإجابة على الأسئلة التالية:

ما أنواع البيانات التي يفترض الحصول عليها.

ما المصادر الأولية والثانوية التي تتوافر فيها هذه البيانات.

ما أفضل أسلوب يمكن استخدامه في التجميع (الاستقراء، إجراء المقابلات، إعداد الاستمارات، إجراء البحوث).

ما الهدف من تجميع البيانات.

2- التصفية Filtration:

استبعاد وعزل مفردات البيانات غير المفيدة أو غير ذات العلاقة بالحالة أو الموقف المطلوب اتخاذ القرار بصدده والاقتصار على ما هو ضروري ومفيد فقط، وتبرز الحاجة إلى التصفية لتحقيق الأهداف التالية:

استبعاد البيانات الفائضة عن الحاجة.

عزل مفردات البيانات غير ذات العلاقة.

استبعاد البيانات الشاذة والدخيلة.

استبعاد البيانات المتقادمة (الميتة).

تشذيب المبالغة والغموض.

إزالة التعارض بين البيانات.

ضمان شمولية المخرجات النهائية ذات العلاقة بالمواقف موضوع القرار.

3- الضغط Compression & Condensation:

وتأتي هذه الخطوة استكمالاً للخطوة السابقة وتعني القيام بضغط البيانات وتكثيفها بهدف إيجازها واختصارها تماماً كما يتم ضغط وتكثيف الأشعة عند تمريرها من خلال العدسات اللامة، ويكمن الهدف الأساسي لهذه الخطوة بضيق وقت الإدارة وخاصة الإدارة العليا بالشكل الذي يمنعها من الاطلاع على التفاصيل الكثيرة والاكتفاء بالحاجة إلى جوهر الموقف بعد الإيجاز والاختصار.

4- الفهرسة Coding:

إن مفردات البيانات بعد إجراء كل الخطوات السابقة قد تكون غير منظمة ومتغايرة الخواص الأمر الذي يقتضي القيام بتصنيفها وترتيبها تماماً مثلما توضع الورود في باقات جميلة ومنسقة تبعاً لتناسق تشكيلة الألوان والأنواع والعطر...الخ. وتقتضي هذه العملية القيام بخطوتين ثانويتين هما:

التصنيف أي تحديد نوع مفردة البيانات وفقاً لاعتبارات معينة مثال ذلك تصنيف البيانات الخاصة بالطلبة إلى نوعين حسب الجنس (ذكوراً وإناثاً) أو حسب المحافظات أو حسب الأقسام...الخ.

الترتيب يعني إعطاء رموز معينة للبيانات المصنفة لأجل ترتيبها وتنسيقها في تشكيلات معينة مثال ذلك إعطاء الرمز (1) للذكور، والرمز (2) للإناث.

5- إعداد التقارير:

بعد استكمال الخطوات أعلاه تتحول البيانات إلى معلومات ويتم عرض هذه المعلومات في صيغة تقارير تأخذ أشكالاً مختلفة جداول ومخططات ورسوماً وخرائط حيث يتم توصيل نسخ من هذه التقارير مباشرة إلى المستفيدين حسب احتياجاتهم.

6- التخزين Storage:

عند إعداد التقارير الخاصة بعرض المعلومات يؤخذ بنظر الاعتبار احتمالات الاستفادة من هذه المعلومات في مرات عديدة لاحقة إذ ليس من المنطقي بذل كل المجهودات الواردة في أعلاه في سبيل تحويل البيانات إلى معلومات ومن ثم إتلاف هذه المعلومات بعد استخدامها لمرة واحدة فقط، عليه تظهر الحاجة إلى خزن نسخ من التقارير التي تضم المعلومات المؤيدة في ملفات معينة يطلق عليها قاعدة المعلومات، وقد يستمر الخزن لفترات طويلة تمتد إلى عشرات السنين أو أكثر كما هو الحال بالنسبة للوثائق التاريخية والمستندات المهمة.

7- التحديث Update:

إن محتويات الملفات من المعلومات لا تبقى ثابتة ومستقرة بمرور الزمن وإنما تخضع للتغيير تبعاً للتغيرات الحاصلة في النشاطات التي تولد البيانات التي تشتق منها هذه المعلومات وما هو يطلق عليه بالتحديث أو التجديد، ويتم هذا التغيير من خلال إضافة معلومات جديدة لم تكون موجودة سابقاً في قاعدة المعلومات، مثال ذلك إضافة المعلومات الخاصة بالطلبة الجدد الملتحقين بالكلية أو إجراء تعديلات في المعلومات الحالية من خلال تغيير المعلومات الخاصة بالمرحلة الدراسية أو التخصص في حالة نجاح الطلبة من مرحلة إلى أخرى أو تغيير أو حذف معلومات كانت موجودة كما هو بالنسبة للطالب الذي ينتقل من كلية الإدارة في جامعة الموصل إلى جامعة بغداد.

8- الاسترجاع Retreval:

انطلاقاً من مبررات تخزين المعلومات فإن هذه المعلومات يتم الاستفادة منها لاحقاً حينما تظهر الحاجة لها من قبل المستفيدين وذلك من خلال استرجاعها وفق أساليب معينة يتم اعتمادها عند القيام بتصميم النظام المناسب للاسترجاع.

ومما هو جدير بالذكر أن هذه الخطوات تتم كسلسلة متداخلة من عملية متكاملة بالشكل الذي يمكن معه في النهاية استقراء تلك الملفات واسترجاع المعلومات المطلوبة والمختزنة فيها بالكفاءة والفاعلية المطلوبة.

وتتمثل المخرجات في نظام المعلومات بالمعلومات... والمعلومات فقط، ويقصد بالمعلومات البيانات التي تمت معالجتها (بعد أن أجريت عليها الخطوات السابقة، التخليص، الفهرسة والتحديث في حالة خزنها) بحيث أصبحت لها دلالة معينة، أي أن هناك رابطة بين مضامينها والتي من خلالها يمكن استخلاص معنى معين يكون له وقع يساعد متخذ القرار على استجلاء الأمور عند مواجهته وتقييمه للموقف. وبتعبير آخر المعلومات هي عبارة عن بيانات منتقاة في ضوء عدة عوامل منها: ظروف المشكلة والموقف، حاجة المستفيد (متخذ القرار)، الوقت، المكان، طبيعة النشاط...الخ.

مما سبق يتضح لنا أن هناك اختلافاً جوهرياً بين البيانات والمعلومات ويمكن وصف هذا الاختلاف من خلال كلمة واحدة فقط هي أن المعلومات مفيدة ويمكن توضيح هذا الاختلاف من خلال مثال الذهب الخام المستخرج من المنجم الذي يقابل البيانات على اعتبار تعذر الاستفادة من هذا الذهب الخام وهو في هذه الحالة الأمر الذي يقتضي إجراء عمليات المعالجة من صهر وتنقية الشوائب، الصقل، إضافة المواد الكيمياوية ...الخ للحصول على الذهب النقي وفق المعايير المعروفة والذي يقابل المعلومات حيث يمكن صياغة الذهب النقي في شكل سبائك أو حلي (قلادة، خاتم ...الخ) تبعاً لحاجات ورغبات المستفيدين (المقتنين لهذه الحلي) بنفس الأسلوب الذي يتم فيه صياغة المعلومات في تقارير وجداول تبعاً لاحتياجات المستفيدين

(متخذي القرارات) وباتجاه مزيد من التوضيح للفرق بين البيانات والمعلومات نورد مثالاً آخر عن المنشآت الصناعية. فلو أخذنا أرقاماً معينة تتحدث عن الربحية أو السيولة أو المخزون السلعي في أية منشأة فإن هذه البيانات بحد ذاتها عاجزة عن توفير الصورة التي تساعد على اتخاذ قرار بخصوص الموقف أو تقييم هذا الموقف فإذا ذكرنا بأن رقم المخزون السلعي في المنشأة وصل إلى (100 ألف دينار) في نهاية العام فإن هذا الرقم في حد ذاته لا دلالة له ولا يمكن الاعتماد عليه في الحكم على ما إذا كان هذا المخزون السلعي أعلى مما يجب أو أقل مما يجب أو أن هناك موقفاً يحتاج إلى اتخاذ قرار معين أو تحرك من قبل جهة معينة، أي أن هذا الرقم لا يمثل شيئاً لأنه غير مفيد وهو في هذه الصيغة، الأمر الذي يحتم إجراء عمليات المعالجة السالفة الذكر لأجل إكسابها الفائدة المطلوبة.

أهمية نظم المعلومات الإدارية:

تمثل نظم المعلومات العمود الفقري للعمل الإداري في كافة المنظمات سواءً كانت عامة أم خاصة صغيرة أم كبيرة وبدونها لا تستقيم أعمال تلك المنظمات، وكما أسلفنا في تعريف مفهوم نظم المعلومات فإن نظم المعلومات الإدارية الذي تستخدمه المنظمات يعد نظاماً للمعلومات والذي لا يستخدم تلك المعلومات لا يستطيع تحقيق النتائج المرجوة.

إن الحصول على معلومات دقيقة وصحيحة وسليمة ومنتظمة من نظم المعلومات يساعد المنظمات في تحقيق أهدافها وذلك في الوقت المناسب وهي الوسيلة التي تعمل على توفير البيانات وتحليلها وتخزينها وتوصيلها إلى الإدارة المعنية وبدونها يصعب وجود رقابة إدارية فعّالة وسليمة.

إن أهمية نظم المعلومات الإدارية تبرز بوضوح في تحقيق العديد من المنافع والتي يمكن إبرازها من خلال ما يلي: [1]

---

[1] ياغي، محمد عبد الفتاح، الرقابة في الإدارة العامة، مرجع سابق، ص180.

1- ضمان توافر واستمرارية المعلومات بالشكل المناسب وبالوقت المناسب.
2- توفير قاعدة معرفية واسعة لمعالجة المشكلات التي تعاني منها المنظمات والعمل على تصحيحها.
3- رفع درجة ومستوى فاعلية وكفاءة المنظمات.
4- توفير البدائل المناسبة في تصحيح الانحرافات التي قد تحصل.

ويقول ياغي [1] إن إعادة استخدام المعلومات مرات عديدة لا يفقدها قيمتها بل تكتسب قيمة كلما ثبت نجاحها وهذه الخاصية التي تعطي للمعلومات قوتها وأساسيتها عن غيرها من الموارد الموجودة بالمنظمات.

فوائد نظم المعلومات لعملية الرقابة:

تقدم نظم المعلومات مجموعة من الفوائد التي تساعد في تنفيذ وظيفة الرقابة الإدارية زمن أبرز هذه الفوائد:

1. تساعد على تحديد أهداف العمل.
2. تركز على المعلومات ودقة وحداثة المعلومات إضافة إدارة المعلومات.
3. توضح الالتزامات الإدارية.
4. تحدد الموارد المالية والبشرية.
5. تحدد كفايات التطور المهني.
6. تحدد مواصفات الخدمات المقدمة.
7. تحدد متطلبات التغيير.
8. تبرز القيمة الاستراتيجية للمؤسسة أو الشركة.

---

[1] ياغي، محمد عبد الفتاح، الرقابة في الإدارة العامة، مرجع سابق، ص180.

الخصائص النوعية لنظم المعلومات:

إن الهدف من نظم المعلومات هـو تـوفير قاعـدة معرفية واسـعة بالإضافة للخيارات المتعددة لمتخذي القرارات في المنظمات وبالتالي رفع مستوى فعالية وكفاءة عملية الرقابة لارتباطها الوثيق بمدى دقة وسلامة والمعلومات أولاً وسلامة نظام المعلومات الإدارية ثانياً، وهـذا يحتم علـى أنظمة المعلومات الإدارية توخي النوعية عند معالجة المدخلات بقدر الإمكان. ومـن هنا تأتي أهمية النوعية في البيانات لإخراج نوعية معلومات تمتاز بخصائص نوعية، ويقول ياغي [1] أنه يجب تـوفر عـدة خصائص نوعية في المعلومات وهي:

1- **مناسبة:** أي تكون مناسبة وذات صلة وثيقة ومقيدة في عملية الرقابة الإدارية.

2- **ذات توقيت مناسب:** إن أهمية المعلومات النوعية تكمن استخدامها بالوقت المناسب.

3- **الدقة:** وتعني الدقة تقليل هامش الخطأ إلى أكبر قدر ممكن.

4- **قابلية التثبت:** وتعني إمكانية مقارنتها مع معلومات نوعية أخرى تم التأكد منها ومطابقتها بها.

5- **الشمول:** وتعني الشمولية أن تغطي كافة مراحل وإجراءات الرقابة من الخطوة الأولى وحتى المتابعة.

6- **عدم التجهـز:** أي تكـون المعلومـة حقيقيـة وبغـض النظـر عمـن يسـتخدمها والغـرض الـذي يستخدمها له.

أبعاد نظم المعلومات والرقابة الإدارية:

نظم المعلومات تتضمن معلومات عن أشخاص محددين، أماكن، وأشياء ذات ارتباط بالمؤسسة أو البيئة المحيطة بها، وعندما نقول معلومات فإننا بالتأكيد نعني

---

[1] ياغي، محمد عبد الفتاح، الرقابة في الإدارة العامة، مرجع سابق، ص181.

بيانات ذات قيمة وفائدة وهذه البيانات تزودنا بحقائق ووقائع ذات معنى وقابلة للفهم والاستخدام، وتقدم نظم المعلومات ثلاث وظائف أو أنشطة تساعد في اتخاذ القرارات. فهي تعني **بالمدخلات – العمليات – المخرجات**. هذا وتتطلب نظم المعلومات التغذية الراجعة والتي تعتبر جزءاً هاماً ضمن المخرجات ويتم تزويد أعضاء محددين في المؤسسة أو الشركة بهذه التغذية الراجعة لتساعدهم في تقييم الأوضاع وتصويبها في مرحلة المدخلات، وعليه ومما سبق تتضح لنا العلاقة ما بين نظم المعلومات والرقابة الإدارية إذ لا بد من توفر مكونات نظم المعلومات ليتسنى تنفيذ وإتمام وظيفة الرقابة. هذا وتكون وظيفة الرقابة محاذية لأنشطة نظم المعلومات أي يسيران جنباً إلى جنب بخط متوازٍ، ولتوضيح ذلك لا بد لنا من التعرف على أبعاد نظم المعلومات وعلاقتها بالرقابة الإدارية.

تحتوي نظم المعلومات ثلاثة أبعاد رئيسة: **المؤسسة – الإدارة – تكنولوجيا المعلومات.**

1- المؤسسة أو المنظمة:

تعتبر نظم المعلومات مكون وجزء رئيسي في هيكل ونظام المؤسسة، إذ أنها تتضمن كافة المعلومات الأساسية لعناصر المؤسسة (الموارد البشرية – الهيكل التنظيمي – سياسات المؤسسة – رؤيا المؤسسة – آلية العمل...الخ) وكافة هذه المعلومات لا بد من أن تخضع لمفهوم الرقابة لضمان استدامة الشركة واستمرارية الإنتاجية فإذا لم تتوفر أي نظم معلوماتية فإن وظيفة الرقابة تصبح معقدة أو عشوائية أو بدون جدوى إذ أنها لا تستند على أساس واضح من المعلومات لتعمل على تفعيل أدواتها التقييمية والرقابية لقياس وتقييم معايير تحقيق الجودة ولتقييم مدى فعالية إنتاجية هذه المؤسسة. وكما هو معروف فإن كل مؤسسة أو شركة تنتهج استراتيجية عمل تختلف عن نظرائها أضف إلى اختلاف ثقافة وطبيعة الشركة عن نظرائها وبالتالي فإن الموارد البشرية تتنوع وفق تخصصات معينة

تلبي احتياجات هذا الشركة أو المؤسسة، وعليه فإن نظم المعلومات الخاصة بالشركة (س) تختلف عنها في المؤسسة (ص) وبالتالي فإن الأسس الرقابية والأدوات المستخدمة ستختلف عن غيرها من الشركات.

2- الإدارة:

تعتبر الأبعاد الإدارية للمؤسسة أو الشركة واضحة نوعاً ما من خلال القرارات المتخذة وخطط العمل والقدرة على حل المشكلات التي تواجهها الشركة. كثيراً ما يواجه المديرون تحديات في العمل وفي بيئة العمل ويقومون بوضع استراتيجية لمواجهة هذه التحديات كما ويعملون على توظيف الموارد المالية والبشرية لتنظيم العمل وتحقيق النجاح وهذا يتطلب منهم مهارات قيادية. ولا يقتصر دور المديرين على هذه الأمور إذ يطلب منهم تحسين وتطوير نوعية الخدمات المقدمة وهذا يتطلب متابعة أداء العمل وتقييم نوعية الخدمات المقدمة وهذا يتطلب تنوع في المهام الإدارية للمدير وتنوع في اتخاذ القرارات وكلاهما يعتمد على نظم المعلومات ومدى دقتها أضف إلى ذلك دور العملية الرقابية منذ البداية وحتى النهاية. وإذا لم تتم وظيفة الرقابة منذ البداية استناداً على المعلومات والبيانات للمدخلات والتأكد من مدى صحتها فإن احتمالات النجاح تكون ضعيفة والمخرجات تكون ذات جودة قليلة أضف إلى ذلك أن أي تحديات أو معيقات قد تظهر في مرحلة ما متأخرة ستعيق العمل وسيصعب التغلب عليها.

3- تكنولوجيا المعلومات:

تعتبر تكنولوجيا المعلومات أحد الأدوات الإدارية التي يستخدمها المديرون للتعامل مع التغيير. وتنقسم تكنولوجيا المعلومات إلى أربعة أنواع:

الأجهزة: وهي المعدات الحاسوبية المستخدمة لأنشطة المدخلات والعمليات والمخرجات في نظم المعلومات وهي تتكون من وحدة المعالجة – الذاكرة ...الخ.

البـرامج: وهي البرمجيـات والعمليـات المسـتخدمة في ضـبط وإدارة وتنسـيق أنشـطة نظـم المعلومات.

تكنولوجيا التخزين: وهي تتضمن البرامج والمعدات التي تستخدم لحفظ وتخزين البيانات.

تكنولوجيا الاتصالات: وهي تتضمن البرامج والمعدات والتي تساعد على نقل المعلومات مـن جهة إلى أخرى وعليه فإنها تساعد في توفير الوقت والجهد في إدارة العمل وتسـاعد في تقيـيم الأوضاع وإرسال تقارير دورية تساعد في عملية الرقابة، الأمر الذي سيسـاعد في تحسـين الأداء المؤسسي.

قواعد الرقابة على نظم المعلومات الإدارية:

لقد كانت ثورة المعلومات الخطوة الحاسمة على طريق استخدام الوسـائل التكنولوجيـة وبالأخص الحاسبات الإلكترونية في معالجة البيانات وتوصيل المعلومـات وخـزن المعرفة الإنسانية والمحافظـة عليهـا وبهذا أصبحت الحاسبات الإلكترونية ضمن إطار نظام المعلومات التي تعتبر العصب المركزي لحيـاة أغلـب المنظمات.

إن الزيادة بالاعتماد على الحاسبات لم يحظى بالقدر الكافي من الرقابة عليها وعلى نظام المعلومات الإدارية والتي هي محل دراستنا أي الرقابة عليها. واستمرت المنظمات في تأويل اسـتخدامها للحاسـبات في أنظمة معلوماتها لمزاياها الكثيرة دون أن توازن ذلك مع حماية الحاسبة والنظام القائم عليها من الأخطار، ومن هنا كان لا بد أن يكون هناك قواعد خاصة للرقابة عليها ومنها:

1- قاعدة قبول الرقابة:

من بين أهم قواعد الرقابة على نظام المعلومات هي قاعدة قبول الرقابة التي تشير إلى ضرورة كون الرقابة مقبولة من قبل العاملين في المنظمة وخاصة

المستفيدين من خدمات النظام والعاملين في نظام المعلومات، فالرقابة تساعد الإدارة في خلق الثقة بالنظام لإنجاز العمليات اليومية وبلوغ الأهداف المرغوبة، ويمكن القول بأن قبول الرقابة تنصب على العنصر البشري ذلك لأنه -وكما هو معلوم- فإن العاملين في المنظمة يمكن أن يساهموا في إفشال أي مشروع، حيث أن عدم القبول قد ينتج عنه فقدان السيطرة على النظام بالشكل الذي يقود به إلى الفشل.

ولأجل التغلب على المشاكل الخاصة بالأفراد فإنه يمكن لمحلل الأنظمة إعداد الرقابة على النظام بالتعاون مع أولئك الذين سيستخدمون النظام وبهذا الأسلوب فإن جميع المشاكل مع أسلوب الرقابة الجديد يمكن تلافيها قبل التطبيق، وبنفس الأسلوب إذا تمكن الأفراد في المنظمة من تصور مفاده أن أفكارهم تنسجم وتتكامل مع النظام الجديد فإنهم سيقبلون على تطبيقه بشكل أفضل خصوصاً خلال المرحلة الحاسمة (مرحلة التغيير).

2- قاعدة النقاط الاستراتيجية:

وتشير إلى ضرورة وجود نقاط محددة يتم التركيز عليها لحساسيتها وأهميتها في منع تضخيم الخطأ الحاصل أو مضاعفة الانحراف المتحقق، حيث تساعد هذه النقاط في الإبقاء على درجة مناسبة من الرقابة الضرورية والشكل (7/2) يوضح هذه النقاط في نظام المعلومات.

3- قاعدة المسؤولية الرقابية:

بعد تحديد نقاط الرقابة الاستراتيجية تناط مسؤولية الرقابة على هذه النقاط للأفراد عند مستوى العمل المناسب لتلك النقاط، مع التأكيد على ضرورة كون المسؤولية الرقابية متضمنة للمقاييس الكمية والنوعية التي في ضوئها تتحدد تلك المسؤولية، وأن ضمان هذه القاعدة سوف يعزز من فرص كفاءة الرقابة.

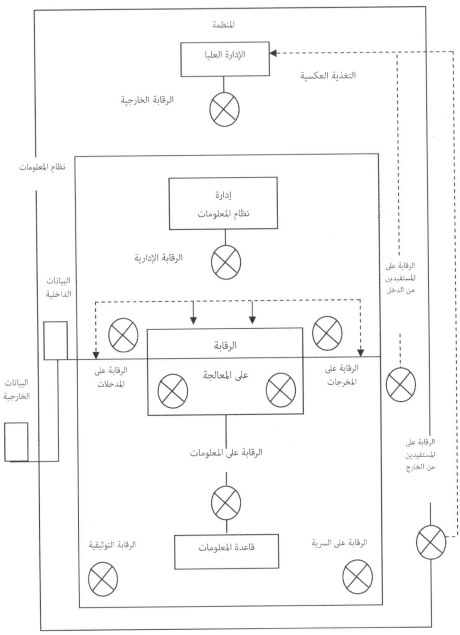

شكل رقم (7/2)
نقاط الرقابة الاستراتيجية في نظام المعلومات الإدارية

استخدام نظم المعلومات في الرقابة الإدارية بفاعلية:

تعتبر نظم المعلومات من الاستثمارات المهمة في المؤسسة وهي ذات قيمة مضافة عالية للأعمال رغم عدم إدراك المؤسسات لقيمتها في تقييم الأداء المؤسسي وعليه ومع التطور الهائل في قطاع التكنولوجيا أصبح من الضروري بمكان توظيف تكنولوجيا المعلومات والاتصالات في تطبيقات نظم المعلومات للمساعدة في تقييم العمل والأداء ونسبة الإنجاز وهذا الأمر سيساعد الكثير من المؤسسات على المنافسة وإدارة العمل بفاعلية ويساعدهم على تقييم الأوضاع وإعادة تصميم ما هو بحاجة إلى تعديل وهذا سيساعد في الحفاظ على جودة عالية في نوعية الخدمات المقدمة أو (المنتج) كما سيساعد في تحسين الأداء واستدامة العمل وينمي حس المساءلة ويعزز الشفافية في إدارة العمل ومتابعة تقييم الأداء.

متطلبات نجاح نظم المعلومات الإدارية في الرقابة الإدارية:

إن وجود نظام المعلومات الإدارية واكتماله لا يعني نجاحه فهناك الكثير من نظم المعلومات التي تستغرق من الوقت أكثر مما هو يجب ففشل أو نجاح النظام يتوقف على العديد من العوامل[1] والتي يتحدد نجاح نظام المعلومات الإدارية بها وهي مقومات نجاح تطبيق نظام المعلومات الإدارية والتي كلما توفرت وبنسبة عالية كلما زادت فرصة نجاح المنظمة من الحصول على نتائج تطبيق نظام المعلومات الإدارية.[2]

وهناك العديد من كتاب الفكر الإداري وضعوا مقومات لنجاح نظام المعلومات الإدارية وحسب وجهات نظرهم، والجدول التالي يوضح تلك المقومات وحسب رأي هؤلاء الكتاب وعلى النحو التالي:

---

[1] إبراهيم سلطان، 2000م، نظام المعلومات الإدارية، مدخل النظم، الدار الجامعية، القاهرة، ص411.

[2] إيمان فضل السامرائي، هيثم محمد الزعبي، 2004م، نظم المعلومات الإدارية، الطبعة الأولى، دار صفاء للنشر والتوزيع - عمان، ص59.

جدول رقم (1)
مقومات نجاح نظام المعلومات الإدارية من وجهة نظر الباحثين

الباحث	مقومات نجاح المعلومات	
Bruwer [1] 1984	1- مشاركة المستفيد 2- مساندة الإدارة العليا	3- العناصر الشخصية 4- اتجاه المديرين نحو النظم الآلية
Gerhard [2] 1988	1- إسهام المستفيدين من تصميم النظام. 2- تحديد البرمجيات ومعرفة خصائصها قبل تحديد نوع النظم. 3- ينبغي البدء بتحليل المخرجات المعلوماتية وتحديد نوع المستفيد لمعرفة المدخلات ثم تحصيل مصادر الحصول على البيانات وأخيراً تحديد طريقة المعالجة.	
ياغي [3] 1988	1- الفهم السليم لطبيعة النظام ورسالته. 2- تحديد نوعية الاحتياجات من المعلومات وكميتها.	3- وجود مقياس لمدى قدرة المدير على توظيف المعلومات. 4- تفهم المدير لعمل نظام المعلومات الإدارية.
خشبة [4] 1995	1- خصائص متخذ القرار. 2- خصائص نظام المعلومات.	3- خصائص بيئة القرار. 4- خصائص عملية التنفيذ.
السالمي [5] 1999	1- محلل النظام والذي يعد حافزاً للتغيير وضمان نجاح النظام. 2- تفاعل المستخدم.	3- قوة الاتصال بين المستخدم والمصمم. 4- دعم الإدارة.

---

[1] Bruwer. P.J.S. (1984). A Descriptive Model of Success for Computer Based Information System Performance "Information and Management", No. 7.

[2] Gerhard. P. (1988). "The Basi of Successful System", Information and Management Journal, Vol. 15, No. 5.

[3] ياغي، محمد عبد الفتاح، 1988م، مرجع سابق.

[4] محمد ماجد خشبة، 1995م، نظم دعم القرارات، المنظمة العربية للتنمية الإدارية، دار الرضا للطباعة والنشر، القاهرة.

[5] علاء عبد الرزاق السالمي، 1999م، نظم المعلومات والذكاء الاصطناعي، الطبعة الأولى، دار المناهج للنشر والتوزيع، عمان.

الباحث	مقومات نجاح المعلومات	
سلطان[1] 2000	1- اشتراك المستخدم النهائي. 2- دعم الإدارة.	3- مستوى التعقيد والمخاطرة. 4- إدارة عملية التنفيذ.
[2]Aman Jindal 2003	1- ارتباط المستخدم. 2- دعم الإدارة التنفيذية. 3- توقعات واقعية.	4- تخطيط ملائم. 5- متطلبات وافد.

[1] إبراهيم سلطان، 2000م، نظام المعلومات الإدارية، مدخل النظم، الدار الجامعية - القاهرة.

[2] Aman. Jindal. (2003). "Management Information System", Kalyani Publishers.

مصطلحات الفصل السابع

Information System	نظم المعلومات
Input	المدخلات
Process	العمليات
Output	المخرجات
Feedback	التغذية العكسية
System Elements	عناصر النظام
Data	البيانات
Encoding	الترميز
Information Technology	تكنولوجيا المعلومات

أسئلة الفصل السابع

س1- اختلف الكتاب والمختصون في تحديد ماهية نظام المعلومات الإدارية. وبرز هناك اتجاهـان مكمـلان لبعضهما البعض. بين ذلك؟

س2- يتجسد مفهوم نظام المعلومات الإدارية في العديد من النقاط الأساسية. اذكرها؟

س3- ما أوجه الاختلاف بين البيانات والمعلومات؟

س4- تبرز أهمية نظم المعلومات الإدارية بوضوح في تحقيق العديد من المنـافع والتـي يمكـن إبرازهـا مـن خلال عدة نقاط. اذكرها؟

س5- ما فوائد نظم المعلومات الإدارية لعملية الرقابة؟

س6- ما الخصائص النوعية في المعلومات الإدارية؟

س7- هناك ثلاثة أبعاد رئيسة في نظم المعلومات والرقابة الإدارية. اذكرها مع الشرح؟

س8- اذكر القواعد الرقابية في نظم المعلومات الإدارية؟

س9- ما متطلبات نجاح نظم المعلومات الإدارية للرقابة الإدارية حسب وجهة نظر كـل مـن Cerhard ود. محمد ياغي؟

الفصل الثامن
دور القيم والأخلاقيات
والثقافة التنظيمية
في الرقابة الإدارية

أهداف الفصل الثامن

بعد دراسة هذا الفصل بإذن اللـه يتوقع من الدارس أن يكون قادراً على ما يلي:

1- فهم معنى القيم، والمفاهيم الأخلاقية.

2- تحديد أخلاقيات الوظيفة ومحاورها.

3- تعريف الثقافة وتأثيرها على الأفراد.

4- تحديد المصادر المختصة لأخلاقيات الوظيفة.

5- فهم السلوك غير الأخلاقي للوظيفة وما هي الأسباب التي يمكن أن تؤدي إلى الانحراف والفساد الإداري.

6- معرفة المصطلحات الخاصة بالفصل.

7- حل الأسئلة الموجودة بنهاية الفصل.

الفصل الثامن
دور القيم والأخلاقيات والثقافة التنظيمية في الرقابة الإدارية

مقدمة:

تعتبر القيم من العوامل الرئيسة التي لا يمكن إغفالها عند تحليل السلوك الإنساني وفهم السلوك التنظيمي كونها ترتبط باتجاهات الأفراد.

وتُعرّف القيم بأنها مجموعة المعتقدات التي يؤكد أصحابها قيمتها ويلتزمون بمضامينها وهي تُبَيّن الصواب والخطأ، وتحدد السلوك المرفوض أو المقبول.

لهذا نجد أن المنظمات باختلاف أنواعها تسعى بكل إمكانياتها لغرس القيم الإيجابية في نفوس الأفراد العاملين لديها مما يساعد في تحقيق أهدافها وإنجاز الأعمال والمهام الموكلة إليهم بكفاءة Efficiency وفاعلية Effectiveness.

وتتمثل مشكلة المفاهيم الأخلاقية في عدم إمكانية تحديدها بطريقة قاطعة نظراً لأن غالبية الأفراد قد لا يوجد لديهم نفس المعيار الأخلاقي.

فالأخلاق مجموعة من المعايير ومستويات من السلوك الإنساني يجمع المجتمع على قبوله، وبالتالي فإن أي تصرف فردياً أو جماعياً خارج نطاق هذه المعايير يعتبر تصرفاً غير أخلاقي.[1]

والباحث في موضوع أخلاقيات الوظيفة أو مواصفات السلوك الأخلاقي يجد صعوبة بالغة في تحديد مواصفات هذا السلوك للموظفين في مختلف البيئات الثقافية والسياسية والاجتماعية والاقتصادية.

---

[1] خالد أحمد نصر، أخلاقيات العاملين في مهنة الشراء، مجلة الإدارة العامة، الرياض: معهد الإدارة العامة، العدد 26، فبراير 1983م، ص225.

إن للانحراف الإداري أو للسلوك الوظيفي غير الأخلاقي أسباباً عديدة، فهو كأية ظاهرة اجتماعية ذات صلة وثيقة بالسلوك الإنساني لا تقبل التفسير الأحادي الجانب، وإنما النظرة المتكاملة هي وحدها القادرة على تفسيره.

فالسلوك غير الأخلاقي سيظل وبلا أدنى شك إحدى المشاكل الرئيسة التي تواجهها الإدارة، إذا لم يتم إدراك الصلة الوثيقة بين النظام الإداري وبيئته الاجتماعية.

ماهية الثقافة:

يقول السلمي في تعريف الثقافة بأنها: "مُركّب يحتوي على المعرفة، والعقيدة، والفن، والأخلاقيات والقانون والعادات والقيم والتقاليد المختلفة التي يكتسبها الإنسان باعتباره عضواً في مجتمع".

فتأثير هذه الثقافة على الإنسان يتضح من خلال القول بأن هذا الإنسان هو نتاج ثقافته وأن سلوكه هو محصلة تفاعل الفرد مع بيئته.

وقد زاد الاهتمام أخيراً بموضوع ثقافة المنظمة والتي تتكون من قيم ومعتقدات وافتراضات ومعايير وقواعد من صنع الأفراد العاملين فيها، وهذه الثقافة التنظيمية تحديد السلوك والروابط بين الأفراد وتحفزهم.

ولترسيخ هذه الثقافة تسعى المنظمة باستمرار إلى جذب واختيار الموارد البشرية الكفء والاحتفاظ بها خاصة ممن تتوافق مع معتقدات المنظمة وفلسفتها ومعاييرها.

وعليه فإن ثقافة المنظمة تشكل إطاراً مرجعياً يقوم الأفراد بتفسير الأحداث والأنشطة في ضوئه على اعتبار أنها نظام رقابي اجتماعي.

إن تنمية الالتزام بالمثل والقيم الأخلاقية والسلوكيات الإيجابية والاعتبارات القانونية من الأمور الرئيسة التي ينبغي التقيد بها من أجل تحسين الأداء وبالتالي تحسين رفاهية المجتمع.

إن فاعلية الفرد الإنسان وكفاءته ترتبط وتتأثر بإيمانه العميـق وقناعتـه الراسـخة بـالقيم الأصيلة والمثل الأخلاقية العالية التي تدفعه إلى تنمية مهاراته العلمية والسلوكية نحو تحسين الأداء.

اتساقاً مع ما ورد نجد أن أخلاقيات الوظيفة تتمثل في مدى التزام الموظف بواجباته الوظيفية كما يحددها القانون ويعتبر الموظف مقيداً بقواعد العمل وتعليماته.

وأن أهداف أخلاقيات الوظيفة يمكن تحديدها من خلال محورين رئيسين:

أولهما: علاقة الموظف بالمجتمع واحترامه للجمهور وعـدم تحيزه في التعامـل مـع الآخرين وعـدم تفعيل المصلحة الخاصة على المصلحة العامة.

ثانيهما: علاقة الموظف بالقوانين والأنظمة والتعليمات خلال التطبيق السـليم لهـا وعـدم اسـتغلال الموقع الوظيفي.

مصادر أخلاقيات الوظيفة:

حدد الكثير من الكتاب والباحثين المصادر الأساسية لأخلاقيات الوظيفة كما يلي:

أ- المصدر الديني:

وضعت الديانات السماوية أخلاق وفضائل سلوكية تـنعكس عـلى الإنسان في تعاملـه مـع الخـالق (الله سبحانه وتعالى) حيث تأمر هذه الأديان الإنسان بالتقوى وطاعـة اللـه سبحانه، وحُسن المعاملـة والاستقامة في التعامل بين المسؤول وأفراد المجتمع، ومعاملة الجميـع معاملـة حسـنة لأنهم يقفـون أمـام القوانين المستمدة من الشرائع السماوية سواءً. وعليهم الانصياع لأوامر اللـه يأمرون بالمعروف وينهون عن المنكر، وهذا ينعكس بطبيعة الحال على أخلاقيات الموظف في مجال عمله وتعامله مع الجمهور.

والجدير بالذكر أن أنظمة الإدارة الحديثة في العالم العربي والإسلامي تنمي روح الاستقامة والعدالة لدى أفراد المجتمع وفي جميع ميادين الحياة العلمية والاجتماعية والعملية. فتشربتهم حب العمل والولاء والانتماء وتحمل المشاق والصعاب والاستقامة والاعتدال في التعامل بين الناس.

ب- القيم والبيئة الاجتماعية:

تعتبر البيئة الاجتماعية التي يعيش فيها الفرد بما فيها من عادات وتقاليد وأعراف وقيم، تعتبر من أهم مصادر الأخلاقيات التي تؤثر في الإدارة وفي مستوى التعامل بين الموظفين والمواطنين من جهة وبين الموظفين أنفسهم من جهة أخرى.

ومن أجل تنمية أسس التعامل الأخلاقي مع الجمهور، تحرص الإدارة على أن تحافظ على مستوى معقول من الكفاءة الملحوظة لأن الجمهور يرغب في الحصول على نتائج إيجابية. وكذلك تحرص الإدارة أن تتحلى بالصعد والأمانة في توصيل المعلومات لجمهور المواطنين الذي يتعامل معها.

علماً بأن من أهداف المنظمة أن تتضمن رسالتها الإعلامية من خلال إدارتها المختلفة ما يلي:

1- **تعريف الجمهور بنشاطات ومنجزات المنظمة**، من أجل كسب تأييد الجمهور؛ وعلى نسبة نجاحها في إقناع الجمهور وإرضائه تتوقف قوة تأييده لأهدافها ونشاطاتها وخططها.

2- **توعية وتثقيف الجمهور**: ومن أهداف الدولة بشكل خاص توعية وتثقيف المواطنين بما يتفق مع المصلحة العامة.

3- **مستوى الكفاءة القومية**: إن لمستوى الكفاءة القومية الأثر الأكبر على السلوك الوظيفي وتفاعل الموظف مع المواطن. والمعلوم أن لكل فئة من فئات المجتمع قيماً وأفكاراً ومبادئ يؤمنون بها تختلف عن تلك القيم

والمبادئ السائدة لدى طبقة اقتصادية واجتماعية أخرى. وبناءً على ذلك فإن القيم والمبادئ والأفكار عند الموظفين العاديين تختلف عن تلك التي يؤمن بها الأطباء والمهندسون مثلاً. ويختلف طلبة الجامعة عن الطلبة في المرحلتين الإعدادية والثانوية.

4- **مكانة الأسرة في المجتمع العربي:** تعتبر الأسرة والقبيلة والعشيرة نواة التنظيم الاجتماعي في الوطن العربي، حيث يعتبر ولاء الفرد لها بمثابة الغرض الإلزامي خاصة في الأقاليم أو القطاعات المحلية وعصبية الفرد لأسرته تنتقل إلى التنظيم الإداري عن طريق بعض أفرادها الذين يعملون في ذلك التنظيم، وقد يؤثر ذلك على مستوى أخلاقيات التعامل في الإدارة، كما يؤثر على المصلحة العامة بطري أو بأخرى.

جـ- التشريعات النافذة في الخدمة المدنية:

تعتبر التشريعات أحد أهم المصادر التي تتحكم في تصريف المعاملات وتنفيذ الأوامر.

ويقصد بالتشريعات هنا دستور الدولة وكافة القوانين المنبثقة عنه ونظام الخدمة المدنية والأنظمة واللوائح الأخرى على مختلف أنواعها التي تبحث في أخلاقيات الوظيفة مثل تقديم المصلحة العامة على المصلحة الخاصة، والابتعاد عن المحسوبية بكافة أنواعها.

د- آراء العلماء والباحثين:

هنالك آراء لبعض العلماء من أساتذة الجامعات والمعاهد والكتب والأبحاث العلمية التي تصدر عنهم بالإضافة إلى آراء رجال الفكر وخبراء السياسة الذين بحثوا في أخلاقيات الوظيفة، إذ يوجد العديد من المجلدات المختلفة التي عالجت أخلاقيات ممارسة وظيفة ومهنة الطب والصيدلة والهندسة والمحاماة.

ومن الجدير بالذكر أن أخلاقيات العمل والتعامل عولجت في تاريخ وحضارات الأمم المتابعة، ودخلت في إطار نظريات التنظيم وأصبحت جزءاً من تاريخ الفكر الإداري، وكان لمعظم الحضارات المتعاقبة أثراً واضحاً على قيم ومسؤوليات التشريعات والإدارة في وقتنا الحاضر.

السلوك غير الأخلاقي للوظيفة:

الباحثين في مواصفات السلوك الأخلاقي، وأخلاقيات الوظيفة يجدون صعوبة في تحديد مواصفات هذا السلوك للأفراد العاملين نتيجة اختلاف في البيئات الثقافية والاجتماعية والاقتصادية.

إن إعداد قائمة تشمل أشكال وصور السلوك غير الأخلاقي عمومية تكاد تكون صعوبة ومحفوفة بالمخاطر، إلا أن هناك العديد من الأنشطة والممارسات يمكن أن تندرج تحت مسمى السلوك غير الأخلاقي.

فالرشوة، واستغلال المركز الوظيفي لتحقيق مصالح شخصية على حساب المصلحة العامة، محاباة الأقارب والأصدقاء، قبول الهدايا والمنح، إفشاء الأسرار وتسريب المعلومات المالية والاقتصادية لتستفيد منها جهة دون أخرى، كل هذا من صور الانحراف الإداري.

وأن التهاون أو التقليل من شأن هذا الانحراف والفساد الإداري سيؤدي إلى خلل في الاستقرار الإداري يتبعه مخاطر وخلل اقتصادي وسياسي، مما تنسحب آثار ذلك سلبياً على أمن وسلامة الوطن والمواطنين.

ولم تغفل المنظمات المهنية الدولية والإقليمية ذات الاهتمام بالتطوير الإداري مثل برنامج الأمم المتحدة للتطوير من UNDP من القيام بعقد مؤتمرات عديدة تهدف الى التطوير الاداري ومكافحة الفساد . والمثل الحالي على ذلك المؤتمر الذي عقد في الفترة ما بين 26-28 تشرين أول 2010م في المملكة الأردنية الهاشمية تحت مسمى بناء الشراكة الاستراتيجية في المنطقة العربية من اجل مواجهة الفساد

تحت رعاية دولة رئيس الوزراء الأردني"، والأمم المتحدة ممثلة في فرعها في بيروت. إذ نوقش في هذا المؤتمر مشكلات الفساد والانحراف الإداري في إطار الأخلاقيات الوظيفية.

ومن الأسباب التي تؤدي إلى الانحراف والفساد الإداري والوظيفي ما يلي:

1- البيئة الثقافية والاجتماعية:

وتعني الثقافة مجموعة من القيم والمعتقدات والافتراضات التي توجه الأفراد داخل المنظمة لاتخاذ القرارات، فالقيم السائدة في المجتمع مسؤولة إلى حد بعيد عن سلوك الأفراد وتنظيم علاقاتهم مع الآخرين والتي يجب أن لا تخرج عن القيم والمعايير الاجتماعية التي يرتضيها هذا المجتمع لنفسه.

إلا أن البيئة الثقافية والاجتماعية في الدول النامية وما تفرزه من ضغوط قد تُغري الموظف بالخروج عن مبادئ العدالة والمثل الأخلاقية في سبيل إرضاء العشيرة أو الطائفة الدينية.

وفي ظل غياب الولاء والانتماء يبحث هذا الموظف بل ويجد في الغالب من يسانده ويحميه في هذا المجتمع أو ذاك لأسباب عديدة منها ضعف الوازع الوطني لديهم، عدم الشعور بالإحساس نحو الواجب كمواطن مسؤول يجب أن يكون همه الأول الحفاظ على سمعة ومقدرات بلده ووطنه.

2- النظم والقوانين:

إن عدم وجود القوانين المناسبة والرادعة وعدم إمكانية تطبيق ما هو موجود منها أو أحياناً نتيجة عدم وضوحها، وكثرة ما يكتنف البعض منها من غموض سواءً في التشريعات أو التعارض بين تشريع وآخر أو بين تشريع ونظام، يؤدي إلى عدم تمكن المواطنين من الإلمام بها، مما يتيح المجال ويشجع الموظفين على الانحراف والفساد الوظيفي والإداري.

3- العوامل الاقتصادية:

إن العوامل الاقتصادية المتمثلة بالبطالة والفقر وتباطؤ نمو اقتصاديات غالبية الدول النامية،
ساعدت على تفاقم الفساد الوظيفي والانحراف الإداري. إذ رتبت هذه العوامل التزامات وأعباء كبيرة على
الموظفين دفعتهم إلى استغلال الوظيفة –إن سنحت الفرصة لهم- والتحايل على القوانين في البحث عن
الثغرات ونقاط الضعف في النظم واللوائح والقوانين من أجل الإفلات منها.

تلافي الانحراف والفساد الوظيفي:

من الأمور الهامة التي يجب مراعاتها لتلافي حدوث انحراف وظيفي هي:

1. التأكيد على حقوق الموظفين قبل أن تفرض عليهم الواجبات. وذلك حتى يشعر الموظف
    بالاستقرار الوظيفي والاطمئنان على حاضره ومستقبله.
2. التقليل من الأوامر الإرغامية التي يصعب في أحيان كثيرة تطبيقها.
3. التعلم والتدريب على أخلاقيات الوظيفة بهدف غرس وتنمية وتطوير السلوك الأخلاقي
    عنصر مهم لتحسين مستوى الأداء الأخلاقي للخدمة، وذلك من خلال تأثيره الإيجابي على
    اتجاهات الفرد مما يزيد من حساسية الموظف للقيم الأخلاقية وينمي شعوره بالمواطنة
    المسؤولة.

إذ يهدف التدريب إلى تنمية أخلاقيات جديدة للموظف تنطوي على معايير للنجاح وللمكانة
الاجتماعية فيحل معيار الإبداع والأداء المميز محل المعايير الغير أخلاقية، وهنا يكون الدور الهام على عاتق
وسائل الإعلام المختلفة من أجل أن تقوم بترسيخ المعايير الجديدة للنجاح والمكانة الاجتماعية.

إلا أن الأهم من هذا وذاك هو: "إن إيجاد قانون لأخلاقيات العمل الوطني في الدولة من شأنه أن
يضع القيادات في مختلف المستويات الوظيفية الإدارية أمام مسؤولياتها الجسام في تحمل قيادة العمل
الوطني وترسيخ معيار الدولة أولاً".

مصطلحات الفصل الثامن

Efficiency and Effectiveness	بكفاءة وفاعلية
Concept of Culture	ماهية الثقافة
Job Ethics	أخلاقيات الوظيفة
Job Ethics Resources	مصادر أخلاقيات الوظيفة
Religion Resource	المصدر الديني
Social Environment	البيئة الاجتماعية
Job Ethics Objectives	أهداف أخلاقيات الوظيفة
Employee Relationship with Laws	علاقة الموظف بالقوانين

أسئلة الفصل الثامن

س1- عرف ما يلي: القيم، الأخلاق.

س2- ماذا نعني بالثقافة المنظمية وتأثيرها على الموارد البشرية العاملة داخل المنظمة.

س3- هناك مصادر عديدة لأخلاقيات الوظيفة اذكر هذه المصادر مع الشرح.

س4- إن إعداد قائمة تشمل أشكال وصور السلوك غير الأخلاقي في أداء الوظيفة تكاد تكون غايـة في الصعوبة، إلا أن هنالك العديد من الأنشطة والممارسات يمكن أن تندرج تحت مسمى السلوك غيـر الأخلاقي. اشرح بالتفصيل.

س5- اذكر الأسباب التي تؤدي إلى الانحراف والفساد الإداري والوظيفي.

الفصل التاسع
أجهزة الرقابة الإدارية في
الأردن وبعض الدول العربية

أهداف الفصل التاسع

بعد دراسة هذا الفصل بإذن اللـه يتوقع من الدارس أن يكون قادراً على ما يلي:

1- معرفة الواقع الرقابي في الأردن.

2- معرفة الواقع الرقابي في بعض الدول العربية.

3- التعرف على القوانين والأنظمة والتعليمات الناظمة لموضوع الرقابة الإدارية.

4- القدرة على تمييز قوة الأنظمة الرقابية في الدول العربية.

5- التوصل لحلول أو إبداعات فيما يتعلق بالرقابة الإدارية وتطويرها.

6- القدرة على بناء نموذج رقابي موحد لمنظمات الأعمال العامة والخاصة.

الفصل التاسع
أجهزة الرقابة الإدارية في الأردن
وبعض الدول العربية

مقدمة:

بعد استعراضنا للمفاهيم والأسس النظرية للرقابة الإدارية في الفصول السابقة والتي شملت مفهوم الرقابة الإدارية وماهيتها والمراحل التي تمر بها الإجراءات الرقابية ومعرفة أدواتها ومقوماتها وعلاقتها بالوظائف الإدارية والعلوم الأخرى ودور نظم المعلومات والقيم الأخلاقية والثقافة التنظيمية على الرقابة الإدارية فإن الأمر يصبح ضروري لعرض التجارب العملية فيما يخص المملكة الأردنية الهاشمية ولذلك جاء هذا الفصل بعنوان الأجهزة المختصة بالرقابة الإدارية كتطبيق عملي على المادة النظرية.

إن اتساع نشاط الإدارة وتنوع أعمالها وتدخل الدولة في مختلف مناحي الحياة أدى إلى وجود أجهزة رقابية مختصة تمارس الرقابة الإدارية على الأداء الحكومي إلى جانب الرئيس الإداري والسلطة المركزية في الوصاية الإدارية. وحرص المشرع الأردني على منح هذه الأجهزة الرقابية صلاحيات واختصاصات عديدة تخولها البحث والتحري عن أوجه القصور في الأداء الحكومي ومتابعة تنفيذ الدوائر والمؤسسات الحكومية للقوانين والأنظمة والتعليمات إضافة للكشف عن المخالفات الإدارية التي تقع من الموظفين أثناء مباشرتهم لواجباتهم الوظيفية أو بسببها.

وتمثل أجهزة الرقابة الإدارية في المملكة الأردنية الهاشمية في كل من ديوان الخدمة المدنية ووحدات الرقابة الإدارية داخل الأجهزة الحكومية وأخيراً ديوان الرقابة والتفتيش الإداري، وسنكتفي بعرض ديوان الخدمة المدنية وديوان الرقابة والتفتيش الإداري كمثال على أجهزة الرقابة الإدارية في الأردن.

ديوان الرقابة والتفتيش الإداري:

يعتبر ديوان الرقابة والتفتيش الإداري من أحدث أجهزة الرقابة الإدارية في المملكة الأردنية الهاشمية، حيث يقول الدكتور قبيلات[1]: إذ أن إنشاء هذا الجهاز جاء متأخراً عنه في معظم الدول العربية الأخرى حيث أنشئ جهاز الرقابة الإدارية لأول مرة في مصر سنة 1958م بمقتضى القانون رقم (117) لسنة 1958م والذي أعاد تنظيم النيابة الإدارية والمحاكم التأديبية، ونص هذا القانون على أن النيابة الإدارية هيئة تلحق برئاسة الجمهورية وتتكون من قسمين أحدهما: للرقابة الإدارية والآخر للتحقيق، وأصبحت هيئة الرقابة مستقلة في مصر بصدور القانون رقم (45) لسنة 1964م.[2]

وفي لبنان أنشئ لدى رئاسة مجلس الـوزراء بموجب المرسوم الاشتراعي رقـم (115) تاريخ 1959/6/12م جهاز تفتيش مركزي تشمل صلاحياته جميع الإدارات العمومية والمؤسسات العامة والمصالح المستقلة والبلديات والعاملين فيها.[3]

وفي الجمهورية العربية السورية أنشئت الهيئة المركزية للرقابة الإدارية بموجب المرسوم التشريعي رقم (182) لعام 1969م ثم تلاه صدور قانون الهيئة المركزية للرقابة والتفتيش رقم (24) لسنة 1981م.

أما في المملكة الأردنية الهاشمية فقد أنشئ ديوان الرقابة والتفتيش الإداري في شهر حزيران لعام 1992م بموجب نظام ديوان الرقابة والتفتيش الإداري رقم (55) لسنة 1992م الصادر بمقتضى المادة (120) من الدستور.

وستتركز دراستنا لهذا الجهاز الرقابي على بيان تشكيله وأهدافه، واختصاصاته، ووسائل ممارستها، وذلك في الفروع التالية:

---

[1] قبيلات، حمدي سليمان، الرقابة الإدارية والمالية على الأجهزة الحكومية، دار الثقافة، عمان، 2010م، ص98.

[2] الجهني، الرقابة الإدارية، مرجع سابق، ص235.

[3] المغربي، المدخل إلى القانون الإداري، ج2، ص194.

تشكيل الديوان وأهدافه.

اختصاصات الديوان.

وسائل ممارسة الديوان لاختصاصاته.

تقييم عمل الديوان في مجال الرقابة والمعوقات التي تواجهه.

تشكيل الديوان وأهدافه:

أولاً- إنشاء الديوان وسنده القانوني:

برزت فكرة الرقابة والتفتيش الإداري في الأردن لأول مرة في المجال العسكري وذلك بإنشاء مكتب المفتش العام للقوات المسلحة في عام 1975م، حيث كان هذا المكتب يمارس مهام أشبه ما تكون بمهام أجهزة الرقابة والتفتيش الإداري في القطاع العام المدني في الدول الأخرى.

مهام مكتب المفتش العام:

ثم انتقلت الفكرة إلى الأجهزة الحكومية حيث تم تأسيس مكتب شكاوي عام 1980م لتلقي الشكاوي المتعلقة بالأداء الحكومي وغيره مما يخص المواطنين وذلك طبقاً لنص المادة (17) من الدستور والتي تعطي المواطن الأردني الحق في مخاطبة السلطات العامة فيما ينوبه من أمور شخصية أو فيما له صلة بالشؤون العامة بالكيفية والشروط التي يعينها القانون.. إلا أن هذا المكتب لم يستمر طويلاً ولم ينجح في تحقيق أهدافه لافتقاره للسند القانوني الذي يعطيه الصلاحيات والوسائل الكافية لممارسة أعماله والمهام المنوطة به.. وفي عام 1984م وفي خطوة رائدة نحو تفعيل الجهاز الإداري في المملكة صدرت الإرادة الملكية السامية بتشكيل اللجنة الملكية للتطوير الإداري، وأكد جلالة الملك المعظم هذا التوجه الرائد بدعوته في خطاب العرش السامي عند افتتاح مجلس الأمة الحادي عشر عام 1989م إلى إقامة هيئة مركزية عليا تقوم بمهام الرقابة الإدارية على أجهزة الدولة، وتقنين المساءلة على الأداء العام للموظف والجهاز الإداري على حد سواءً.

حيث جاء بخطاب العرش "كما ستعمل الحكومة على تقديم تشريـع خاص لإنشـاء جهاز للرقابـة والتفتيش الإداري يتولى مهمة رديفة ومكملة لأجهزة الرقابـة الماليـة التـي ستعمد الحكومـة إلى تطويرهـا وتوسيع صلاحياتها. وهكذا تكتمل حلقات الرقابة المالية والإدارية".[1]

كما دعا الميثاق الوطني إلى تجسيد وتعزيز دولة القانون والمؤسسات حيـث دعـا إلى إنشـاء هيئـة مستقلة باسم ديوان المظالم وهو أقرب ما يكون كجهاز رقابي.

وقد تكللت الجهود في هذا الإطار بإنشاء ديوان الرقابة والتفتـيش الإداري في حزيـران عـام 1992م بموجب نظام ديوان الرقابة والتفتيش الإداري رقم (55) لسنة 1992م، وذلك بعـد أن قـرر مجلـس الـوزراء إنشاء هيئة للرقابة تستند إلى تشريع لازم لمعالجة الاختلالات في الجهاز الإداري، خاصة وأن تعزيـز المسـيرة الديمقراطية يأتي من خلال وضع القواعد السليمة لقيام جهاز حكومي رائد في أدائه بحيث يحقـق العدالـة والمساواة بين جميع المواطنين والموظفين على حد سـواء ويـرسي أسـس جديـدة لميكانيكيـة العمـل الإداري واعتماد الكفاءة والأهلية في التعيين والترفيع ووقف جميـع الانحرافـات والتجـاوزات في اسـتعمال السـلطة فضلاً عن إقرار مبدأ تكافؤ الفرص بين جميع الأردنيين واتخاذ جميع الإجراءات العلاجيـة الكفيلـة بتحسـين الأداء الإداري لجميع الوزارات والدوائر الحكومية.

أما عن السند القانوني[2] للديوان فقد جاء إنشـاء هـذا الـديوان بنظـام مسـتقل اسـتناداً إلى المـادة (120) من الدستور فقد نصت المادة (3) من نظام الـديوان عـلى أنـه "يؤسـس في المملكـة ديـوان يسـمى (ديوان الرقابة والتفتيش الإداري) ويتألف من رئيس وأمين عام وعدد من المديرين والمفتشين والمستشارين والخبراء والموظفين

---

[1] خطاب جلال الملك عبد اللـه الثاني بن الحسين في خطـاب العـرش في افتتـاح الـدورة العاديـة الأولى لمجلـس الأمـة الأردني الحادي عشر 1989م.

[2] قبيلات، حمدي سليمان. الرقابة الإدارية والمالية على الأجهزة الحكومية، دار الثقافة، عمان، 2010م، ط2، ص101.

والمستخدمين حسبما تقتضي الحاجة". وكان من الأجدر بمشرعنا[1] أن ينشئ هذا الديوان بقانون صادر عن السلطة التشريعية أسوة بمثيلاته من الأجهزة في الدول الأخرى والتي أنشئت فيها أجهزة الرقابة الإدارية بموجب قوانين أعطتها صلاحيات واختصاصات واسعة لممارسة أعمالها ومهامها، ومثالها قانون هيئة الرقابة الإدارية المصري رقم (54) لسنة 1964م، وقانون الهيئة المركزية للرقابة والتفتيش السوري رقم (24) لسنة 1981م.

ذلك أن إنشاء الديوان بقانون يعطي الديوان صلاحيات واسعة في مجال العمل الرقابي كما يمنح الديوان وسائل فعّالة لممارسة أعماله علاوة على أن القانون قد يجعل من الديوان جهة رقابية خارجية ومستقلة عن الأجهزة الحكومية الخاضعة لرقابتها، إذ أن الديوان حسب نظامه الحالي يرتبط برئاسة الوزراء ولا يتمتع بالاستقلال التام عن السلطة التنفيذية، إضافة إلى أن إنشاء الديوان بموجب نظام لا يمنحه الثبات والاستقرار بل يجعله عرضة للإلغاء والتجميد من قبل نفس الجهة التي يمارس عليها رقابته وهي السلطة التنفيذية، وسنلاحظ عند دراسة معوقات عمل الديوان أثر ذلك على فعالية الديوان في أدائه لمهامه إذ أن الديوان حسب النظام الحالي يقتصر دوره على التأكد من تحقيق الأجهزة الحكومية لأهدافها واكتشاف المخالفات الإدارية دون أن يعنى بوسائل العلاج وسبل الإصلاح بشكل مباشر.

تشكيل ديوان الرقابة والتفتيش:

جاء بالمادة (3) من نظام ديوان الرقابة والتفتيش الإداري رقم (55) لعام 1992م أنه يؤسس في المملكة ديوان الرقابة والتفتيش الإداري ويتألف من رئيس يعين وتنهى خدماته ويعفى منها بقرار من مجلس الوزراء بناءً على تنسيب رئيس الوزراء على أن يقترن القرار بالإرادة الملكية السامية ويرتبط برئيس الوزراء

---

[1] قبيلات، حمدي سليمان. مرجع سابق، ص101.

ويمارس صلاحيات الوزير في أداءه الشؤون المتعلقة بالديون. ويعاون رئيس الديوان أمين عام يعين وفقاً للأحكام والإجراءات المنصوص عليها في نظام الخدمة المدنية المعمول به. إضافة إلى عدد من المديرين والمفتشين والمستشارين والخبراء والموظفين والمستخدمين حسبما تقتضي الحاجة.

ونظراً للطبيعة الرقابية التفتيشية للمهام التي يقوم بها الديوان ونظراً لخطورة المعلومات التي يطلع عليها حسب نظامه وضرورة سرية هذه المعلومات أوجب النظام وبموجب المادة (10) ذلك.

وفي المادة (17) أوجب أن يقوم رئيس الديوان وأمينه العام اليمين التالية أمام رئيس الوزراء وكذلك أوجب أن يؤدي المديرون والمفتشون هذه اليمين أمام الرئيس قبل مباشرة أي منهم مهام وظيفته وهي:

"أقسم بالله العظيم أن أكون مخلصاً للوطن والملك والدستور وأن أتقيد بأحكام القوانين والأنظمة المعمول بها وأن أقوم بمهام وظيفتي وواجباتها بشرف وأمانة وإخلاص دون تحيز أو تمييز وأن أحافظ على سرية المعلومات والوثائق التي أطلع عليها في سياق قيامي بتلك المهام والواجبات".[1]

وفي المادة (11) من ذات النظام أنه يؤلف في الديوان مجلس يسمى (مجلس الرقابة والتفتيش الإداري) برئاسة رئيس الديوان وعضوية كل من: أمين عام الديوان، وأمين عام ديوان الخدمة المدنية، وأمين عام ديوان المحاسبة، والمدير العام لمعهد الإدارة العامة، وأحد مستشاري ديوان التشريع في رئاسة الوزراء يسميه رئيس ديوان التشريع.

ويقوم هذا المجلس برسم السياسات العامة للديوان واقتراح البرامج والخطط الكفيلة بتفعيل دور الديوان الرقابي وتطوير أعماله، فهو بمثابة مستشار فني لأعمال الديوان، وفي المادة (12) من النظام يتولى المجلس المهام التالية:

---

[1] المادة (17) من نظام ديوان الرقابة والتفتيش رقم (25) لسنة 1992م,

أ- اقتراح سياسات عمل الديوان وإعداد خططه وبرامجه ورفعها إلى رئيس الوزراء لإقرارها.

ب- وضع البرامج والدورات الخاصة بتأهيل العاملين في الديوان وتدريبهم.

جـ- إعداد التعليمات اللازمة لتنفيذ أحكام نظام الديوان ورفعها لرئيس الوزراء لإقرارها.

د- إعداد مشروع موازنة سنوية خاصة للديوان ورفعها إلى رئيس الوزراء لإقرارها ضمن الموازنة السنوية لرئاسة الوزراء.

هـ- أية مهام أو أمور أخرى مما يدخل ضمن مهام الديوان يرى الرئيس عرضها على المجلس.

أجاز النظام للديوان بموجب المادة (19) بقرار من رئيسه الاستعانة بالاختصاصيين والخبراء في الأمور والمسائل التي تعرض عليه وتتطلب دراستها وإبداء الرأي فيها مؤهلات وخبرات خاصة. وتمكن هذه المادة الديوان من تدقيق ورقابة أعمال الدوائر الفنية التي يحتاج تدقيقها لخبرات ومؤهلات خاصة، وهذا ما يعرف بالرقابة الفنية مما يعني أن عمل الديوان لا يقتصر ـ على الرقابة الإدارية بمفهومها التقليدي الضيق الذي يقتصر على تدقيق الإجراءات الإدارية فقط، بل يمتد عمل الديوان إلى رقابة الخدمة المؤداة والعمل المنجز وإن كان فنياً محضاً، وذلك للتحقق من تنفيذ الدوائر لأهدافها وخططها وتقديمها للخدمات بكفاءة وفاعلية.[1]

وفي المادة (15) أوجب النظام إنشاء عدد من المديريات يكون لكل منها مدير يرتبط بالأمين العـام، ويكون مسؤول أمامه عن حسن سير العمل في مديريته، وهذه المديريات هي:

مديرية الشؤون الإدارية والمالية.

مديرية الشؤون القانونية.

---

[1] قبيلات، حمدي سليمان. مرجع سابق، ص104.

مديرية المتابعة والدراسات والتطوير.

مديرية قطاع الخدمات.

مديرية قطاع الموارد البشرية.

مديرية قطاع المال والاقتصاد.

أهداف الديوان:

ويهدف ديوان الرقابة والتفتيش الإداري حسب نص المادة (8) من نظامه إلى ما يلي:

1- التثبت من سلامة الإجراءات والأعمال الإدارية.

2- تطوير الأعمال الإدارية.

3- تحسين الأداء والإنتاج.

4- مراقبة العاملين.

وحددت المادة (8) من نظام ديوان الرقابة والتفتيش الإداري رقم (55) لسنة 1992م المهام والصلاحيات التالية:

أ- يهدف الديوان إلى التثبت من سلامة الإجراءات والأعمال الإدارية في الدوائر وتطويرها وتحسين أدائها وإنتاجها ومراقبة العاملين فيها، وتحقيقاً لهذه الأهداف يتولى الديوان المهام والصلاحيات التالية:

1- التحقق من فعالية الأداء لدى الدوائر وموظفيها ورفع مستوى الكفاءة والإنتاجية فيها.

2- الكشف عن مظاهر الخلل والتجاوز وتطويق أسبابها ومعالجتها بالمتابعة والمساءلة وتحديد المسؤولية.

3- التحقق من تقديم الخدمات العامة للمواطنين بعدالة وبأيسر الطرق وأسرعها.

4- التأكد من تقيد الدوائر وموظفيها بالقوانين والأنظمة والتعليمات والقرارات والبلاغات الصادرة عن الجهات المختصة ومتابعة تنفيذها بصورة فاعلة وسليمة.
5- التأكد من تنفيذ الدوائر لخططها وبرامجها الإدارية بما يحقق الغايات المتوخاة منها.
6- دراسة وتدقيق التعليمات والإجراءات الإدارية والفنية والمالية المعمول بها والكشف عن أسباب عدم فاعليتها والقصور في تطبيقها واقتراح الأساليب الكفيلة لتطويرها وتبسيطها ومنع التداخل بينها لضمان حسن الأداء في الدائرة.
7- مراقبة العمل الإضافي في الدائرة والتحقيق من مدى الضرورة إليه والتأكد من عدم عرقلته للأعمال والمهام الأساسية في الدائرة والتثبت من توفير الأسباب القانونية والواقعية للعلاوات والمكافآت التي تدفع عن ذلك العمل.
8- متابعة تنفيذ الدوائر للخطط والبرامج الموضوعة لتأهيل الموظفين العاملين فيها وتدريبهم ودراسة كوادرها ومراقبة تناسب عدد الموظفين مع الواجبات الموكلة إليهم والتحقق من تعيين الاختصاصيين ذوي المؤهلات والكفاءات العلمية في وظائف تتفق واختصاصاتهم.
9- دراسة أي قضية أو تقرير يحال إلى الديوان من رئيس الوزراء أو الوزير المختص أو الجهات المعنية والتحقيق في المخالفات الإدارية التي يرتكبها الموظفون في الدائرة.
10- التحقق من قيام أجهزة الرقابة والتفتيش الداخلية في الدوائر بممارسة مهامها بصورة سليمة وفاعلة ودراسة القواعد التي تنظم أعمالها للتثبت من كفاءتها ودقتها في تحقيق الأهداف المقررة لها.

11- تلقي الشكاوى الخطية المتعلقة بعمل الدائرة والتحقق من صحة المعلومات الـواردة فيهـا واتخاذ الإجراءات اللازمة بخصوصها وذلك بالتنسيق مع الجهات ذات العلاقة وعليها عـدم اتخاذ أي إجراء تأديبي إذا ثبتت صحة الشكوى وكان مقدمها موظفاً عاملاً لديها.

12- الكشف عن المخالفات والتجاوزات وإجراء التحقيقات الإدارية اللازمة بشأنها وتحديد مسؤولية المتسببين وإحالتهـا إلى الجهات المختصة إذا اقتضت المصلحة ذات ومتابعـة الإجراءات المتخذة بخصوصها.

13- الطلب من الدوائر الرجوع علـى الموظف بالادعـاء الخزينـة العامة للدولة عـن أي أضرار مادية تلحق بها نتيجة المخالفات الإدارية أو الأفعال الجرمية التي يرتكبها.

ب- يرفع الديوان تقاريره المتضمنة نتائج قيامه بمهامه إلى رئيس الـوزراء أو الـوزير المختص أو الجهة ذات العلاقة حسب مقتضى الحال.

وجاء بالمادة (6) أنه يسري أحكام هذا النظام علـى أن ممارسة هـذه الاختصاصـات تنصب علـى جميع الوزارات والدوائر الحكومية والمؤسسات الرسمية العامة والموظفين العاملين فيها باستثناء:

المحاكم على اختلاف أنواعها ودرجاتها.

ضباط وأفراد ومستخدمي القوات المسلحة الأردنية ودائرة المخابرات العامة ومديرية الأمن العام ومديرية الدفاع المدني. وهذه الأجهزة لها مكاتب مفتش عام خـاص بكـل واحـدة منهـا ويتبع لرأس الهرم.

وجاء بالمادة (18) أنه وفي حال حصول خلاف بين الديوان وإحدى الدوائر الحكومية محل الرقابـة يعرض الأمر على رئيس الوزراء لإصدار قرار بشأن ذلك الخلاف.

ولم يكتب القدر النجاح لديوان الرقابة والتفتيش الإداري الصادر بمقتضى النظام رقم (55) لعام 1992م وذلك لأسباب عديدة أنه صدر بنظام وليس بقانون استناداً للدستور وثانياً أنه ومن خلال التجربة العملية أصبح عمله ازدواجياً مع أعمال ديوان المحاسبة فأصبح هناك جهتين تمارسان الرقابة على الأجهزة الحكومية مما دعى أصحاب القرار بإلغاء ديوان الرقابة والتفتيش الإداري وذلك بإصدار نظام يلغي النظام السابق حيث صدر نظام إلغاء نظام ديوان الرقابة والتفتيش الإداري لسنة 2002م ونشر بالجريدة الرسمية على الصفحة (1493) من العدد (4540) والصادر بـ2002/4/16م بمقتضى المادة (120) من الدستور الأردني وتالياً نص النظام:

التسمية وبدء العمل 1: يسمى هذا النظام (نظام إلغاء نظام ديوان الرقابة والتفتيش الإداري لسنة 2002م) ويعمل به من تاريخ نشره في الجريدة الرسمية.

إلغاءات 2: يلغى (نظام ديوان الرقابة والتفتيش الإداري) رقم 55 لسنة 1992م والتعديلات التي طرأت عليه. على أن ينقل الموظفون والمستخدمون في الديوان عند نفاذ هذا النظام إلى وزارة التنمية الإدارية وفقاً لأحكام نظام الخدمة المدنية على أن تتولى الوزارة استكمال إجراءات نقلهم إلى الوزارات والدوائر الحكومية الأخرى حسب حاجتها، كما وتنقل موجودات الديوان إلى الوزارة 2002/4/2م.

وقد صدرت تعليمات بتكليف ديوان المحاسبة الأردني بممارسة مهام الرقابة الإدارية وبموجب تعليمات الرقابة الإدارية رقم (1) لسنة 2002م والوارد نصه تالياً:

تعليمات الرقابة الإدارية رقم (1) لسنة 2002م
صادرة بالاستناد إلى لأحكام المادة (24) من قانون الديوان
رقم 28 لسنة 1952م وتعديلاته

المادة (1):

من أهـداف الـديوان التي أوجـدها القـانون المعـدل رقـم (3) لسـنة 2002م التثبت مـن سـلامة القرارات والإجراءات الإدارية في الجهات الخاضعة لرقابته وتحقيقاً لهـذه الأهـداف يتـولى الـديوان المهـام والصلاحيات التالية:

أ-   التثبت من تطبيق القوانين والأنظمة والتعليمات الإدارية والتأكد من كفايتها.

ب- تدقيق القرارات الإدارية الخاصة بشؤون الموظفين الصادرة عن الجهات الخاضعة للتدقيق بما فيها التعيينات والرواتب والعلاوات والبدلات للتأكد من صحتها.

ت- مراقبة تنفيذ الجهات الخاضعة لرقابة الديوان للقرارات والبلاغـات والتعلـيمات واللـوائح... الصادرة عن الجهات المختصة.

ث- التثبت من تقيد الجهات الخاضعة لرقابة الديوان بمسك السجلات والدفاتر واستعمال النماذج المقررة في التشريعات النافذة.

ج-   التثبت من اتخاذ الإجراءات المناسبة بحق مرتكبي المخالفات المالية والإدارية.

ح-   التحقق من تشكيل وحدات الرقابة الداخلية أصولياً في الجهات الخاضعة لرقابة الديوان وقيامها بممارسة أعمالها بصورة سليمة وفاعلية.

المادة (2):

يمارس الديوان مهامه في الرقابة الإدارية عن طريق المراجعة والتدقيق والفحوص الفجائية.

المادة (3):

لموظفي الديوان الحق بالاطلاع على الأوراق والوثائق والمستندات اللازمة لممارسة مهامه في الجهـة التي يقوم بالتدقيق عليها.

المادة (4):

على موظفي الديوان المحافظة على السرية التامة للبيانات والمعلومات والوثائق التي يطلـع عليهـا بحكم وظيفته وعليه أن لا يفشي أو يبرز أو يسمح للغير بالاطلاع عليها إلا في الحـالات المحـددة بالقـانون وذلك تحت طائلة المسؤولية.

وبذلك يصبح موضوع الرقابـة الإداريـة في الأجهـزة الحكوميـة في الأردن هـي مـن اختصاص ديـوان المحاسبة وذلك استناداً للنظام والتعليمات الآنفة الذكر.

أجهزة الرقابة الإدارية في الدول العربية

هيئة الرقابة والتحقيق في المملكة العربية السعودية:

نشأة الهيئة:

أنشئت الهيئة بموجب المرسوم الملكي رقم م7 وتاريخ 1391/2/1هـ الصادر بنظام تأديب الموظفين وهي هيئة مستقلة ترتبط مباشرة برئيس مجلس الوزراء وتختص بالرقابة على أداء الموظفين والتحقيق مع من ينسب إليه تقصير منهم وفقاً لما نص عليه نظام تأديب الموظفين واللائحة الداخلية للهيئة والأنظمة الأخرى ذات العلاقة.

تشكيل أجهزة الهيئة على النحو التالي:

أ- رئيس الهيئة:

هو المسؤول عن الإشراف على أعمال الهيئة وتنظيم وإدارة وتطوير أعمالها وله سلطة وصلاحيات الوزراء ورؤساء الدوائر المستقلة في حدود النظم المعمول بها، وقد أوضحت اللائحة الداخلية للهيئة الصادرة بالأمر السامي رقم 3/13136/ر في 1392/7/1هـ ونظام تأديب الموظفين مهامه واختصاصاته بالتفصيل ويتبع لرئيس الهيئة مباشرة:

1- وكيلا الهيئة:

وكيل الهيئة لشؤون الرقابة.

وكيل الهيئة لشؤون التحقيق.

2- مكتب رئيس الهيئة.

3- الإدارة العامة للمستشارين.

4- الإدارة العامة للمتابعة والبحوث.

5- الإدارة العامة للشئون الإدارية والمالية.

6- إدارة الحاسب الآلي ومركز المعلومات.
7- إدارة التطوير الإداري.
8- فروع الهيئة بالمناطق والمحافظات.

ب- وكيل الهيئة لشئون الرقابة:

هو المشرف والمسؤول المباشر عن أعمال الرقابة، وإدارتها، ويتول تنظيم العمل، وتوجيهه بواسطة المسؤولين في إدارته، وتوجه إليه المعاملات الخاصة بالرقابة لاتخاذ اللازم بشأنها وفقاً لنظام تأديب الموظفين واللائحة الداخلية للهيئة، ويرفع التقارير والنتائج لرئيس الهيئة، ويمارس الصلاحيات المفوضة له من رئيس الهيئة ويرتبط به مباشرة:

1- مكتب الوكيل لشئون الرقابة.
2- إدارة الرقابة الإدارية.
3- إدارة الرقابة المالية.

جـ- وكيل الهيئة لشئون التحقيق:

هو المشرف والمسؤول المباشر عن جهات التحقيق، ويتولى تنظيم العمل، وتوجيهه بواسطة المسؤولين في إدارته، وتوجه إليه المعاملات الخاصة بالتحقيق لاتخاذ اللازم بشأنها وفقاً لنظام تأديب الموظفين واللائحة الداخلية للهيئة والأنظمة الأخرى ذات العلاقة، وممارسة الصلاحيات المفوضة له من رئيس الهيئة ويرتبط به مباشرة:

1- مكتب الوكيل لشئون التحقيق.
2- الإدارة العامة للتحقيق.
3- إدارة الادعاء.
4- إدارة القضايا.

د- الإدارة العامة للمستشارين.

هـ- الإدارة العامة للمتابعة والبحوث.

و- فروع الهيئة بمناطق المملكة، ومحافظاتها.

فضلاً عن الجهاز الرئيسي للهيئة في الرياض، فإنه يوجد للهيئة عدة فروع في كافة مناطق المملكة وبعض المحافظات.

اختصاصات الهيئة:

قضت المادة الخامسة من نظام تأديب الموظفين بما نصه مع عدم الإخلال بسلطة الجهة الإدارية المعينة في الرقابة وفحص الشكاوى والتحقيق تختص هذه الهيئة في حدود القواعد المنصوص عليها في هذا النظام بما يلي:

1- إجراء الرقابة اللازمة للكشف عن المخالفات المالية والإدارية.

2- فحص الشكاوى التي تحال إليها من الوزراء المختصين أو من أي جهة رسمية مختصة عن المخالفات المالية والإدارية.

3- إجراء التحقيق في المخالفات المالية والإدارية التي تكشف عنها الرقابة وفيما يحال إليها من الوزراء المختصين أو من أي جهة رسمية مختصة.

4- متابعة الدعوى التي تحال طبقاً لهذا النظام إلى ديوان المظالم.

كما أضيف للهيئة بعض الاختصاصات الجنائية سيرد بيانها في الفقرة المتعلقة بالتحقيق الجنائي.

وعليه فإن اختصاص الهيئة ينقسم إلى قسمين رئيسين هما:

1- الرقابة.

2- التحقيق.

أولاً- الرقابة:

(1) الموظفون الخاضعون لرقابة الهيئة:

جميع الموظفين المدنيين بوحدات الإدارة الحكومية والأشخاص المعنوية العامة، والمؤسسات العامة.

(2) اختصاصات الرقابة:

تمارس الهيئة الاختصاصات الرقابية التالية:

أ- الرقابة الإدارية:

تختص إدارة الرقابة الإدارية وفقاً للمادة الثامنة من الباب الثاني من اللائحة الداخلية للهيئة بما يلي:

1- الكشف عن المخالفات الإدارية واتخاذ الإجراءات اللازمة بشأنها.

2- مراقبة تفويض الصلاحيات والمسؤوليات وفقاً للنظم المعتمدة واللوائح المقررة والقرارات الصادرة المنظمة لذلك.

3- الكشف عن المخالفات الناتجة عن التقصير في الرقابة الداخلية في الوحدات الإدارية.

4- اقتراح وسائل العلاج اللازمة في حالة وقوع حوادث الإهمال أو المخالفات الإدارية وإحالتها للجهات المختصة.

5- التعاون مع وزارة الخدمة المدنية في الكشف عن المخالفات الخاصة بشئون الموظفين فيما يتعلق بشرعيتها كالتعيين والترقية والعلاقات والبدلات وما في حكمها.

6- إبلاغ الجهات المختصة عن مواطن القصور في التنظيم التي تتكشف لها من خلال أعمالها وذلك بالاتصال بالجهات المختصة لإعادة التنظيم بما يكفل حسن سير العمل.

7- التعاون مع ديوان المراقبة العامة عند اكتشافه لمخالفات إدارية أثناء مباشرته لاختصاصاته المالية.

8- فحص الإخباريات والشكاوى المتعلقة بالنواحي الإدارية.

كما تختص هذه الإدارة باختصاصات أخرى هي:

مراقبة دوام منسوبي الأجهزة الحكومية وإعداد خطابات إبلاغ نتائج تلك الجولات مع رصد الظواهر المتعلقة بدوام الموظفين وفقاً للأمر السامي الكريم رقم 7/ب/6218 في 1417/4/27هـ بالإضافة إلى المتابعة الدورية لدوام الأيام السابقة لجولات الهيئة على ضوء تعديل الفقرة (2) من المادة 12/30 من اللائحة التنفيذية لنظام الخدمة المدنية بموجب قرار مجلس الخدمة المدنية رقم 510 في 1418/8/2هـ وكذلك متابعة ما تتخذه الأجهزة الحكومية على ما أبلغت به من قبل الهيئة من ملحوظات فيما يتعلق برقابة الدوام.

القيام بجولات ميدانية لتفقد أوضاع الإعاشة المطهية في السجون العامة ودور التوقيف وإدارات الترحيل وتعقب المتخلفين في مناطق المملكة بشكل دوري بالمشاركة مع مندوب من إمارة المنطقة وذلك بناءً على توجيه صاحب السمو الملكي وزير الداخلية رقم 1877/18 في 1398/5/24هـ ورقم 29901/18 في 1409/4/19/18 هـ.

ب- الرقابة المالية:

تختص إدارة الرقابة المالية وفقاً للأمر السامي الكريم رقم 3/29516/ر في 1394/9/26هـ بما يأتي:

1- دراسة القضايا التي تحال إليها وتتناول مخالفات مالية لتحديد تلك المخالفات والمسؤولين عنها قبل التحقيق فيها، واقتراح الوسائل الكفيلة بالحد من وقوع تلك المخالفات.

2- إجراء الفحص وفقاً لما تتطلبه أغراض التحقيق الـذي تجريـه الهيئة في القضايا والمعـاملات المحالة إليها.

3- فحص ما يحال إليها من شكاوى أو إخباريات تتناول مخالفة ماليـة أو مـا يتجمع لـديها مـن معلومات وتحريات عن تلك الجهات التي تتناولها هـذه المعلومات والتحريات، واتخـاذ مـا يقتضيه الفحص من إجراء التفتيش على الجهات التي تتناولها بهدف تحديـد مـا يكون قـد وقع فيها من مخالفات والمسؤولين عنها تمهيداً للتحقيق فيها.

4- معاونة الجهات المعنية في متابعة تنفيذ خطط التنمية المعتمـدة لهـا بهـدف تقيـيم مستوى الإنجاز في مجال الأعمال ومستوى الأداء في مجال الخدمات بالاتفاق مـع الهيئة المركزيـة للتخطيط (وزارة التخطيط).

5- إجراء التفتيش على الدور المستأجرة للدوائر الحكومية وفقاً للاختصاص الموكل للهيئة بموجب قرار مجلس الوزراء رقم 1164 وتاريخ 1392/11/8هـ.

6- متابعة المخالفات المالية التي تثيرها الأجهزة الرقابية الأخرى من خلال ما يحال إلى الهيئة من صور المعاملات والتقارير.

7- إجراء البحوث والدراسات نتيجة لتحليل الظواهر العامة التي تتكشف أثناء أدائها لمهامها واقتراح وسائل العلاج.

كما تختص هذه الإدارات باختصاصات أخرى هي:

كشف المخالفات والملحوظات التي تقع فيها بعض الأجهزة الحكومية عند قيامها بالاستئجار أو الإخلاء للدور المستأجرة، ومعالجة هذه المخالفات مع الجهات المختصة مـع قيـام الهيئـة بفحص الشكاوى والإخباريات التي ترد إليها من بعض الملاك أو غيرهم بشـأن مخالفـة بعـض الجهات الحكومية لقواعد الاستئجار أو الإخلاء.

الاشتراك مع ديوان المراقبة العامة في لجنة التحقيق من مبررات إخلاء الدور المستأجرة للدوائر الحكومية التي تم إخلاؤها لخطورتها وإبلاغ الجهات المختصة لاتخاذ اللازم حياله، بموجب قرار مجلس الوزراء رقم 1246 وتاريخ 1397/11/11هـ.

متابعة مدى تقيد الجهات الحكومية بأحكام الأوامر السامية الخاصة بإسناد الأعمال إلى المكاتب الاستشارية بموجب الأمر السامي رقم 174 وتاريخ 1401/11/28هـ.

متابعة ما ورد بالمادة السادسة من قرار مجلس الوزراء رقم 1368 في 1396/8/22هـ الخاص بتقصي أسباب القصور في تنفيذ مشروعات التنمية بالتعاون مع وزارة التخطيط.

متابعة ما ورد بالأمر السامي رقم 9751 في 1403/4/26هـ الذي يوجب على ديوان المراقبة والهيئة ووزارة المالية والاقتصاد الوطني ملاحظة عدم قصر تعامل الجهات الحكومية على عدد محدود من المقاولين والشركات والمؤسسات.

متابعة ما ورد بقرار مجلس الخدمة المدنية رقم (581/1) وتاريخ 1419/9/18هـ المعتمد بالأمر بالسامي رقم 17880 وتاريخ 1419/12/6هـ الفقرة ثانياً التي تنص على "أن تقوم الهيئة بوضع الترتيبات اللازمة لمراقبة ومتابعة استخدام الجهات الحكومية لسياراتها طبقاً للضوابط التي أقرتها كل جهة لنفسها.

متابعة ما ورد في الفقرة الثانية من قرار مجلس الوزراء رقم 52 وتاريخ 1420/3/7هـ بشأن التقصير في تنفيذ العقود الحكومية.

متابعة ما ورد في الفقرة الثانية من قرار مجلس الوزراء رقم 157 وتاريخ 1420/9/12هـ بشأن التأكيد على الالتزام بالاعتمادات المقررة بالميزانية العامة للدولة.

جـ- الإجراءات التي بموجبها تبدأ الهيئة في الرقابة:

أشارت المادة الأولى من الفصل الأول من الباب الثالث من اللائحة الداخلية للهيئة بأن الرقابة تجري بأمر من رئيس الهيئة في الأحوال التالية:

1- بناءً على أمر من المقام السامي.

2- بناءً على طلب الوزراء ورؤساء المؤسسات العامة والهيئات الحكومية التي تسهم الحكومة في نشاطها المالي والإداري.

3- بناءً على الإخباريات والشكاوى التي تدل التحريات على احتمال صحتها.

4- بناءً على طلب الجهة المختصة بالمراقبة وبناءً على تقارير مفتشي- ديوان المراقبة العامة أو ديوان الموظفين العام (وزارة الخدمة المدنية)، أثناء جولاتهم التفتيشية والتي تكشف فيها مخالفات تتطلب إجراء الرقابة.

5- بناءً على طلب إدارة التحقيق بالهيئة في القضايا التي ترى لزوم استكمال إجراءاتها بغرض الرقابة.

6- بناءً على ما يتكشف لجهاز الرقابة بالهيئة من أمور تتطلب فرض الرقابة.

ثانياً- التحقيق:

تباشر الهيئة التحقيق التأديبي والتحقيق الجنائي وتمثل الادعاء أمام ديوان المظالم على النحو التالي:

التحقيق التأديبي:

يشمل الموظفين المدنيين المعينين في وحدات الإدارات الحكومية والأشخاص المعنوية العامة الخاضعة للرقابة، ويستثنى من ذلك أعضاء السلك القضائي (م/48) من نظام تأديب الموظفين وأعضاء ديوان المظالم العسكريون والمستخدمون، والمعينون على بند الأجور وأعضاء هيئة الرقابة والتحقيق وأعضاء هيئة التحقيق

والادعاء العام، ويتناول التحقيق المخالفات التأديبية سواءً كانت مالية أو إدارية أو مسلكية.

وتقوم الجهات الحكومية والمؤسسات العامة بالتحقيق مع الموظفين التابعين لها في كافة المخالفات وتوقيع الجزاء المناسب عليها عدا الفصل (م/35 من نظام تأديب الموظفين) ففي هذه الحالة تحيل الأوراق إلى هيئة الرقابة والتحقيق لتتخذ إجراءات إحالة المتهم إلى المحاكمة التأديبية باعتبارها الجهة المختصة.

وبالإضافة إلى ذلك هناك حالات تختص هيئة الرقابة والتحقيق وحدها بالتحقيق دون الجهات الإدارية وهي:

1- إذا ارتكب الموظف مخالفة في جهة غير التي يعمل فيها ثم نقل منها، ويكون الاختصاص بتوقيع العقوبة في هذه الحالة لديوان المظالم، فنصت المادة 40 من نظام التأديب على أنه: (إذا ارتكب الموظف مخالفة في جهة غير التي يعمل فيها يحال الموظف إلى هيئة الرقابة والتحقيق، فإذا رأت الهيئة أن الأفعال المنسوبة إلى المتهم تستوجب توقيع العقوبة تحيل الدعوى إلى ديوان المظالم).

2- إذا ارتكب عدة موظفين تابعين لأكثر من جهة إدارية مخالفة واحدة أو أكثر من مخالفة لكنها مخالفات مرتبطة ببعضها فقد نصت المادة 41 من نظام التأديب على أنه: (يحال الموظفون المتهمون بارتكاب مخالفة أو مخالفات مرتبطة بعضها ببعض إلى هيئة الرقابة والتحقيق إذا كانوا عند ارتكاب المخالفة أو المخالفات أو عند اكتشافها تابعين لأكثر من جهة).

3- في حالة انتهاء خدمة الموظف فإن ذلك لا يمنع من البدء في اتخاذ الإجراءات التأديبية أو الاستمرار فيها وذلك وفقاً للمادة 33 من نظام تأديب الموظفين.

4- في المخالفات المالية والإدارية التي تكشف عنها الرقابة وفيما يحال إليها من الوزراء المختصين أو من أي جهة رسمية مختصة (م5 فقرة 3 من نظام تأديب الموظفين).

5- التحقيق في حالات التقصير في تنفيذ العقوبة الحكومية.

6- بموجب الفقرة (ثانياً/1) من قرار مجلس الوزراء رقم 52 وتاريخ 1420/3/7هـ

7- التحقيق في حالات عدم التقيد بالأنظمة والتعليمات الخاصة بالالتزام بالاعتمادات المقررة بالميزانية العامة للدولة بموجب الفقرة ثانياً من قرار مجلس الوزراء رقم 157 وتاريخ 1420/9/12هـ

التحقيق الجنائي:

يخضع له جميع الأشخاص سواءً كانوا موظفين أو غير موظفين بلا استثناء مع مراعاة الإجراءات التي يتطلبها النظام بالنسبة لبعض الفئات، ووفقاً للمادة الثانية من نظام ديوان المظالم الصادر بالمرسوم الملكي رقم م/51 وتاريخ 1402/7/17هـ تختص الهيئة في المسائل الجنائية بالتحقيق في القضايا الآتية:

1- جرائم التزوير والتزييف.

2- جرائم الرشوة.

3- الجرائم المنصوص عليها في المرسوم الملكي رقم 43 وتاريخ 1377/11/29هـ

كما أضيف للهيئة اختصاص التحقيق في الجرائم المنصوص عليها في نظام وظائف مباشرة الأموال العامة الصادرة بالمرسوم الملكي رقم م/77 وتاريخ 1395/10/5هـ والجرائم المنصوص عليها في نظام البريد الصادر بالمرسوم الملكي رقم م/4 وتاريخ 1406/2/21هـ

الادعاء أمام ديوان المظالم:

تقوم الهيئة بدراسة القضايا التأديبية والجنائية وبعد انتهاء التحقيق فيها وتوجيه الاتهام تحليل أوراق القضية إلى ديوان المظالم بموجب قرار اتهام يتضمن وصف التهمة والأدلة عليها والمواد النظامية المطلوب تطبيقها ويتولى محقق القضية الادعاء فيها أمام الدوائر المختصة بالديوان كما تقوم الهيئة بالاعتراض على الأحكام الصادرة بالدعاوى المرفوعة منها طبقاً لقواعد المرافقات والإجراءات أمام ديوان المظالم الصادرة بموجب قرار مجلس الوزراء رقم 190 وتاريخ 1409/11/16هـ.

ثالثاً- الإدارة العامة للمستشارين:

ترتبط هذه الإدارة برئيس الهيئة مباشرة، وحددت اختصاصاتها بمقتضى نص المادة الرابعة من الباب الثاني من اللائحة الداخلية للهيئة بما يلي:

1- دراسة الموضوعات والقضايا التي تحال من الرئيس أو أحد الوكلاء وإبداء الرأي النظامي فيها.
2- تقديم المشورة فيما تتطلبه أعمال الهيئة من استشارات.
3- مراجعة القضايا المقترح حفظها وإبداء الملحوظات حول التصرف فيها.
4- معاونة المحققين فيما قد يطلبونه من استشارات وتوجيهات.
5- تمثيل الهيئة في اللجان المهمة.
6- تمثيل الهيئة في القضايا ذات الأهمية الخاصة أمام ديوان المظالم.
7- إعداد مشروعات التعاميم والقرارات التي يصدرها الرئيس.
8- إعداد التقرير السنوي للهيئة بالتعاون مع أجهزتها المختلفة.

رابعاً- الإدارة العامة للمتابعة والبحوث:

ترتبط هذه الإدارة مباشرة برئيس الهيئة وقد أنشئت بموجب قرار رئيس الهيئة رقم 307/خ في 1401/8/4هـ وتتكون من إدارتين إحداهما للمتابعة والأخرى للبحوث.

وتختص إدارة المتابعة بما يلي:

1- متابعة قضايا السجناء شهرياً.

2- القيام بجولات ميدانية لتقص أمور القضايا ومعرفة المتأخر منها وأسباب ذلك ومتابعة إنجاز جميع منسوبي الجهاز الرئيسي والفروع كل ستة أشهر.

3- متابعة المعاملات أو القضايا التي يأمر رئيس الهيئة بتزويدها بصورة من الإجراءات الصادرة بشأنها والمعاونة على تذليل العقبات التي تعرقل سرعة إنجاز المعاملة أو القضية.

4- متابعة أعمال اللجان التي تشارك فيها الهيئة.

وتختص إدارة البحوث بما يلي:

1- بحث ودراسة المعاملات وتحقيق القضايا التي تحال إليها من رئيس الهيئة.

2- دراسة المسائل التي تختلف فيها وجهات النظر حول تفسير الأحكام والقواعد التأديبية أو تطبيقها وكذا الجنائية.

3- دراسة اللوائح والأنظمة التي تزود الهيئة بصورة منها.

4- دراسة ما تنتهي إليه التحقيقات من مقترحات يكون لها صفة العموم.

5- إعداد نشرة تستعرض فيها الأنظمة والمراسيم وقرارات مجلس الـوزراء وتعـاميم وزارة المالية والاقتصاد الوطني ووزارة الخدمة المدنية (الديوان العامة للخدمة المدنية سابقاً) وغيرها مـما يكون قد صدر في الفترة التي

تغطيها النشرة ويكون له صلة بعمل الهيئة ويتعين على أعضائها الإلمام به، وكذلك المبادئ والقواعد التي تتضمنها أحكام التأديب وأحكام ديوان المظالم في قضايا الرشوة والتزوير وغيرها مما يكون له صلة بعمل الهيئة، كما تنشر في هذه النشرة الدراسات والأبحاث الهامة التي يكون من المصلحة تعريف أعضاء الهيئة بها.

6- الإشراف على مكتبة الهيئة وإنمائها.

7- معالجة كل ما يتعلق بأمور الحج وفقاً للأمر السامي الكريم رقم 7/د/26843 في 1400/11/19هـ بحيث تقوم الهيئة في موسم الحجم من كل عام بتجنيد عدد من أعضائها وإيفادهم إلى أماكن تواجد الحجاج لمتابعة ومراقبة أعمال الجهات الإدارية المشاركة في الحج والتأكد من تنفيذها للبرامج ومراقبة أعمال الجهات الإدارية المشاركة في الحج والتأكد من تنفيذها للبرامج التي تعدها تلك الجهات لاكتشاف أية مخالفات أو معوقات والرفع عن ذلك للمقام السامي لاتخاذ الإجراء المناسب.

الأنظمة واللوائح:

تستند الهيئة في جميع أعمالها إلى عدد من الأنظمة واللوائح التي لها علاقة مباشرة بأعمالها ومنها ما يلي:

1- النظام الأساسي للحكم.
2- نطاق المناطق.
3- نظام تأديب الموظفين والمذكرة التفسيرية.
4- اللائحة الداخلية للهيئة.
5- اختصاصات الرقابة المالية بالهيئة.
6- نظام ديوان المظالم.
7- قواعد المرافعات والإجراءات أمام ديوان المظالم.

8- المرسوم الملكي رقم (43) لعام 1377هـ

9- نظام الإجراءات الجزائية.

10- نظام مجلس الخدمة المدنية ونظام الخدمة المدنية.

11- نظام مباشرة الأموال العامة.

12- نظام مكافحة التزوير.

13- نظام مكافحة الرشوة.

14- نظام البريد ولوائحه التنفيذية.

15- نظام المحاماة.

16- نظام استئجار الدولة للعقار وإخلائه.

17- نظام المرافقات الشرعية ولائحته التنفيذية.

كما أن هناك أنظمة كثيرة تقوم الهيئة وفقاً لإمكاناتها المتاحة بمتابعة مدى التزام الأجهزة الحكومية بتنفيذها ومتابعتها ولها علاقة بحسن الأداء الإداري في الأجهزة الحكومية والمؤسسات والشركات الأهلية التي تخضع لإشراف مباشر من قبل الجهات الحكومية كقطاعات الشئون البلدية والتجارة والعمل والصحة والخدمات الاجتماعية والإنسانية ... وغيرها.

ومن هذه الأنظمة:

1- أنظمة البلديات والأشغال العامة.

2- أنظمة التجارة.

3- أنظمة العمل والعمال.

4- الأنظمة الاجتماعية والإنسانية.

5- الأنظمة الصحية.

6- الأنظمة المالية والاقتصادية.

7- أنظمة الحج والعمرة والزيارة.

8- أنظمة الأحوال المدنية.

9- الأنظمة الزراعية والثروة الحيوانية.

10- الأنظمة الإعلامية والثقافية.

وهذه الأنظمـة موجـودة تفصيلاً عـلى موقـع المركـز الـوطني للوثائق والمحفوظـات عـلى شـبكة الإنترنت.

هيئة الرقابة الإدارية في جمهورية مصر العربية:

تعريف بهيئة الرقابة الإدارية:

جهاز رقابي مستقل يتبع السيد/ رئيس مجلس الوزراء ويمارس كافة أنواع الرقابة (مالية – إدارية – فنية – جنائية) وهي مسؤولة عن مراقبة سلامة الأداء الإدارية، ومكافحة الفساد بأجهزة الدولة والحفاظ على المال العام.

نبذة تاريخية عن هيئة الرقابة الإدارية:

بدأت كقسم للرقابة يتبع النيابة الإدارية عام 1958م ثم أصبحت هيئة مستقلة طبقاً للقانون 54 عام 1964م صدر قرار بوقف نشاطها عام 1980م ثم أعاد الرئيس مبارك هيئة الرقابة الإدارية عام 1982م.

اختصاصات هيئة الرقابة الإدارية:

طبقاً للقانون 54 لسنة 1964م الخاص بإعادة تنظيم هيئة الرقابة الإدارية:

1- بحث وتحري أسباب القصور في العمل والإنتاج واقتراح وسائل تلافيها.
2- متابعة تنفيذ القوانين واللوائح والقرارات والتأكد من أنها وافية لتحقيق الغرض منها.
3- كشف عيوب النظم الإدارية والفنية والمالية واقتراح وسائل تلافيها.
4- الكشف عن المخالفات الإدارية والمالية التي تمس سلامة أداء الوظيفة.
5- بحث ما تنشره الصحف ووسائل الإعلام من أوجه إهمال/ استغلال/ سوء إدارة.
6- كشف وضبط الجرائم التي تقع من العاملين أو من غيرهم والتي تمس سلامة أداء الوظيفة العامة.
7- بحث شكاوى المواطنين.
8- التحري عن المرشحين لنيل الأوسمة والنياشين وإبداء الرأي.
9- ترفع الهيئة تقاريرها إلى السادة/ رئيس مجلس الوزراء، الوزراء، المحافظين وكبار المسؤولين بالدولة مشفوعة بتوصياتها للتغلب على

المشاكل التي أظهرتها الدراسات. طبقاً للقانون 62 لسنة 1975م بشأن الكسب غير المشروع، حيث اختص القانون هيئة الرقابة الإدارية بالتحري والكشف عن حالات الكسب غير المشروع بين العاملين بأجهزة الدولة أو بين الفئات الخاضعة لهذا القانون.

مجالات اختصاص هيئة الرقابة الإدارية:

تباشر الهيئة اختصاصاتها المحددة في القانون في الجهات الآتية:

1- الجهاز الإداري للدولة بفروعه.
2- قطاع الأعمال العام.
3- الهيئات والمؤسسات العامة.
4- الجمعيات العامة والخاصة.
5- القطاع الخاص الذي يباشر أعمالاً عامة.
6- الجهات التي تساهم فيها الدولة.

صلاحيات هيئة الرقابة الإدارية:

منح القانون 54 لسنة 1964م عضو هيئة الرقابة الإدارية في سبيل تنفيذ مهامه الصلاحيات الآتية:

حق الاطلاع على البيانات مهما كانت درجة سريتها.

الحصول على صورة من المستندات والتحفظ على الملفات.

استدعاء من يرى سماع أقوالهم.

طلب وقف/ أو إبعاد الموظف مؤقتاً عن العمل أو الوظيفة.

طلب معاقبة الموظف تأديبياً.

سلطة الضبطية القضائية في جميع أنحاء الجمهورية في حدود الاختصاصات المخولة له (وتعني التحري عن الجرائم وجمع الاستدلالات والبحث عن مرتكبيها وضبطهم).

تنظيم هيئة الرقابة الإدارية:

تباشر الهيئة اختصاصاتها من خلال قطاعات رقابية مركزية/ إقليمية وقطاعات معاونة.

القطاعات الرقابية المركزية تباشر اختصاصات الهيئة المركزية بأجهزة الدولة ووحداتها الاقتصادية الواقعة في نطاق القاهرة الكبرى (القاهرة - الجيزة). وتنقسم هذه القطاعات طبقاً لنوعية اختصاصها إلى قطاع الاقتصاد، قطاع الإنتاج، قطاع الخدمات.

قطاعين إقليميين أحدهما لشمال الجمهورية والآخر لجنوب الجمهورية حيث تشرف على أعمال المكاتب الإقليمية التي تغطي 26 محافظة، مدينة الأقصر.

عدد 5 قطاعات معاونة تقوم بمعاونة القطاعات الرقابية في تنفيذ مهامها من الناحية الفنية والمالية الإدارية.

أسلوب اختيار أعضاء هيئة الرقابة الإدارية:

نظراً للمهام الملقاة على عاتق الهيئة وحساسية المعلومات والموضوعات التي تتولاها بالفحص الأمر الذي يلزم الدقة في التحريات، والحفاظ على السرية، الأمر الذي جعل الهيئة تدقق في اختيار أعضائها والعاملين بها، حيث تم الاختيار طبقاً للآتي:

1- يتم اختيار أعضاء هيئة الرقابة الإدارية من بين العاملين بقطاعات الدولة المختلفة على أن يتوافر فيهم الحصول على مؤهل علمي عالي (بكالوريوس/ ليسانس) على الأقل وتكون خبراتهم تتناسب مع احتياجات العمل بالهيئة.

2- تجري تحريات دقيقة عن المرشحين بواسطة أعضاء الهيئة للتأكد من تمتعهم بحسن السمعة وارتفاع مستوى الانضباط والالتزام لديهم.

3- أن يجتاز الاختبارات التحريرية والشفهية والنفسية التي تعقدها الهيئة للمرشحين الجدد.

4- الكشف الطبي عليهم لتحديد لياقتهم الصحية للانضمام للهيئة.

تأهيل الأعضاء:

أ- الأعضاء الجدد:

يتم تأهيل الأعضاء الجـدد للعمل بالهيئـة مـن خـلال دورة أساسـية تشـتمل عـلى مـواد قانونيـة وتجارية ورقابية بالإضافة لتدريب عملي وميداني.

ب- الأعضاء خلال فترة الخدمة:

1- يتم تدريب الأعضاء من خلال عقد الندوات العلميـة والـدورات التدريبيـة (رقابيـة – عامـة) وكذا من خلال دورات تخصصية من المعاهد المختلفة بالدولة وبأكاديمية ناصر العليا.

2- ويتم عقد دورات داخلية في اللغات الأجنبية (إنجليزيـة – فرنسـية – ألمانيـة) كـما يـتم رفـع مستوى أداء الأعضاء من خلال تبادل الخبرات مع الأجهـزة المنـاظرة بـبعض الـدول العربيـة والأجنبية.

مبادئ عمل هيئة الرقابة الإدارية:

1- العضو أساس العمل وهو المسؤول عن تنفيذ المهام.

2- الرقابة المانعة هدف رئيسي في تنفيذ الأعمال الرقابية.

3- استعادة حقوق الدولة لها الأسبقية الأولى.

4- عدم فحص الشكاوي المجهولة أو التي يثبت جهالتها.

5- عدم الإفصاح عن اسم الشاكي مع إبلاغه بنتائج فحص شكواه.

6- الرجوع إلى المسؤولين المتخصصين/ الفنيين – أهل الخبرة عن فحص الموضوعات الفنية.

7- تدعيم نتائج الدراسات الميدانية بالوسائل المرئية (تصوير فوتوغرافي/ فيـديو) عنـد إحالتهـا للمسؤولين.

8- عدم فحص أي موضوعات تقوم جهة الإدارة ببحثها.

9- عدم فحص أي أعمال خارج اختصاص الهيئة.

10- عدم التدخل في أنشطة الأجهزة الرقابية والأمنية الأخرى.

11- تحقيق مبدأ اقتصاديات الرقابة.

12- توعية المواطنين ضد الفساد.

13- تقييم العمل الرقابي للارتقاء بمستوى الأداء بالهيئة.

أسلوب عمل هيئة الرقابة الإدارية:

- أساليب العمل:

تقوم هيئة الرقابة الإدارية في إطار اختصاصاتها المحددة بالقانون 54 لسنة 1964م بتنفيذ مهامها من خلال أربعة محاور عمل رئيسة هي:

1- أعمال رقابية يتم تنفيذها بناءً على مطالب قطاعات الدولة.

2- أعمال التحريات عن المرشحين لشغل الوظائف العليا بأجهزة الدولة.

3- فحص شكاوي المواطنين.

4- أعمال رقابية تنفذ طبقاً لخطة العمل السنوية للهيئة.

- الأهداف التي تسعى الهيئة لتحقيقها:

1- حماية المال العام واستعادة ما سبق الاستيلاء عليه إلى خزانة الدولة.

2- معاونة الجهاز الإداري للدولة في حل مشكلات العمل.

3- تحقيق الرقابة المانعة وضمان حسن سير العمل والانضباط.

4- كشف مواطن الخلل والإهمال ودراسة أسبابها.

5- دراسة وتحليل المشاكل والأزمات الطارئة واقتراح الحلول المناسبة لها.

6- معاونة الحكومة في تنفيذ التنمية الاقتصادية والاجتماعية للدولة.

الأجهزة الرقابية في جمهورية لبنان:

النشأة: [1]

تقرر تاريخياً، إنشاء ديوان المحاسبة بصدور الدستور اللبناني في 1926/5/23م. فقد نصت على ذلك المادة 87، إلا أن الديوان لم ينشأ فعلاً إلا في سنة 1951م، وذلك بموجب المادة 223 من قانون المحاسبة العمومية الصادر في 1951/1/16م وقد جاء

فيها: "ينشأ ديوان المحاسبة مهمته السهر على إدارة الأموال العمومية، وذلك بتدقيق وتحرير حسابات الدولة والبلديات والفصل بصحتها وقانونية معاملاتها وبمراقبة الأعمال المتعلقة بتنفيذ الموازنة".

ومنذ إنشاء الديوان توالت التشريعات المنظمة له حتى يومنا هذا، مسدلة خمس محطات رئيسة في مسيرة خمسة وأربعين عاماً يمكننا عرضها كما يلي:

في سنة 1952م أعيد النظر في تنظيم الديوان بموجب المرسوم الاشتراعي رقم 9 تاريخ 1952/11/21م حيث أنيطت به، إلى جانب الرقابة المؤخرة، صلاحيات واسعة في الرقابة المسبقة بلغت حد تقرير الملاءمة.

بموجب المرسوم الاشتراعي رقم 9 تاريخ 1954/11/23م ألغيت صلاحية الديوان في تقرير الملاءمة، وأصبحت رقابة الديون المسبقة رقابة قانونية فقط.

أعيد النظر في تنظيم الديوان بموجب المرسوم الاشتراعي رقم 118 تاريخ 1959/6/12م، ثم صدر قانون بالمرسوم رقم 7366 تاريخ 1961م ألغيت بموجبه صلاحية ديوان المحاسبة الخاصة بالموافقة على تعيين الموظفين، وأنيطت هذه الصلاحية، إضافة إلى سائل شؤون الموظفين الذاتية، بمجلس الخدمة المدنية.

---

[1] http://www.coagov.com/print.php?id=4

أعيد تنظيم الديوان بموجب المرسوم الاشتراعي رقم 82 تاريخ 1983/9/16م الذي أحدث لأول مرة وظيفة مدقق حسابات. وتم تعديل هذا القانون بالمرسوم الاشتراعي رقم 5 تاريخ 1985/3/23م، الذي أعاد العمل ببعض مواد المرسوم الاشتراعي رقم 118 تاريخ 1959/6/12م ثم بالقانون رقم 132 تاريخ 1992/4/14م.

وجاء في قانون ديوان المحاسبة أن:

ديوان المحاسبة محكمة إدارية تتولى القضاء المالي، مهمتها السهر على الأموال العمومية والأموال المودعة في الخزينة وذلك:

بمراقبة استعمال هذه الأموال ومدى انطباق هذا الاستعمال على القوانين والأنظمة المرعية الإجراء.

بالفصل في صحة وقانونية معاملاتها وحساباتها.

بمحاكمة المسؤولين عن مخالفة القوانين والأنظمة المتعلقة بها.

يرتبط ديوان المحاسبة إدارياً برئيس مجلس الوزراء، ومركزه بيروت.

وجاء في المادة 2 من قانون ديوان المحاسبة اللبناني ما يلي:

تخضع لرقابة ديوان المحاسبة:

1- إدارات الدولة.

2- بلديات بيروت وطرابلس والميناء وبرج حمود وصيدا وزحلة – المعلقة وسائر البلديات التي أخضعت أو تخضع لرقابة ديوان المحاسبة بمرسوم يتخذ في مجلس الوزراء بناءً على اقتراح رئيس مجلس الوزراء.

3- المؤسسات العامة التابعة للدولة وتلك التابعة للبلديات الخاضعة لرقابة ديوان المحاسبة.

4- هيئات الرقابة التي تمثل الدولة في المؤسسات التي تشرف عليها أو في المؤسسات التي تضمن لها الدولة حداً أدنى من الأرباح.

5- المؤسسات والجمعيات وسائر الهيئات والشركات التي للدولة أو للبلديات أو للمؤسسات العامة التابعة للدولة أو للبلديات علاقة مالية بها عن طريق المساهمة أو المساعدة أو التسليف.

يحدد بمرسوم يتخذ في مجلس الوزراء بناءً على اقتراح الوزير المختص، وبعد استطلاع رأي ديوان المحاسبة، مدى الرقابة وأصولها بالنسبة للمؤسسات والجمعيات والهيئات والشركات المنصوص عليها في الفقرتين 4 و5 من هذه المادة.

وإلى أن يصدر هذا المرسوم تبقى أحكام المرسوم رقم 13615 تاريخ 1963/8/21م سارية المفعول.

وقد خصص الفصل الأول للرقابة الإدارية في قانون ديوان المحاسبة وهي مدار حديثنا وعلى الشكل التالي:

الفصل الأول
الرقابة الإدارية

المادة 31:

الرقابة الإدارية نوعان: مسبقة ومؤخرة.
النبذة أ- الرقابة الإدارية المسبقة:

المادة 32:

الغاية من الرقابة الإدارية المسبقة التثبت من صحة المعاملة وانطباقها على الموازنة وأحكام القوانين والأنظمة.

المادة 33:

رقابة الديوان المسبقة هي من المعاملات الجوهرية. وتعتبر كل معاملة لا تجري عليها هذه الرقابة غير نافذة ويحظر على الموظف المختص وضعها في

التنفيذ تحت طائلة العقوبة المنصوص عليها في المادة 60 من هذا المرسوم الاشتراعي.

أولاً- المعاملات الخاضعة لها:

المادة 34: (المعدلة بموجب المادة 25 من القانون رقم 286 تاريخ 1994/2/12م المتضمن الموازنة العامة للسنة 1994م).

تخضع للرقابة الإدارية المسبقة فيما خص الواردات، المعاملات التالية:

1- معاملات تلزيم الإيرادات عندما تفوق القيمة خمسة ملايين ليرة لبنانية.

2- معاملات بين العقارات عندما تفوق القيمة خمسة ملايين ليرة لبنانية.

المادة 35: (المعدلة بموجب المادة 42 من القانون رقم 622 تاريخ 1997/3/7م المتضمن الموازنة العامة للسنة 1997م).

تخضع للرقابة الإدارية المسبقة فيما خص النفقات، المعاملات الآتية:

صفقات اللوازم والأشغال التي تفوق قيمتها خمسة وسبعين مليون ليرة لبنانية.

صفقات الخدمات التي تفوق قيمتها خمسة وعشرين مليون ليرة لبنانية.

الاتفاقات الرضائية بما فيها عقود الإيجار التي تفوق قيمتها خمسين مليون ليرة لبنانية.

معاملات شراء العقارات التي تفوق قيمتها مئة مليون ليرة لبنانية.

معاملات المنح والمساعدات والمساهمات عندما تفوق قيمة المنحة أو المساعدة أو المساهمة خمسة عشر مليون ليرة لبنانية.

المادة 36: (المعدلة بموجب المادة 25 من القانون رقم 286 تاريخ 1994/2/12م المتضمن الموازنة العامة للسنة 1994م).

تخضع للرقابة الإدارية المسبقة المصالحات الحبية على دعاوى أو خلافات إذا كان المبلغ موضوع النزاع يفوق خمسة عشر مليون ليرة لبنانية.

ثانياً- أصول الرقابة المسبقة:

المادة 37:

تودع المعاملات مع المستندات العائدة لها ديوان المحاسبة وتودع نسخة عن كتاب الإيداع إلى المدعي العام من قبل:

1- المرجع الصالح للبتّ بالمعاملة بالنسبة للواردات.

2- مراقب عقد النفقات في الإدارات العامة والموظف المولج بمراقبة عقد النفقات في المؤسسات العامة والبلديات.

يتولى الرئيس إحالة المعاملة على القاضي المختص وفقاً لقرار توزيع الأعمال وله أن يتولاها بنفسه عند الاقتضاء أو في الحالات التي تعين في قرار توزيع الأعمال.

المادة 38:

يتولى الرقابة المسبقة القاضي المختص، فيدرس المعاملة بنفسه أو يحيلها على أحد المراقبين العاملين معه لدرسها ووضع تقرير بشأنها، فإذا وافق القاضي المختص على المعاملة أعيدت مقرونة بتأشيرته، وإذا لم يوافق تعرض على هيئة مؤلفة من رئيس ومستشارين اثنين يكون القاضي المختص أحدهم.

أما المعاملات التي تفوق قيمة الإيراد أو النفقة فيها (500) ليرة لبنانية، فتتولى الرقابة المسبقة بشأنها هيئة مؤلفة من رئيس ومستشارين اثنين أحدهما القاضي المختص.

وأما قرار إعلان عدم صلاحية الديوان لممارسة الرقابة المسبقة فيصدر عن الهيئة المذكورة.

المادة 39:

يتخذ الديوان قراره في المعاملة خلال عشرة أيام من تاريخ إيداعها. وإذا دعت الحاجة إلى طلب مستندات أو إيضاحات أو عند الاقتضاء إلى استماع

الموظف المختص يُعطى الديوان مهلة خمسة أيام إضافية من تاريخ الحصول على المستندات أو الإيضاحات المطلوبة.

لا تحسب أيام العطل الرسمية من المهل المذكورة.

إذا لم يتخذ الديوان قراره ضمن هذه المهل حقّ للإدارة أن تسترد المعاملة ويصرف النظر عن رأي الديوان.

المادة 40:

إذا جاء قرار الديوان بالموافقة:

فيما خصّ الواردات مخالفاً رأي المرجع الصالح للبت بالمعاملة، فعلى هذا المرجع التقيد بقرار الديوان إلا إذا وافق الوزير المختص على عرض المعاملة على مجلس الوزراء.

فيما خصّ النفقات مخالفاً رأي مراقب عقد النفقات، فعلى هذا المراقب التقيد بقرار الديوان إلا إذا وافق وزير المالية على عرض المعاملة على مجلس الوزراء.

وإذا جاء رأي الديوان مخالفاً المشروع المعروض كان للإدارة المختصة أن تعرض الخلاف على مجلس الوزراء.

المادة 41:

يبتّ مجلس الوزراء في المعاملات التي تعرض عليه بقرارات معللة بعد الاستماع إلى رئيس الديوان. وعند مخالفته رأي وزير المالية أو قرار الديوان يقوم قراره مقام تأشير الديوان أو تأشير مراقب عقد النفقات.

وفي كلتا الحالتين يُشار في المعاملة إلى قرار مجلس الوزراء.

المادة 42:

يبلغ قرار مجلس الوزراء إلى الديوان الذي يبقى له أن يدرج القضية في تقريره السنوي أو في تقرير خاص يبلغ إلى مجلس النواب.

المادة 43:

يمكن إعادة النظر في قرارات الديوان ضمن نطاق رقابته الإدارية المسبقة بناءً على طلب الإدارة المختصة أو رئيس ديوان المحاسبة أو النيابة العامة لدى الديوان.

تنظر في إعادة النظر الهيئة التي أصدرت القرار.

المادة 44:

تعتبر موافقة الديوان المسبقة ملغاة إذا لم يُعمل بها خلال السنة المالية التي أعطيت خلالها.

الغاية من الرقابة الإدارية المؤخرة تقدير المعاملات المالية ونتائجها العامة من حين عقدها إلى حين الانتهاء من تنفيذها إلى قيدها في الحسابات.

المادة 46:

يوضع بنتائج الرقابة الإدارية المؤخرة تقرير سنوي وتقارير خاصة.

النبذة ب- الرقابة الإدارية المؤخرة:

المادة 45:

أولاً- التقرير السنوي:

المادة 47:

ينظم الديوان في نهاية كل سنة تقريراً عـن نتائج رقابتـه والإصـلاحات التي يقترح إدخالها عـلى مختلف القوانين والأنظمة التي يؤدي تطبيقها إلى نتائج مالية.

يقرّ الديوان هذا التقرير بهيئته العامة بعد الاستماع إلى المدعي العام.

المادة 48:

يبلغ التقرير السنوي إلى الإدارات والهيئات المعنية وعلى هذه الإدارات والهيئات تقديم أجوبتها في مهلة شهر واحد.

وللديوان حق التعليق على هذه الأجوبة.

المادة 49:

يقدّم رئيس الديوان التقرير السنوي إلى رئيس الجمهورية مع أجوبة الإدارات والهيئات المعنية وتعليق الديون عليها.

ويقدّم نسخاً عن هذا التقرير مرفقاً بالأجوبة والتعليق إلى مجلس النواب لتوزع على أعضائه، كما يقدم نسخاً عنه إلى مجلس الخدمة المدنية وإلى إدارة التفتيش المركزي.

المادة 50:

ينشر التقرير السنوي مع أجوبة الإدارات والهيئات المعنية والتعليق في الجريدة الرسمية ويطبع في كتاب مستقل، لتوزيعه على الإدارات والهيئات الخاضعة لرقابة الديوان.

المادة 51:

تستمع لجنة المال والموازنة البرلمانية وسائر اللجان المختصة إلى رئيس الديوان أو من ينتدبه وعند الاقتضاء إلى ممثلي الإدارات العامة والهيئات المختصة عند درس التقرير لإبداء الإيضاحات اللازمة.

ثانياً- التقارير الخاصة:

المادة 52:

للديوان، كلما رأى لزوماً، أن يرفع إلى رئيس الجمهورية أو إلى رئيس مجلس النواب أو إلى رئيس مجلس الوزراء أو إلى الإدارات العامة والهيئات المعنية تقارير خاصة بمواضيع معينة واقتراحات ملائمة لها.

ثالثاً- بيانات المطابقة:

المادة 53:

يصدر الديوان كل سنة بياناً بمطابقة كل من الحسابات التي تقدم إليه مدعومة بالأوراق المثبتة المنصوص عليها في القوانين والأنظمة.

المادة 54:

تبلغ بيانات المطابقة:

إلى رئيس مجلس النواب لتوزع على أعضاء المجلس، وإلى وزير المالية إذا كانت عائدة لحسابات الموازنة العامة والموازنات الملحقة وسائر الموازنات الخاضعة لتصديق السلطة التشريعية، وتطبق عليها أحكام المادة 51 من هذا المرسوم الاشتراعي.

إلى وزير المالية ووزير الوصاية والهيئات المعنية والمرجع المختص بالتصديق على قطع حساب الموازنة لديها، إذا كانت عائدة لحسابات الموازنات الخاضعة لتصديق مرجع غير السلطة التشريعية.

ديوان الرقابة المالية في جمهورية العراق:

التطور التاريخي:

مر ديوان الرقابة المالية بأربعة مراحل متعاقبة تتمثل كل منها بصدور قانون من قوانين الرقابة المالية.

- **المرحلة الأولى من 1927-1968م:**

بموجب القانون رقم (16) لسنة 1927م تم تأسيس دائرة تدقيق الحسابات العامة التي عرفت فيما بعد باسم ديوان مراقب الحسابات العام، وقد جرى تعديلين على ذلك القانون كانت الغاية منها توسيع واجبات ديوان مراقب الحسابات العام. وما يؤخذ على أعمال الديوان خلال الفترة أعلاه:

أ- إن نطاق عمل الديوان لم يكن مطلقاً حيث حددت المادة الثانية من القانون الجهات والمجالات التي يستطيع الديوان أن ينهض بأعمال الرقابة فيها، وما عدى ذلك فإنه يقتضي نصاً قانونياً.

ب- إن بعض اختصاصات الديوان الإدارية والمالية كانت وإلى حد ما مقيدة لأنها تخضع إلى موافقة وإشراف وزارة المالية، حيث أن اقتراع مراقب الحسابات العام بشأن ملاك الديوان، وكذلك تصرفه بميزانيته خاضعين لرقابة وموافقة وزارة المالية.

جـ- ليس للديوان أية اختصاصات قضائية، الأمر الذي ساعد على عدم اكتراث أجهزة الرقابة التنفيذية بتقارير الديوان التي كثيراً ما تتضمن مخالفات في غاية الخطورة.

د- نص القانون على أن تعيين مراقب الحسابات العام يتم باقتراح من رئيس الوزراء وموافقة مجلس الوزراء وكذلك الحال في حالة عزله أو نقله، وبذلك فإن الديوان لم تتوفر له الاستقلالية اللازمة التي تؤمن له ممارسة مهامه بعيداً عن أي تأثير من السلطة التنفيذية.

هـ- الضعف الشديد الذي اتسم به ملاك الديوان الوظيفي من حيث التأهيل والعدد وذلك لأنه لم يساير التوسع الكبير الذي شهدته فعاليات ونشاطات الدولة، كما لم يواكب التقدم العلمي الذي طرأ على مهنة المحاسبة والمراقبة عن طريق الاتصال والتفاعل مع المؤسسات والجمعيات العلمية والمهنية.

ورغم كل ذلك فإن ما جاء به التشريع المذكور يعتبر خطوة متقدمة كان لها أبلغ الأثر في جعل الرقابة العامة المستقلة في العراق على النحو القائم والذي يوازي باتجاهات أحدث ما هو معتمد في دول العالم المتقدمة في هذا المجال.

- المرحلة الثانية للفترة من 1968-1980م:

بعد أن توسعت المهام واستحدثت وزارات ودوائر جديدة اقتضتها الخطط التنموية الواسعة، أخذت الدولة تعمل على تطوير جهاز الرقابة في العراق عن طريق توسيع صلاحياته واختصاصاته ورفع كفاءته لكي يتمكن من مسايرة التطور الحاصل في وظائف الدولة، حيث نص الدستور المؤقت على تأسيس سلطة للرقابة المالية تدعى بديوان الرقابة المالية ترتبط بمجلس قيادة الثورة، وتنوب عنه في الرقابة على أعمال السلطة التنفيذية وينظم شؤونها قانون خاص، وقد تم تشريع القانون رقم (42) لسنة 1968م والذي يمكن تحديد السمات الرئيسية له بما يلي:

1- وسع القانون من نطاق عمل الديوان من حيث الجهات الخاضعة لرقابته ومن حيث أنواع المعاملات الناشئة في تلك الجهات.

2- منح القانون للديوان صلاحيات مالية وإدارية وفنية وقضائية تفوق الصلاحيات المنصوص عليها في القانون السابق حيث نص على:

أ- حصر إعداد وتنفيذ ميزانية الديوان بمجلس الرقابة.

ب- حصر تعيين موظفي الديوان وتنظيم شؤونهم بمجلس الرقابة.

جـ- منح القانون للمجلس صلاحية إحالة المخالفين إلى لجان الانضباط والمحاكم المختصة بعـد التحقيق معهم.

د- خول القانون مجلس الرقابة المالية سحب يد المخالف أو تنحيته عن العمل بصورة مؤقتة.

هـ- أكد القانون أهمية التأهيل وتطوير قابليات كوادر الديوان.

و- خص القانون منتسبي الديوان ببعض المزايا كمنح العلاوات الإضافية والمخصصات الرقابية.

ز- خول القانون ديوان الرقابة مزاولة مختلف أنواع الرقابة وأكـد عـلى أهميـة ممارسـة رقابـة الكفاءة والأداء.

ح- خول القانون مجلس الرقابة حق طلـب تعـديل القـوانين والأنظمـة والتعـليمات في حالـة اعتقاد الديوان بأن مرد النقص في الكفاءة هو نقص في التشريع.

ط- خول القانون الديوان رفع التقارير إلى مختلف المستويات الإدارية إلى جانـب رفـع تقريـر سنوي خاص إلى السلطة التشريعية.

ي- منح القانون سلطة الرقابة المالية بعض الحصانات القانونية.

- المرحلة الثالثة للفترة من 1980-1990م:

نتيجة للتنمية الاقتصادية الواسعة، وللصعوبات العمليـة التـي واكبـت تطبيـق القـانون رقـم (42) لسنة 1968م والتي تتمثل في:

أ- منح صلاحيات قضائية للديوان لم يمارسها خلال فترة نفاذ القانون.

ب- قصور الهيكل التنظيمي للديوان وعدم انسجامه مع الهيكل التنظيمي للدولة.

جـ- عدم وضوح نطاق عمل الديوان.

د- عدم وضوح وتحديد أهداف الديوان بدقة.

هـ- عدم توفير الاستقرار اللازم لرئيس وأعضاء المجلس وصعوبة الالتزام بشروط تعيين رئيس وأعضاء مجلس الرقابة المالية.

و- عدم إعطاء المرونة الكافية لإجراء التغييرات في التشكيلات بشكل يؤمن استيعاب المتغيرات في العمل.

وعليه فقد تم تشريع القانون رقم (194) لسنة 1980م والذي تميز بالسمات التالية:

أ- وضوح الأهداف وكما جاء في المادة الثانية من القانون.

ب- إن نطاق عمل الديوان منصوص عليه بشكل صريح ودقيق حددته المادة الثالثة من القانون.

جـ- عزز القانون الاستقلال المالي للديوان (وخاصة فيما يتعلق بميزانيته).

خ-   وسع القانون من نطاق عمل الديوان كما نصت على ذلك المادة الثالثة والمادة السابعة منه.

هـ- استبعد القانون بعض النصوص في القانون السابق غير القابلة للتنفيذ ومنها بعض الصلاحيات القضائية.

و- عالج القانون التشكيلات الإدارية بشكل يتماشى مع طبيعة عمل الديوان والتقسيمات الإدارية لأجهزة الدولة.

ز- إن شروط تعيين الوظائف الرئيسية في ضوء القانون الجديد توفر للديوان استقراراً أكثر ومزاولة للنشاط من قبل أناس يتمتعون بالتأهيل والخبرة اللازمين.

ح- وسع القانون من المزايا المادية التي يتمتع بها الموظفون.

ط- أكد القانون على ضرورة تطوير ملاكات الديوان من خلال تنظيم الدورات وتهيئة فرص التأهيل وزيادة المعرفة.

المرحلة الرابعة للفترة من 1990- ولحد الآن:

لغرض توضيح دور ومهام واختصاصات ديوان الرقابة المالية وزيادة فاعليته في المساهمة برفع مستوى أداء أجهزة الدولة، ولتمكين هذا الديوان من توفير متطلبات العمل الرقابي وما يحتاجه من موارد ومستلزمات خدمية ومعلومات سواءً لغرض إبداء الرأي بحقيقة الأوضاع المالية ونتائج النشاط أو لتقويم مستوى أداء الأجهزة التنفيذية المشمولة برقابته، ولغرض إيجاد هياكل تنظيمية وإدارية تناسب ومراحل تطور الاقتصاد الوطني وتعطي الديوان المرونة الكافية في تخطيط وتوزيع مهامه واختصاصاته عليها، ولتوفير الإشراف المركزي اللازم لتوجيه العمل الرقابي وتطوير قواعد وأصول وطرق ووسائل تنفيذه وتقويم نتائجها، إضافة لتمكين هذا الديوان من تغطية جميع الدوائر ومنشآت الدولة في محافظات القطر بأعمال الرقابة والتدقيق بأعلى مستوى من الكفاءة والفاعلية فقد شرع القانون رقم(6) لسنة 1990م (قانون ديوان الرقابة المالية) والذي ما زال نافذاً لحد الآن.

أهداف الديوان الاستراتيجية:

إن أهداف الديوان الاستراتيجية تتمثل في الآتي:

1- الحفاظ على المال العام.
2- دعم المسائلة العامة.
3- تعزيز الاقتصاد.

ونستعرض في أدناه مهام وصلاحيات الديوان ونطاق رقابته في ضوء قانون الـديوان رقـم (6) لسنة 1990م وتعديلاته.

أ- أوضحت المادة الثانية من القانون المهام التي يقوم بها الديوان وهي كما يلي:

1- رقابة وتدقيق حسابات الجهات الخاضعة للرقابة والتحقـق مـن سـلامة تطبيق القوانين والأنظمة والتعليمات المالية.
2- رقابة وتقويم الأداء.

3- تقديم العون الفني في المجالات المحاسبية والرقابية.

4- نشر أنظمة المحاسبة والتدقيق المستندة على المعايير المقبولة الدولية للمحاسبة والتدقيق.

5- كشف خلال التدقيق وتقويم الأداء لأدلة الفساد، الاحتيال، التبديد، الإساءة، عدم الكفاءة في الأمور التي تتعلق باستلام وإنفاق واستعمال الأموال العامة.

6- التحقيق والتبليغ في الأمور المتعلقة بكفاءة الإنفاق واستعمال الأموال العامة كما هو مطلوب رسمياً من قبل السلطات التشريعية الوطنية.

7- تحال إلى المفتش العام للوزارات ذات العلاقة أو مباشرة إلى مفوضية النزاهة العامة حيثما كان ذلك مناسباً، كل ادعاءات أو أدلة الفساد أو الاحتيال أو التبديد أو سوء استخدام أو عدم الكفاءة في الإنفاق واستعمال الأموال العامة.

8- فرض الأنظمة والإجراءات للقيام بأعماله كمؤسسة تدقيق عليا للعراق.

ب- اختصاصات وصلاحيات الديوان:

1- فحص وتدقيق الإيرادات والنفقات العامة والالتزامات المالية كافة تخطيطاً أو جبايةً أو إنفاقاً.

2- للديوان حق الاطلاع على الوثائق والمعاملات ذات العلاقة بمهام الرقابة المالية سواءً كانت عادية أو سرية.

3- تؤدي أعمال الرقابة والتدقيق وفقاً للقواعد والأصول والمعايير المعتمدة والطرق والوسائل المتعارف عليها.

4- في حالة عدم توفير السجلات الضرورية لممارسة الديوان أعماله في التدقيق وتقييم الأداء فللأخير أن يقدم طلباً مكتوباً إلى المفتش العام للوزارة المعنية وعلى الوزارة خلال يومان أن توفر السجلات لديوان

الرقابة أو تبين الأسباب التي أدت إلى الامتناع وفي حالة عدم اقتناع الديوان بذلك يحيل الموضوع إلى مفوضية النزاهة العامة.

5- للديوان صلاحية تدقيق البرامج السرية وصلاحية إصدار تقارير سرية مادام المدقق حاصلاً على التخويل الأمني المناسب.

6- للديوان صلاحية القيام بعمليات التقييم المالي للعقود العامة.

جـ- نطاق عمل الديوان:

نطاق عمل الديوان الجهات التالية:

1- تخضع دوائر الدولة والقطاع الحكومي التي تتصرف بالأموال العامة جباية أو إنفاقاً أو تخطيطاً أو صيرفة أو تجارة أو إنتاج أعيان أو إنتاج خدمات للرقابة المالية.

2- تستثنى من حكم البند (أ) من هذه المادة المحاكمة فيما يتعلق باختصاصاتها القضائية فقط.

3- شركات القطاع المختلط والجمعيات والمكاتب الاستشارية.

ديوان الرقابة المالية والإدارية في فلسطين:

نبذة تاريخية:

- قانون ديوان المحاسبة رقم 28 لسنة 1952م وهو أول أساس لعمل الرقابة في فلسطين.
- القرار الرئاسي رقم 22 لسنة 1994م بإنشاء هيئة الرقابة العامة.
- القرار الرئاسي رقم 112 لسنة 1994م بتعيين السيد/ عبد الكريم العكلوك أميناً عاماً لهيئة الرقابة العامة.
- القانون رقم 17 لسنة 1995م بإصدار قانون هيئة الرقابة العامة.
- القرار الرئاسي رقم 301 لسنة 1995م بتعيين السيد/ جرار نعمان القدوة رئيساً لهيئة الرقابة العامة.
- التقارير السنوية للرقابة عن السنوات من 1996 إلى 2004م.
- القانون رقم 15 لسنة 2004م بإنشاء ديوان الرقابة المالية والإدارية.
- المرسوم الرئاسي رقم 17 لسنة 2005م بأيلولة ممتلكات وموظفي هيئة الرقابة العامة لـديوان الرقابة المالية والإدارية.
- القرار الرئاسي بتاريخ 2006/2/4م بتعيين الـدكتور/ محمـود أبـو الـرب رئيساً لـديوان الرقابة المالية والإدارية.

الأهداف:

- يهدف الديوان إلى ضمان سلامة العمل، والاستقرار المالي والإداري في دولة فلسطين بسلطاتها الثلاث: (التنفيذية – التشريعية – القضائية).
- كشف أوجه الانحراف المالي والإداري كافة بما فيها حالات استغلال الوظيفة العامة.
- التأكـد مـن أن الأداء العـام يتفق مـع أحكـام القـوانين، والأنظمـة، واللـوائح، والقـرارات، والتعليمات النافذة، وفي حدودها، وأنه يمارس بأفضل طريقة وبأقل تكلفة ممكنة.

- ديوان الرقابة مؤسسة دستورية: أنشئ تنفيذاً لأحكام القانون الأساسي الفلسطيني إعمالاً لأحكام المادة (96) منه، وينظم أعماله القانون الخاص به رقم (15) لسنة 2004م، وله موازنة خاصة ضمن الموازنة العامة للسلطة الوطنية الفلسطينية، ويتمتع بالشخصية الاعتبارية المستقلة والأهلية القانونية الكاملة لممارسة الأعمال التي كلف بها.

- ويعتبر ديوان الرقابة المالية والإدارية حسب القانون الجهاز الأعلى للرقابة في فلسطين، وهو عضو في منظمة الأرابوساي التي تضم كافة الأجهزة العربية العليا للرقابة، كما أنه يمتلك علاقات دولية واسعة مع الكثير من الأجهزة الرقابية في دول العالم.

- يستند الديوان في عمله إلى مرتكزات صلبة كفلها له القانون، بدءاً من قانونه رقم (15) لسنة 2004م، بالإضافة إلى جميع القوانين والأنظمة والتعليمات السائدة في فلسطين التي منحته هذه المكانة.

- كما يستند الديوان في عمله على جميع الإصدارات والنشرات والتوجيهات التي تصدرها المنظمة الدولية للأجهزة العليا للرقابة "الانتوساي" وباقي المنظمات الدولية المهنية الأخرى.

- لديوان الرقابة المالية والإدارية مقران في غزة ورام الله ومكتباً في نابلس، علماً أن الديوان يتطلع باستمرار نحو القدس الشريف ليكون مقره الرئيسي ـ والدائم فيه، في العاصمة الفلسطينية، وذلك حسب نص المادة 9 من قانونه.

- يمتلك الديوان ثروة بشرية على مستوى عالٍ من الكفاءة والتخصص، ويبلغ موظفي الديوان حتى نهاية 2005م (131) موظفاً يعملون في مقراته المنتشرة في السلطة الفلسطينية، كما يأمل الديوان بزيادة القوى العاملة فيه ليستطيع ممارسة مهامه واختصاصاته على الوجه المطلوب.

- يعين رئيس الديوان بقرار من رئيس السلطة الوطنية بناءً على تنسيب من مجلس الوزراء، وبعد المصادقة على تعيينه بالأغلبية المطلقة للمجلس التشريعي (المادة الرابعة الفقرة الأولى من قانون الديوان)، كما يعين نائب الرئيس والمدير العام بقرار من مجلس الوزراء بتنسيب من رئيس الديوان (المادة الرابعة الفقرتين الثانية والثالثة من القانون).
- مدة رئاسة الديوان سبع سنوات لفترة واحدة فقط غير قابلة للتجديد (المادة العاشرة من القانون).
- يتمتع رئيس الديوان ونائبه والمدير العام وموظفو الديوان بالحصانة عن ما يقومون به من أعمال تتعلق بتنفيذ مهامهم (المادة الحادية عشر من القانون).
- يشكل الديوان من الرئيس والنائب والمدير العام وعدد من المديرين والمستشارين والخبراء والمفتشين والفنيين والموظفين، وذلك وفقاً للهيكل الوظيفي وجدول تشكيلات الوظائف المعتمد من المجلس التشريعي (المادة 13 من القانون)، ويضم الديوان عدد كافٍ ومناسب من التخصصات اللازمة مثل الاقتصاد، إدارة الأعمال، المحاسبة، القانون، الهندسة، الطب.

جهاز الرقابة المالية للدولة بسلطنة عُمان:

النشأة:

بزغ فجر النهضة المباركة خلال عام 1970م وكان مع إشراقتها ميلاد جهاز الرقابة المالية للدولة كدائرة صغيرة تابعة للمالية يقتصر دورها آنذاك على تدقيق السندات قبل الصرف ومعاونة بعض الوحدات الحكومية في أعمالها المالية.

وشهد الجهاز عبر مسيرته خلال ما يزيد على ثلاثة عقود مراحل متعددة من التطوير والتحديث كان بدايتها خلال عام 1974م بصدور المرسوم السلطاني السامي رقم 74/6 الذي أتبع الدائرة المذكورة إلى وزارة شؤون الديوان السلطاني ثم إلى معالي وزير الديوان الموقر حتى عام 1981م الذي شهد ترفيع الدائرة إلى مديرية عامة بالمرسوم السلطاني السامي رقم 81/24.

وخلال عام 1985م صدر أول نظام لتدقيق حسابات الدولة بالمرسوم السلطاني السامي رقم 85/36 الذي تضمن أهداف الرقابة وتحديد الجهات الخاضعة لنظام التدقيق واختصاصات المديرية وإجراءاتها والتقارير الصادرة عنها، إلى أن عدل خلال عام 1989م مسمى المديرية العامة إلى الأمانة العامة لتدقيق الحسابات ثم إلى الأمانة العامة للرقابة المالية للدولة وفقاً للمرسوم السلطاني السامي رقم 91/129 الصادر به قانون الرقابة المالية للدولة.

وقد شهد الجهاز خلال عام 1999م مرحلة هامة من مراحل التطوير المشار إليها التي اقتضتها مسيرة التنمية الاقتصادية والتحديث المستمر وتطوير العمل الرقابي بالشكل الذي يتناغم مع هذه المسيرة حيث صدر المرسوم السلطاني السامي رقم 99/95 ليعكس منعطفاً جديداً في مسيرة الجهاز ويشكل نقطة انطلاق جديدة، إذ منح للجهاز كيانه القائم بذاته وتقرر له الاستقلال الكامل وتوفر له الحياد المنشود، كما عين معالي السيد عبد الله بن حمد بن سيف البوسعيدي كأول رئيس للجهاز.

كما شهد الجهاز منذ عام 1999م ولا يزال حلقات متتالية في ركب التطوير والتحديث إذ صدر القانون الجديد للرقابة المالية للدولة بالمرسوم السلطاني السامي رقم 2000/55 ليتماشى بأحكامه الجديدة من هذه الطفرة الكبيرة والرؤية المستقبلية للاقتصاد العُماني، وأعقبه صدور المرسوم السلطاني السامي

رقم 2000/56 باعتماد الهيكل التنظيمي الجديد للجهاز سعياً نحو تحقيق أهدافه والوفاء بمسؤوليته.

وأصبح جهاز الرقابة المالية للدولة بصورته الحاضرة رغم حداثة نشأته يساير أعرق الأجهزة الرقابية العربية والدولية بعد أن استكمل كل مقوماته القانونية والهيكلية.

الشكل القانوني للجهاز:

يعمل الجهاز وفقاً لقانون الرقابة المالية للدولة الصادر بالمرسوم السلطاني السامي رقم 2000/55 الذي أقر للجهاز الشخصية الاعتبارية التي تتمتع بالاستقلال المالي والإداري والوظيفي، وأوكل إليه تولي مهمة الرقابة بعد الصرف على الأموال العامة المملوكة للدولة بالإضافة إلى متابعة أداء الجهات الخاضعة لرقابته.

أهداف الجهاز:

من أهداف جهاز الرقابة المالية للدولة حماية الأموال العامة للدولة، والكشف عن المخالفات المالية ولفت الانتباه إلى أوجه النقص في القوانين المالية وتلك المتعلقة بشؤون الموظفين وتقييم أداء الجهات الخاضعة لرقابته.

تشكيل الجهاز:

تتمثل القيادة العليا للجهاز في رئيسه - بمرتبة وزير - ونائباً للرئيس، حيث يعين كل منهما بمرسوم سلطاني يصدره جلالة السلطان المعظم، ويعاونهم مساعداً لنائب الرئيس ومستشارون ومدراء عموم ومديري دوائر على النحو المحدد بالمرسوم السلطاني السامي رقم 2000/56 الصادر باعتماد الهيكل التنظيمي للجهاز. ويتكون الجهاز في الوقت الحالي من ثلاث أفرع رئيسية للرقابة والشؤون الإدارية والخدمات المعاونة والتخطيط.

الجهات الخاضعة لرقابة الجهاز:

تخضع الجهات التالية لرقابة الجهاز:

أ‌- جميع الوحدات التي يتألف منها الجهاز الإداري للدولة والوحدات الحكومية المستقلة المدرجة موازناتها في الموازنة العامة للدولة إلا ما استثنى منها بنص خاص في مرسوم إنشائها.

ب‌- الهيئات والمؤسسات العامة وغيرها من الأشخاص الاعتبارية العامة.

جـ- صناديق التقاعد والجهات والهيئات الخاصة بالسلطنة التي تضمنها أو تدعمها الحكومة أو أي من الجهات الخاضعة لرقابة الجهاز.

د- الشركات التي تزاول نشاطها في السلطنة إذا كانت مملوكة للحكومة بالكامل أو بنسبة 51% على الأقل من رأسمالها أو منحتها الحكومة امتياز استغلال مرفق عام أو مورد الثروة الطبيعية.

اختصاصات الجهاز:

يختص الجهاز، بصفة رئيسية، بإجراء الرقابة المالية والقانونية، والرقابة على الأداء ومتابعة تنفيذ الخطة، ومراجعة القرارات الصادرة في شأن المخالفات المالية.

تقارير الجهاز:

يتم إبلاغ تقارير الجهاز التي تصدر عادة بعد كل مهمة فحص إلى الجهات المعنية التي تلتزم بالرد على الملاحظات الجهاز خلال مدة شهرين، كما يتم تلخيص نتائج أعمال الجهاز على مدى العام في تقرير سنوي يرفعه رئيس الجهاز إلى حضرة صاحب الجلالة السلطان المعظم، ويحتوي هذا التقرير على ملخص للنتائج التي أسفرت عنها رقابة الجهاز والإجراءات التي اتخذت من قبل الجهات الخاضعة بشأنها، ملاحظات الجهاز على الحسابات الختامية للدولة، وتقييم لأداء الجهات التي خضعت للرقابة ومشروعات التنمية وكذا ملاحظاته عن مدى كفاية القوانين

واللوائح والسجلات والأنظمة، فضلاً عن ملاحظاته على المخالفات المالية والجزاءات الموقعة بشأنها. وتعد تقارير الجهاز سرية ولا يتاح الاطلاع عليها إلا لمن تبلغ إليهم.

جهاز الرقابة المالية للدولة والمجتمع الدولي:

الجهاز عضو في المنظمة الدولية للأجهزة العليا للرقابة المالية والمحاسبة (انتوساي) كما أنه عضو في اثنتين من المجموعات الإقليمية للانتوساي هـما المجموعـة العربيـة (اربوسـاي) والمجموعـة الآسيويـة (أسوساي) للأجهزة العليا للرقابة المالية والمحاسبة.

وقد دعي الجهاز في عام 1999م للانضمام إلى لجنة الانتوساي لتدقيق نظم المعلومـات، كـما انضـم الجهاز إلى لجنة معايير الرقابة الداخلية وإلى مجموعة عمل الرقابة على الخصخصة.

الجهاز المركزي للرقابة والمحاسبة في جمهورية اليمن:

تشريعات الجهاز المعمول بها حالياً:

- قانون الجهاز المركزي للرقابة والمحاسبة الصادر بالقرار الجمهوري رقم 39 لسنة 1992م.
- اللائحة التنفيذية لقانون الجهاز الصادرة بقرار مجلس الرئاسة رقم (2) لسنة 1993م.
- مجموعة النظم واللوائح الصادرة لتنظيم وإدارة أعمال الجهاز أهمها:

نظام الاستعانة بالمحاسبين القانونيين.

نظام الأتعاب المهنية.

لائحة الإيفاد الداخلي والخارجي.

لائحة تنظيم صندوق الرعاية الاجتماعية لأعضاء الجهاز.

نظام الحوافز الفصلية.

دليل الضبطية القضائية.

نشأة الجهاز وتطوره:

تأسس الجهاز كهيئة رقابية عليا مستقلة ذات شخصية اعتبارية بموجب القانون رقم 45 لسنة 1971م الصادر في صنعاء وكذا القانون رقم (11) لسنة 1972م الصادر في عدن. وبعد إعادة توحيد الوطن اليمني وإعلان الجمهورية اليمنية سنة 1990م، تم دمج جهازي الرقابة في شطري اليمن سابقاً في كيان واحد هو "الجهاز المركزي للرقابة والمحاسبة" في إطار القانون رقم (39) لسنة 1992م ومقره الرئيسي- في العاصمة صنعاء ويضم عشرين فرعاً منتشرة في عواصم كل محافظة من محافظات الجمهورية ويتبع مباشرة لرئيس الجمهورية.

يتكون الجهاز من أربعة قطاعات وهي:

قطاع الرقابة على وحدات القطاع الإداري.

قطاع الرقابة على وحدات القطاع الاقتصادي.

قطاع الرقابة على الوحدات الإدارية.

قطاع الشئون المالية والإدارية والفنية.

اللقاءات العامة التي ينظمها الجهاز:

* المؤتمر السنوي لقيادات الجهاز:

ينظم الجهاز مؤتمراً سنوياً يضم كافة قيادات الجهاز في المركز والفروع وذلك بهدف:

تقييم أعمال الجهاز خلال السنة المالية المنتهية في مختلف مجالات الأداء لا سيما في مجال تنفيذ الخطة السنوية لأعمال المراجعة والتدقيق في كل من المركز الرئيسي- والفروع وتحديد أوجه الانحراف إن وجد ووضع المعالجات اللازمة لتلافيها في المستقبل.

تقييم السياسات والاستراتيجيات بما يكفل تفعيلها لخدمة أعمال الجهاز وترجمة لتوجيهات رئيس الجمهورية.

مناقشة أوراق العمل المقدمة من القطاعات بهدف رفع كفاءة الأداء بالجهاز وإصدار التوصيات ومتابعة تنفيذها ورفع التقارير بشأنها.

دراسة المشاكل والصعوبات المهنية والمالية والإدارية.

مناقشة الخطة العامة للجهاز للعام القادم وإقرارها وإصدار قرار رئيس الجهاز بشأن تنفيذها.

* اللقاء التشاوري مع السلطة القضائية:

علاقة الجهاز بالسلطة القضائية (نيابات ومحاكم الأموال العامة) تكتسب أهمية كبيرة كونهما يسعيان إلى تحقيق هدف مشترك متمثل في توفير الحماية للأموال والممتلكات العامة، لذلك فقد سعت قيادات الجهاز والقضاء إلى تنظيم هذه العلاقة وبلورتها وتشخيص مسارها وما يعترضها من مشاكل وصعوبات من خلال

التنظيم لعقد لقاءات تشاورية تجمع كوادر الجهاز والقضاء حيث تم عقد ستة لقاءات منذ عام 1996م وحتى عام 2005م استعرضت خلالها مجمل أنشطة الجهاز ونيابات ومحاكم الأموال العامة وتمكنت من خلال تلك اللقاءات من معالجة العديد من المشاكل والصعوبات التي أظهرتها الممارسة اليومية وأسهمت في نفس الوقت في إيجاد لغة بين الجهاز والسلطة القضائية باعتبار أن هذه اللغة ستعجل في مسألة النظر بقضايا المال العام.

كما أن ثمار هذه اللقاءات تمثلت في إقامة العديد من الدورات التدريبية لأعضاء الجهاز في الجانب القانوني والضبطية القضائية ولأعضاء نيابات ومحاكم الأموال العامة في الجوانب المالية والمحاسبية والتي من شأنها إيجاد فهم لطبيعة مهام واختصاص كل جهة كما أسهمت تلك اللقاءات في الدفع بعملية توحيد قاعدة البيانات الخاصة بقضايا المال العام حيث تم تشكيل لجنة مشتركة لإعداد نظام آلي من خلال برنامج معلوماتي لبيانات موحدة يتم من خلالها تبادل البيانات والمعلومات بسهولة ويسر- دون معوقات وكذا العمل على الربط الشبكي بين هذه الجهات (الإنترنت).

تجدر الإشارة إلى أن هذه اللقاءات مستمرة كونها أصبحت تقليداً سنوياً ويجرى حالياً الإعداد والتحضير لعقد اللقاء التشاوري السابع خلال فترة الشهرين القادمة سيخصص لتقييم مسار تلك العلاقة وكذا تحديد دور كل جهة في محاربة الفساد في ظل المستجدات على الساحة وكذا في ضوء البرنامج الانتخابي لفخامة الأخ/ رئيس الجمهورية -حفظه الله- وبرنامج الحكومة الجديدة والتي تؤكد جميعها على ضرورة محاربة الفساد وتفعيل الآليات التي ستساهم في عملية محاربة الفساد ويتحمل الجهاز المركزي للرقابة والمحاسبة ونيابة ومحاكم الأموال العامة والهيئة الوطنية لمكافحة الفساد عند الانتهاء من تشكيلها العبء الأكبر في ذلك والعمل سوياً مع بقية الجهات ذات العلاقة ومنظمات المجتمع المدني كون الجميع شركاء في محاربة الفساد.

العمل المعمول بها في الجهاز:

إضافة إلى معايير المحاسبة والمراجعة الدولية يمتلك الجهاز منهاج عـام يسـمى دليـل الأداء الرقابي الشامل بالإضافة إلى مراشد تفصيلية تسهل على المراجعين أداء مهامهم بسهولة ويسر.

المنظمة الدولية لهيئات الرقابة العليا
(الأنتوساي)
The International Organization of Supreme
Audit Institutions
(INTOSAI)

- تأسست عام 1953 من قبل أجهزة الرقابة العليا في الدول الأعضاء المشاركة في هيئة الأمم المتحدة أو إحدى وكالاتها المتخصصة. ومنذ عام 1968 أصبحت منظمة استشارية لهيئة الأمم المتحدة وتم تكليفها رسميا بالإشراف على أعمال تدقيق ومراجعة حساباتها وحسابات منظماتها.

- تتمتع بالاستقلالية والحكم الذاتي، فهي ذات نشاط مهني غير سياسي، وتهدف إلى التشجيع على تبادل الآراء والخبرات بين أعضائها، وتمكينهم من الحفاظ على المصداقية ومقاومة الفساد وتعزيز ثقة الجميع والعمل على استخدام الموارد المتاحة.

تتكون منظمة الأنتوساي من التشكيلات التالية:

أولاً- المؤتمر الدولي العام (الأنكوساي):
The International Congress of Supreme Audit Institutions (INCOSAI)

- يعد مؤتمر الأنكوساي أعلى جهاز في المنظمة ويتكون من جميع أعضائها.

- يرأس المؤتمر رئيس الجهاز الأعلى للرقابة المالية والمحاسبة في البلد المستضيف للمؤتمر ويكون رئيساً للمنظمة للسنوات الثلاث التالية.

- ينعقد كل ثلاث سنوات لمناقشة الموضوعات الفنية والأمور الرقابية التي تهم الأعضاء.

- آخر مؤتمر (الأنكوساي التاسع عشر) عقد في مدينة مكسيكو – المكسيك خلال الفترة من 5 – 10
/ 11 / 2007.

- رئيس جهاز الرقابة الأعلى في المكسيك هو رئيس الأنتوساي للفترة من 2007 - 2010.

- المؤتمر القادم للأنتوساي (الأنكوساى العشرين) سيعقد في جنوب أفريقيا عام 2010.

ثانياً- مجلس مديري المنظمة (المجلس التنفيذي) Governing Board :

يتكون المجلس من (18) عضوا على النحو الآتي:

- رؤساء الأجهزة العليا للرقابة المالية والمحاسبة للدول التي عقدت بها المؤتمرات الثلاثة الأخيرة.

- رئيس الجهاز الأعلى للرقابة المالية والمحاسبة للدولة التي تم إختيارها لاستضافة المؤتمر القادم.

- الأمين العام للمنظمة.

- رؤساء الأجهزة العليا للرقابة المالية والمحاسبة المسؤولين عن المجلة الدولية للرقابة المالية الحكومية ومبادرة الأنتوساي للتنمية، ويتم إقتراح تعيينهم بقرار من المجلس التنفيذي وإنتخابهم من قبل المؤتمر لفترة ست سنوات قابله للتجديد.

- إحدى عشر عضواً ينتخبهم المؤتمر لفترة ست سنوات قابله للتجديد ولضمان تمثيل جميع الدول الأعضاء في الأنتوساي تمثيلاً متوازناً يتم توزيع المقاعد بحيث تكون كل مجموعة من مجموعات العمل الإقليمية ممثلة في المجلس التنفيذي بعضو من أعضائها على الأقل.

يتكون المجلس التنفيذي للفترة من (2007 – 2010) من كل من:

1	المكسيك	الرئيس
2	جنوب أفريقيا	النائب الأول
3	السعودية	النائب الثاني
4	النمسا	الأمين العام
5	أمريكا	عضواً: المسؤول عن المجلة
6	النرويج	عضواً: المسؤول عن المبادرة
7	كوريا	عضواً
8	الصين	عضواً
9	ساحل العاج	عضواً
10	جزر كوك	عضواً
11	الهند	عضواً
12	المجر / هنغاريا	عضواً
13	نيكاراغوا	عضواً
14	ليبيا	عضواً
15	سانت كيتس ونيفيس	عضواً
16	روسيا	عضواً
17	المملكة المتحدة	عضواً
18	فنزويلا	عضواً

ثالثاً- السكرتارية الدائمة للمنظمة (الأمانة العامة):

General Secretariat

تتولى الأمانة العامة جميع المهام والإجراءات اللازمة لإنعقاد المؤتمرات والاتصال بالأعضاء ومساعدة المجلس التنفيذي واللجان في إنجاز مهامها وتنفيذ موازنة وبرامج الأنتوساي وغير ذلك من الأمور التنفيذية.

يتولى رئيس جهاز الرقابة الأعلى بالنمسا رئاسة الأمانة العامة ويمثل الأنتوساي، ويكون نائب رئيس جهاز الرقابة الأعلى بالنمسا نائباً للأمين العام . مقر الأنتوساي والأمانة العامة بالعاصمة النمساوية فيينا، المقر الرئيسي لجهاز الرقابة الأعلى بالنمسا.

• **مجموعات العمل الإقليمية التي تندرج تحت الأنتوساي:**

في إطار الأنتوساي، ووفقاً لقوانينها، تم تشكيل سبع مجموعات عمل إقليمية تضم في مجموعتها هيئات الرقابة العليا الواقعة بكل منها، بهدف النهوض بالتعاون المهني والفني بين الأجهزة الأعضاء على الصعيد الإقليمي، وهي كالتالي:

1	المجموعة العربية للأجهزة العليا للرقابة المالية والمحاسبة تضم في عضويتها هيئات الرقابة العليا في الدول العربية	(أرابوساي)
2	المنظمة الآسيوية لهيئات الرقابة العليا تضم في عضويتها هيئات الرقابة العليا في قارة آسيا	(أسوساي)
3	المنظمة الأفريقية لهيئات الرقابة العليا تضم في عضويتها هيئات الرقابة العليا في قارة أفريقيا	(أفروساي)
4	المنظمة الأوربية لهيئات الرقابة العليا تضم في عضويتها هيئات الرقابة العليا في الدول الأوروبية	(أوروساي)
5	رابطة الباسيفيك للأجهزة العليا للرقابة المالية العامة والمحاسبة تضم في عضويتها هيئات الرقابة العليا في منطقتي جنوب وشمال الباسيفيك	(الباساي)
6	المنظمة الكاريبية لهيئات الرقابة العليا تضم في عضويتها هيئات الرقابة العليا لدول الكاريبي	(كاروساي)
7	منظمة أمريكا اللاتينية لهيئات الرقابة العليا تضم في عضويتها هيئات الرقابة العليا لدول أمريكا اللاتينية والكاريبك	(أولاسافس)

وهناك العديد من اللجان التي تم تشكيلها، وفقا لأهداف المنظمة الإستراتيجية للقيام بمهام دراسة وتنفيذ موضوعات متخصصة في مجالات رقابية عديدة، بالإضافة إلى اللجنة المالية والإدارية التي تشكل من بين أعضاء المجلس التنفيذي والتي تتولى معاونة الأمانة العامة في مجال التخطيط المالي والإشراف على الموازنة ومراقبة تنفيذها.

وفيما يلي بيان بلجان مجموعات العمل واللجان ذات المهام الخاصة للمنظمة:

الهدف الأول: المعايير المهنية:

· اللجنة الفرعية لمبادئ الرقابة المالية
· لجنة المعايير المهنية
· اللجنة الفرعية لرقابة الالتزام / الامتثال
· اللجنة الفرعية لرقابة الأداء
· اللجنة الفرعية للرقابة الداخلية
· اللجنة الفرعية للمحاسبة وإعداد التقارير
· مجموعة العمل الخاصة بالشفافية والمساءلة
· مجموعة عمل رقابة جودة التدقيق

الهدف الثاني: بناء القدرات المهنية:

· لجنة بناء القدرات المهنية
· اللجنة الفرعية الأولى: تشجيع إجراءات تعزيز القدرات المهنية بين أعضاء الأنتوساي
· اللجنة الفرعية الثانية: تطوير الخدمات الاستشارية
· اللجنة الفرعية الثالثة: تشجيع أفضل الممارسات وضمان الجودة من خلال مراجعة النظراء الطوعية
· مبادرة الأنتوساي للتنمية (IDI)

• منهاج عمل الأمم المتحدة والأنتوساي

الهدف الثالث: تبادل الخبرات والمعلومات:
• لجنة تبادل الخبرات والمعلومات
• مجموعة العمل حول الدين العام
• مجموعة عمل الرقابة على تقنية المعلومات
• مجموعة عمل الرقابة البيئية
• مجموعة عمل الخصخصة والنظم الاقتصادية والشراكة بين القطاعين العام والخاص
• مجموعة عمل تقييم البرامج
• مجموعة عمل مكافحة غسيل الأموال الدولي والفساد
• مجموعة عمل رقابة المساءلة والرقابة على المساعدات المتعلقة بالكوارث
• مجموعة العمل حول المؤشرات الوطنية الرئيسية
• مجموعة العمل حول قيمة وفوائد الأجهزة العليا للرقابة المالية والمحاسبة
• فريق عمل إستراتيجية اتصال الأنتوساي
• فريق عمل الأنتوساي المعني بالأزمة المالية العالمية – التحديات التي تواجهها الأجهزة العليا للرقابة المالية العامة والمحاسبة
• المجلة الدولية للرقابة المالية العامة

الهدف الرابع: منظمات دولية ذات طابع مثالي:
• اللجنة المالية والإدارية

ويقوم المؤتمر باختيار لجنة الرقابة المالية والتي يتولى مراقبة حسابات المنظمة وإصدار تقرير سنوي بنتائج رقابتها وتتكون من عضوين من أعضاء المنظمة، من غير أعضاء المجلس التنفيذي وذلك لفترة ثلاث سنوات قابله للتجديد.

وتصدر المنظمة مجلة فصلية (ربع سنوية) بإسم " المجلة الدولية للرقابة المالية الحكومية " باللغات الرسمية للأنتوساي (الإنجليزية والعربية والفرنسية والألمانية والإسبانية).

• أنشطة ديوان المحاسبة بدولة الكويت في لجان ومجموعات عمل الأنتوساي:

- يشارك الديوان في أنشطة المنظمة المختلفة من خلال مشاركته في المؤتمرات التي تعقد، والبحوث الفنية التي يقدمها ويتم مناقشتها خلال تلك الاجتماعات، وكذلك يشارك الديوان في بعض لجان ومجموعات عمل المنظمة حيث يشارك في كل من:

- مجموعة عمل الأنتوساي للتدقيق على تكنولوجيا المعلومات (WGITA) والتي يرأسها حالياً جهاز الرقابة الأعلى في الهند.

- مجموعة عمل الأنتوساي للتدقيق البيئي، والتي يرأسها حالياً جهاز الرقابة الأعلى في استونيا.

جائزة د. يورغ كاندوتش:

قرر المجلس التنفيذي بمنظمة الأنتوساي خلال جلسته رقم (22) بشهر مايو 1981 منح جائزة د. يورغ كاندوتش رئيس الجهاز الأعلى للرقابة المالية والمحاسبة النمساوي والأمين العام الأسبق لمنظمة الأنتوساي، تكريماً له واعترافا لما قدمته هذه الشخصية من خدمات بالغة الأهمية لمنظمة الأنتوساي خلال رئاسته لها.

وقد صادق المجلس التنفيذي بمنظمة الأنتوساي خلال اجتماعه المنعقد بتاريخ 23 مايو 1982 على صلاحيات الجائزة، وتتم مراجعة هذه الصلاحيات المصادقة عليها كل ستة سنوات، علماً بأن هذه الصلاحيات قد تمت مراجعتها سنة 2006.

وقرر المجلس التنفيذي مواصلة تنفيذ نظام التعيين الحالي لنيل جائزة يورغ كاندوتش مـن قبـل مختلف الأجهـزة الرقابيـة، ويمكـن لكـل مجموعـة عمـل إقليميـة، ومثـل مـا جـرت عليـه العـادة، تقـديم ترشيحاتهم.

تمنح هذه الجائزة لأفضل جهاز أعلى للرقابة المالية العامة والمحاسبة، اعترافـا لـه بالجهود والمهـام والأعمال التي بذلها في مجال الرقابة المالية العامة، وتهدف هذه الجائزة إلى التذكير بالخدمات التي أنجزها د. يورغ كاندوتش الأمين العام الأسبق لمنظمة الأنتوساي.

وتمنح هذه الجائزة للجهاز نظير جهوده ومساهماته التي بذلت خلال السنوات الثلاث التي تسبق انعقاد مؤتمر الأنكوساي التاسع عشر.

تتمثل هذه الجائزة في لوحة حائطية صالحة لعرضها بمكتب رئيس الجهـاز الأعـلى للرقابـة الماليـة والمحاسبة الذي نال هذه الجائزة.

وقد عينت الأجهزة الأعضاء بمنظمة الأنتوساي المرشحين الذين قدموا خـدمات وانجـازات قيمـة في مجال تطوير الخدمات التالية:

· العمل على تطوير الهيكل التنظيمي والمساعدة على تطبيق طرق عمل جديدة .

· الأخذ بعين الاعتبار ومراعاة الخطة الإستراتيجية للأنتوساي وكذلك شروط التحولات نتيجة العولمة ونهاية الحدود.

· تحقيق نتائج إيجابية عند إدخال واستعمال أنظمـة جديـدة وفعالـة في مجـال رقابـة الإيـرادات والنفقات الهامة.

· تقديم المساهمات والمساعدات للأجهزة الرقابية الأخرى أعضاء منظمة الأنتوساي.

منح جائزة يورغ كاندوتش سنة 2007:

تم ترشيح 12 جهازاً رقابياً لنيل جائزة د. يورغ كاندوتش لعام 2007 والذين تم اقتراحهم من خلال أهمية الإنجازات التي تقدمت بها الأجهزة الأعضاء وهم:

- الجهاز الرقابي لدولة الكويت.
- الجهاز الرقابي لبنغلادش.
- الجهاز الرقابي للشيلي.
- الجهاز الرقابي لهولندا.
- الجهاز الرقابي لأفريقيا الجنوبية.
- الجهاز الرقابي للدنمارك.
- الجهاز الرقابي لألمانيا.
- الجهاز الرقابي لليابان.
- الجهاز الرقابي للمغرب.
- الجهاز الرقابي للنرويج.
- الجهاز الرقابي لروسيا الفيدرالية.
- الجهاز الرقابي للولايات المتحدة الأمريكية.

لجنة التحكيم:

تم تقييم الجهود والمهام التي بذلها المرشحين لنيل الجائزة من قبل لجنة تحكيم، تتألف مـن ثلاثـة أعضاء، ينتمون إلى الجهاز الرقابي للبرازيل والمملكة المتحدة والأمانة العامة، وقد توصلت لجنة التحكيم إلى القناعة بمنح وإسناد جائزة يورغ كاندوتش إلى الجهاز الرقابي لدولة الكويت.

منح الجائزة:

واعترافا بالنتائج الهامة والمساهمة الفعالة في مجال الرقابة المالية العامة التـي تحققـت مـن قبـل الأجهزة العليا للرقابة المالية العامة والمحاسبة واحتفاءً بالذكرى الهامة للدكتور يورغ كانـدوتش تمـنح هـذه الجائزة لـ:

"رئيس الجهاز الأعلى للرقابة المالية العامة والمحاسبة لدولة الكويت"

وبذلك يصبح الجهاز الأعلى للرقابة المالية والمحاسبة لدولة الكويت ضمن القائمة التاليـة للحـائزين على هذه الجائزة:

· 1983، جهاز الرقابي الأعلى للمغرب.

· 1986، جهاز الرقابي الأعلى لأسبانيا.

· 1989، جهاز الرقابي الأعلى للمملكة العربية السعودية.

· 1992، الجهاز الرقابي الأعلى للمجر / هنغاريا.

· 1995، الجهاز الرقابي الأعلى للمكسيك.

· 1998، الجهاز الرقابي الأعلى للهند.

· 2001، الجهاز الرقابي الأعلى لكندا.

· 2004، الجهاز الرقابي الأعلى للمملكة المتحدة.

هذا ولمن يرغب في المزيد من الإطلاع والحصول عـلى معلومـات المنظمـة الدوليـة لهيئـات الرقابـة العليا (الأنتوساي) زيارة موقعها على شبكة المعلومات وعنوانه "www.intosai.org".

الملاحــق

- نظام رقم 55 لعام 1992م لديوان الرقابة والتفتيش الإداري الأردني
- نموذج تقرير تفتيش

نظام رقم (55) لعام 1992م
نظام ديوان الرقابة والتفتيش الإداري
صادر بمقتضى المادة (120) من الدستور

المادة 1:

يسمى هذا النظام (نظام ديوان الرقابة والتفتيش الإداري لسنة 1992م) ويعمل بـه مـن تـاريـخ نشره في الجريدة الرسمية.

المادة 2:

يكون للكلمات والعبارات التالية حيثما وردت في هذا النظام المعاني المتخصصة لها أدناه ما لم تـدل القرينة على غير ذلك:

الدائرة : أي وزارة أو دائرة أو مؤسسة رسمية عامة تابعة للحكومة.

الوزير : الوزير فيما يختص بوزاراته والـدوائر المرتبطـة بـه ولغايات هـذا النظام تشمـل كلمـة (الوزير):

1- رئيس الوزراء فيما يتعلق بموظفي رئاسة الوزراء.

2- رئيس أي دائرة يمارس صلاحيات الـوزير بموجـب قوانين وأنظمـة خاصـة فيما يتعلق بموظفي الدائرة.

الديوان : ديوان الرقابة والتفتيش الإداري المؤسس بمقتضى أحكام هذا النظام.

المجلس : مجلس الرقابة والتفتيش الإداري المؤسس بمقتضى أحكام هذا النظام.

الرئيس : رئيس الديوان.

الأمن العام : أمين عام الديوان.

المدير : مدير أي مديرية في الديوان.

المفتش : كل موظف في الديوان يعمل في الرقابة والتفتيش بما في ذلك الرئيس والأمين العام والمديرون ورؤساء الأقسام ومساعدو المفتشين.

الوظيفة : مجموعة المهام التي توكلها جهة مختصة إلى الموظف للقيام بمقتضى أي تشريع أو تعليمات أو قرارات إدارية وما يترتب على تلك المهام من مسؤوليات أو يتعلق بها من صلاحيات.

الموظف : الشخص المعين بقرار من المرجع المختص بذلك في وظيفة مدرجة في جدول تشكيلات الوظائف الصادرة بمقتضى قانون الموازنة العامة أو موازنة إحدى الدوائر بما في ذلك الموظف المعين براتب شهري مقطوع على حساب المشاريع أو الأمانات أو التأمين الصحي.

ولغايات هذا النظام تشمل كلمة (الموظف) أي مستخدم، أو عامل بأجر يومي في أي دائرة خاضعة لأحكام هذا النظام.

المادة 3:

يؤسس في المملكة ديوان يسمى (ديوان الرقابة والتفتيش الإداري) ويتألف من رئيس وأمين عام وعدد من المديرين والمفتشين والمستشارين والخبراء والموظفين والمستخدمين حسبما تقتضي الحاجة.

المادة 4:

أ- يتولى إدارة الديوان رئيس يعين وتنهى خدماته ويعفى منها بقرار من مجلس الوزراء بناءً على تنسيب رئس الوزراء على أن يقترن القرار بالإرادة الملكية السامية.

ب- يحدد مجلس الوزراء راتب الرئيس وعلاواته ويرتبط برئيس الوزراء ويمارس صلاحيات الوزير في إدارة الشؤون المتعلقة بالديوان.

ج- يعين أمين عام الديوان وفقاً للأحكام والإجراءات المنصوص عليها في نظام الخدمة المدنية المعمول به.

المادة 5:

لا يجوز أن يعين أي شخص في وظيفة مفتش في ديوان أو ينتدب للقيام بأعماله إلا إذا كان حاصلاً على الشهادة الجامعية الأولى على الأقل.

المادة 6:

تسري أحكام هذا النظام على جميع الدوائر والموظفين العاملين فيها باستثناء القوات المسلحة الأردنية ودائرة المخابرات العامة ومديرية الأمن العام ومديرية الدفاع المدني والمحاكم على اختلاف أنواعها ودرجاتها.

المادة 7:

يمارس الديوان المهام والمسؤوليات والصلاحيات المخولة بمقتضى هذا النظام وفقاً للإجراءات التي يحددها مجلس الوزراء بموجب تعليمات يصدرها لهذه الغاية بناءً على تنسيب رئيس الوزراء على أن تتم أعمال الرقابة والتفتيش الإداري في أي دائرة وفق خطة عمل يضعها الديوان بالتعاون والتنسيق مع الدوائر المختلفة.

المادة 8:

أ- يهدف الديوان إلى التثبت من سلامة الإجراءات والأعمال الإدارية في الدوائر وتطويرها وتحسين أدائها وإنتاجها ومراقبة العاملين فيها، وتحقيقاً لهذه الأهداف يتولى الديوان المهام والصلاحيات التالية:

1- التحقق من فعالية الأداء لدى الدوائر وموظفيها ورفع مستوى الكفاءة والإنتاجية فيها.

2- الكشف عن مظاهر الخلل والتجاوز وتطويق أسبابها ومعالجتها بالمتابعة والمساءلة وتحديد المسؤولية.

3- التحقق من تقديم الخدمات العامة للمواطنين بعدالة وبأيسر الطرق وأسرعها.

4- التأكد من تقيد الدوائر وموظفيها بالقوانين والأنظمة والتعليمات والقرارات والبلاغات الصادرة عن الجهات المختصة ومتابعة تنفيذها بصورة فاعلة وسليمة.

5- التأكد من تنفيذ الدوائر لخططها وبرامجها الإدارية بما يحقق الغايات المتوخاة منها.

6- دراسة وتدقيق التعليمات والإجراءات الإدارية والفنية والمالية المعمول بها والكشف عن أسباب عدم فاعليتها والقصور في تطبيقها واقتراح الأساليب الكفيلة لتطويرها وتبسيطها ومنع التداخل بينها لضمان حسن الأداء في الدائرة.

7- مراقبة العمل الإضافي في الدائرة والتحقيق من مدى الضرورة إليه والتأكد من عدم عرقلته للأعمال والمهام الأساسية في الدائرة والتثبت من توفير الأسباب القانونية والواقعية للعلاوات والمكافآت التي تدفع عن ذلك العمل.

8- متابعة تنفيذ الدوائر للخطط والبرامج الموضوعة لتأهيل الموظفين العاملين فيها وتدريبهم ودراسة كوادرها ومراقبة تناسب عدد الموظفين مع الواجبات الموكلة إليهم والتحقق من تعيين الاختصاصيين ذوي المؤهلات والكفاءات العلمية في وظائف تتفق واختصاصاتهم.

9- دراسة أي قضية أو تقرير يحال إلى الديوان من رئيس الوزراء أو الوزير المختص أو الجهات المعنية والتحقيق في المخالفات الإدارية التي يرتكبها الموظفون في الدائرة.

10- التحقق من قيام أجهزة الرقابة والتفتيش الداخلية في الدوائر بممارسة مهامها بصورة سليمة وفاعلة ودراسة القواعد التي تنظم أعمالها للتثبت من كفاءتها ودقتها في تحقيق الأهداف المقررة لها.

11- تلقي الشكاوى الخطية المتعلقة بعمل الدائرة والتحقق من صحة المعلومات الواردة فيها واتخاذ الإجراءات اللازمة بخصوصها وذلك بالتنسيق مع الجهات ذات العلاقة وعليها عدم اتخاذ أي إجراء تأديبي إذا ثبت صحة الشكوى وكان مقدمها موظفاً عاملاً لديها.

12- الكشف عن المخالفات والتجاوزات وإجراء التحقيقات الإدارية اللازمة بشأنها وتحديد مسؤولية المتسببين وإحالتها إلى الجهات المختصة إذا اقتضت المصلحة ذلك ومتابعة الإجراءات المتخذة بخصوصها.

13- الطلب من الدوائر الرجوع على الموظف بالادعاء الخزينة العامة للدولة عن أي أضرار مادية تلحق بها نتيجة المخالفات الإدارية أو الأفعال الجرمية التي يرتكبها.

ب- يرفع الديوان تقاريره المتضمنة نتائج قيامه بمهامه إلى رئيس الوزراء أو الوزير المختص أو الجهة ذات العلاقة حسب مقتضى الحال.

المادة 9:

على جميع الموظفين في الدوائر تسهيل مهمة الموظفين المختصين في الديوان والمفوضين من قبله والتعاون معهم في تنفيذ أعمال الرقابة والتفتيش وتلبية طلباتهم وتزويدهم بالمعلومات والوثائق المطلوبة اللازمة لتلك الأعمال وذلك تحت طائلة المسؤولية التأديبية والجزائية تجاه كل من يخالف ذلك.

المادة 10:

تعتبر المعلومات والبيانات والوثائق ونسخها التي يطلع عليها العاملون في الديوان بحكم وظائفهم وفي سياق قيامهم بأعمال الرقابة والتفتيش أو بسببها، أنها

سرية ومكتومة، وأن يجري التداول بها على هـذا الأسـاس، وأن لا تفشى. أو تبرز أو يسمح للغير بـالاطلاع عليها إلا للقضاء في دعوى ناجمة عن أعمال الرقابة والتفتيش فقط، وللجهة المختصة بالـديوان أو للمرجـع الرسمي الذي ترفع إليه تقاريره وتوصياته ونتائج أعماله بمقتضى أحكـام هـذا النظـام وذلـك تحـت طائلـة المسؤولية التأديبية والجزائية.

المادة 11:

يؤلف في الديوان مجلس يسمى (مجلس الرقابة والتفتيش الإداري) برئاسـة الـرئيس وعضـوية كـل من:

أ- الأمين العام للديوان.

ب- الأمين العام لديوان الخدمة المدنية.

جـ- الأمين العام لديوان المحاسبة.

د- المدير العام لمعهد الإدارة العامة.

هـ- أحد مستشاري ديوان التشريع في رئاسة الوزراء يسميه رئيس ديوان التشريع.

المادة 12:

يتولى المجلس المهام التالية:

أ- اقتراح سياسات عمل الديوان وإعداد خططه وبرامجه ورفعها إلى رئيس الوزراء لإقرارها.

ب- وضع البرامج والدورات الخاصة بتأهيل العاملين في الديوان وتدريبهم.

جـ- إعـداد التعليـمات اللازمـة لتنفيـذ أحكـام هـذا النظـام ورفعهـا إلى رئـيس الـوزراء لإقرارهـا وإصدارها.

د- إعداد مشروع موازنة سنوية خاصة للديوان ورفعها إلى رئـيس الـوزراء لإقرارهـا ضـمن الموازنـة السنوية لرئاسة الوزراء.

هـ- أي مهام أو أمور أخرى مما يدخل ضمن مهام الديوان يرى الرئيس عرضها على المجلس.

المادة 13:

أ-   يجتمع المجلس كلما دعت الحاجة إلى ذلك بدعوة من الرئيس أو الأمين العام في حالة غيابه ويكون أي اجتماع يعقده المجلس قانونياً إذا حضره خمسة من الأعضاء على الأقل على أن يكون الرئيس أو الأمين العام حالي غيابه من بينهم، وتصدر القرارات بالإجماع أو بأكثرية آراء الحاضرين، وعند تساوي الأصوات يرجح الجانب الذي كان رئيس الاجتماع قد صوت معه.

ب-   يعين الرئيس أمين سر للمجلس من موظفي الديوان يتولى الإعداد لاجتماعات المجلس وتدوين محاضرها وتنظيمها، وحفظ القيود والمعاملات الخاصة بالمجلس والقيام بأي واجبات وأعمال أخرى يكلفه بها الرئيس.

المادة 14:

يرتبط الأمين العام بالرئيس ويتولى القيام بالأعمال والمهام التي يكلفه بها الرئيس ويمارس أعمال الرئيس وصلاحياته في حالة غيابه أو شغور مركزه.

المادة 15:

تنشأ في الديوان المديريات والأقسام الضرورية لإدارة شؤونه الإدارية والمالية والقانونية وشؤون المتابعة والدراسات والتطوير والتخطيط بموجب تعليمات تصدر لهذه الغاية وفقاً لأحكام هذا النظام.

المادة 16:

للرئيس تأليف لجان مؤقتة للرقابة أو التفتيش أو التحقيق أو لجان للدراسة والاستقصاء برئاسة مفتش وتفويضها بمهام أو قضايا محددة تدخل ضمن مهام الديوان وصلاحياته، وتقديم نتائج أعمالها إليه.

المادة 17:

يؤدي الرئيس والأمين العام اليمين التالية أمام رئيس الوزراء ويؤدي المدير والمفتش هذه اليمين أمام الرئيس قبل مباشرة أي منهم مهام وظيفته:

(أقسم بالله العظيم أن أكون مخلصاً للوطن وللملك والدستور، وأن أتقيد بأحكام القوانين والأنظمة المعمول بها وأن أقوم بمهام وظيفتي وواجباتها بشرف وأمانة وإخلاص دون تحيز أو تمييز، وأن أحافظ على سرية المعلومات والوثائق التي أطلع عليها في سياق قيامي بتلك المهام والواجبات).

المادة 18:

إذا وقت خلاف بين الديوان وإحدى الدوائر فيرفع إلى رئيس الوزراء ليصدر قراره بشأنه.

المادة 19:

للديوان بقرار من الرئيس الاستعانة بالاختصاصيين والخبراء في الأمور والمسائل التي تعرض عليه وتتطلب دراستها وإبداء الرأي فيها مؤهلات أو خبرة خاصة، وتصرف لهم مكافآت مالية مقابل خدماتهم بقرار من مجلس الوزراء بناءً على تنسيب رئيس الوزراء.

المادة 20:

على الديوان أن يقوم إلى مجلس الوزراء تقريراً سنوياً عن أعماله ونشاطاته خلال السنة.

المادة 21:

لرئيس الوزراء بناءً على تنسيب المجلس إصدار التعليمات اللازمة لتنفيذ أحكام هذا النظام بما في ذلك تحديد صلاحيات وواجبات المديريات والأقسام والمفتشين، وأصول المراقبة والتفتيش والتحقيق وإجراءاتها وما يتعلق بالشؤون الإدارية للموظفين والمستخدمين في الديوان.

المادة 22:

يلغي أي نص في أي نظام آخر يخالف أحكام هذا النظام.

نموذج تقرير تفتيش

التقرير ومحتوياته[1]

المحتويات

الرقم	الباب	الموضوع
1		المقدمة
2	**الباب الأول**	الإطار العام (الهيكل التنظيمي)
3	**الباب الثاني**	الشؤون الإدارية والمالية المستودعات/ اللوازم/ العطاءات الشؤون القانونية وحدة الرقابة الداخلية
4	**الباب الثالث**	المهام الوظيفية والأهداف
5	**الباب الرابع**	التقييم العام
6	**الباب الخامس**	التصويبات أثناء عمل اللجنة
7		التوصيات
8		المرفقات

---

[1] التقرير من إعداد وتصميم الخبير في ديوان المحاسبة أحمد علي الطراونة.

المقدمة:

تأسـست وزارة/ مؤسسـة .... بموجـب القـانون/ النظـام رقـم (   ) لسـنة ....
بهدف ....

وقد اتبع الديوان أسلوب المقابلة والتدقيق في السجلات والكتب الرسـمية للتأكـد مـن حسـن سـير العمل وسلامة الأساليب الإدارية والإجراءات المتبعة وكذلك التأكـد مـن سـلامة تنفيـذ القـوانين والأنظمـة والتعليمات الخاصة بعمل الوزارة/ المؤسسة.

ويشكر الديوان مسؤولي وموظفي الوزارة/ المؤسسة على حسن تعاونهم.

الباب الأول
الإطار العام
الهيكل التنظيمي

التأكد من وجود هيكل تنظيمي

السند القانوني لهذا الهيكل وتوافقه مع النظام الأساس

الوحدات الإدارية المكونة لهذا الهيكل ومهامها

هل تغطي الوحدات الإدارية مختلف مجالات عمل الدائرة/ الوزارة

مسؤوليات رؤساء الوحدات الإدارية وصلاحياتها

الوصف الوظيفي

الكادر الوظيفي

عدد الوظائف المشغولة/ فئاتها

- مصنفة
- غير مصنفة

الباب الثاني
الشؤون الإدارية والمالية

الجانب الإداري: التأكد من وجود السجلات والملفات التالية وتدقيقها......

ملف شخصي لكل موظف

سجل الكفالات

كشف الدوام

سجل الإجازات

سجل المغادرات

سجل الأداء

سجل الوقوعات

السجل الخاص بقرارات لجنة الموظفين في الدائرة بخصوص الأمور المتعلقة بالموظفين:

● الترفيعات

● النقل، الإعارة، الانتداب، الوكالة

● البعثات والدورات

تناسب عدد الموظفين مع حجم العمل في الدائرة وتوزيعهم ضمن تشكيلات الدائرة, مؤهلات الموظفين بالوحدات الإدارية وتناسبها مع المهام الموكولة إليهم.

مدى توافق مسمّى الوظيفة في جدول التشكيلات مع العمل الفعلي لشـاغلها وأيـة أمـور أخـرى ذات علاقة.

قسم الحركة:

● سجل السيارات والآليات

● استعمال السيارات للأغراض الرسمية

- مخصصة للفئات التي حددها القانون أو النظام
- تتحرك وفق أوامر حركة
- كلفة السيارة/ صيانتها/ مصروفاتها
- الآليات الأخرى في حال وجودها

الجانب المالي

تدقيق القيود المالية المتعلقة بالإنفاق الإداري التشغيلي أي الإنفاق المتعلق بتسيير العمل الإدارية في الدائرة/ الوزارة:

رواتب

أجور

اقتطاعات

السلف النقدية والأمانات

التأكد من التقيد بالمخصصات المرصودة في الموازنة

العمل الإضافي وتعديلاته وموافقة مجلس الـوزراء علـى العمل الإضافي وكـذلك التأكد مـن ضرورته لعمل الدائرة، ومن توفر الأسباب القانونية والواقعية للاستفادة منه.

العلاوات والمكافآت:

- العلاوات الإضافية
- بدل التنقلات
- بدل الاقتناء
- علاوة الميدان
- المياومات حسب نظام الانتقال والسفر

التأكيد من صحة نقل المخصصات ضمن قانون الموازنة

الموقف المالي الشهري

التأكد من صلاحية المفوض بالتوقيع على المستندات

الأبنية

نفقات الصيانة

نفقات الوقود

وأية أمور أخرى ذات علاقة

المستودعات/ اللوازم/ العطاءات

عملية الشراء

إدارة اللوازم

الرقابة على اللوازم

الأشغال الحكومية

وأية أمور أخرى

وحدة الشؤون القانونية

وجود هذه الوحدة

مجال عملها ودورها في الدائرة التي تعمل بها

سجلات القضايا التي تتعامل بها، متابعتها

احتفاظ هذه الوحدة التشريعات التي تحكم عمل الدائرة والدوائر ذات العلاقة

مؤهلات العاملين بالوحدة

مدى التقيد بالقوانين والأنظمة

أية أمور أخرى

وحدة الرقابة الداخلية

تم تأسيس وحدة للرقابة الداخلية في الوزارة/ المؤسسة استناداً إلى .....

الارتباط التنظيمي للوحدة

مؤهلات العاملين وواجباتهم

مدى تعاون العاملين في الوزارة/ الدائرة مع هذه الوحدة

هل هناك معوقات أمام عمل الوحدة

تقييم إنجازات الوحدة ودورها في تحسين الأداء في الدائرة

وأية أمور أخرى

المهام الوظيفية (التخصصية) والأهداف التي تعمل من أجلها الوزارة/ المؤسسة

الباب الثالث
المهام الوظيفية (التخصصية) والأهداف التي تعمل
من أجلها الوزارة أو المؤسسة

إن المعايير الرقابية المعتمدة للتدقيق والتفتيش على المديريات التخصصية تختلف من مديرية إلى أخرى نظراً لاختلاف طبيعة التخصص بين الوزارات والمؤسسات الحكومية، إلا أن الأساس العام في هذه المعايير ينطلق أصلاً من الأهداف التي تسعى المديرية إلى تحقيقها ومدى توافق هذه المديرية مع تحقيق هذه الأهداف من خلال أسلوب العمل الذي تنتهجه والإمكانات المتاحة أمامها لتحقيق ذلك ونظراً لعدم إمكانية وضع معايير قياسية تطبق على جميع المديريات التخصصية بصفة عامة.

إلا أن هناك بعض الأسس التي يمكن الاعتماد عليها ومن أهمها:

أولاً: إذا كان المجال التخصصي للمديرية المعنية يندرج ضمن إطار (تقديم الخدمة العامة) مثل:

مديرية شؤون الرعاية الصحية	في وزارة الصحة
مديرية الشؤون الشبابية	في وزارة الشباب
أو مديرية التعليم العام	في وزارة التربية والتعليم

فإن الآلية والمعايير الرقابية في هذه الحالة يجب أن تستند على ما يلي:

تحديد وتعريف المديريات المتخصصة ومجال عملها

تحديد ماهية الخدمات

سبل تأدية الخدمة

شريحة المواطنين المستهدفين

التوزيع الجغرافي

إجراءات تقييم الخدمة

العدالة في توزيع هذه الخدمة

مدى الالتزام بالمحددات والأصول القانونية والنظامية لتقديم الخدمة

الإيرادات المتحققة في حال وجودها

مدى توافق عمل المديرية مع مهامها والأهداف التي تعمل من أجلها

مدى توافق هذه الأهداف مع الأهداف العامة للوزارة/ المؤسسة

تدقيق السجلات الخاصة بالمديرية

المعوقات التي تحول دون قيام المديرية بمهامها وأسباب هذه المعوقات

أية ملاحظات أخرى ذات علاقة

ثانياً: أما إذا كان مجال عمل المديرية يندرج ضمن الأعمال التخصصية التي تهدف إلى تحقيق إيرادات مالية للخزينة العامة للدولة مثل:

| مديرية الإيرادات العامة | وزارة المالية |

مديرية التحصيل   دائرة ضريبة الدخل

فإن الآلية والمعايير المتبعة يجب أن تتركز على ما يلي:

تحديد وتعريف بالمديريات المتخصصة ومجال عملها

مصادر إيرادات وسبل تحصيلها وأساليب التحصيل

مدى كفاءة التحصيل

نسب التحصيل المستهدفة والمتحققة ومقارنتها بالأعوام السابقة

المعوقات والصعوبات التي تحد من عملية التحصيل

الاطلاع على السجلات تحصيل الإيرادات وكفاءة استخدامها وقانونيتها

تواريخ توريد الإيرادات أو التحصيل لحساب الخزينة العامة

التسهيلات الممنوحة بهدف تحقيق الإيرادات وقانونيتها

جدية التحصيل الفعلية والواقعية وشمولها لكافة المكلفين وعدالتها

مستوى الخدمات المقدمة والإيرادات المتحققة مقابلها، ومدى مساهمتها في زيادة تحصيل الواردات

مدى كفاءة الأجهزة العاملة في مجال التحصيل

التعاون بين الجهات المعنية في هذا المجال

أية ملاحظات وأمور أخرى

ثالثاً: أما إذا كان مجال عمل المديرية يندرج ضمن التخصصات الاستثمارية مثل:

مديرية الاستثمار   المؤسسة العامة للضمان الاجتماعي

مديرية الاستثمار   المؤسسة الأردنية للاستثمار

دائرة الاستثمار   البنك المركزي الأردني

مديرية الحركة والاستثمار   مؤسسة المواصلات السلكية واللاسلكية

فإن المعايير الرقابية المتبعة في هذا المجال يجب أن تشمل على:

التعرف بالمديريات التي تقوم بهذا العمل التخصصي

دراسة أوجه ومجالات الاستثمار الذي تقوم به المديرية

مصادر الأموال واستخداماتها

التحليل المالي للاستثمارات وجدواها

القرارات الاستثمارية والجهة التي تتخذها

كلف الاستثمارات وعائدها

التأكد من وجود دراسات جدوى اقتصادية واجتماعية مسبقة لهذه الاستثمارات

نسب الإنجاز الفعلية لمشاريع الاستثمار

مدى توافق أهداف القرارات الاستثمارية مع الأهداف التي تعمل من أجلها المديرية الوزارة أو المؤسسة

الموقف المالي والحسابات الختامية

أية أمور أخرى.

وأخيراً لا بد من التأكيد على أهمية الاطلاع على القانون المنشئ للوزارة/ المؤسسة وكذلك التعليمات أو الأنظمة الصادرة بمقتضى هذا القانون والتي تحدد المديريات المتخصصة ومجالات عملها في كل وزارة ومؤسسة عامة.

الباب الرابع
التقييم العام

مما لا شك فيه أنه بانتهاء عمل فريق التفتيش من مراقبة وتفتيش أعمال أية وزارة/ مؤسسة يتكون لدى أفراد الفريق فكرة تقييمية عامة عن عمل تلك الوزارة/ المؤسسة سلباً أم إيجاباً ونرى أنه من المفيد جداً أن يقوم الفريق عند وضع تقريره الرقابي بكتابة ملخص (تقييم عام) لأوضاع تلك الوزارة/ المؤسسة على أن يكون التقييم في نهاية التقرير.

الباب الخامس
التصويبات أثناء العمل

1- أبدى الفريق ملاحظاته حول (.........) وقد استجاب معالي الوزير المختص/ سعادة المدير العام
وأصدر الكتاب/ التعميم رقم (   ) تاريخ .... لتصويب هذه الملاحظات
مرفق رقم ....

2-

3-

4-

التوصيات

يثمن الفريق الدور الذي تقوم به الوزارة/ المؤسسة والجهود التي يبذلها موظفوها لإيصال
خدماتها لكل مواطن....... واستناداً إلى الملاحظات والنتائج السالفة الذكر يتقدم الفريق بالتوصيات التالية
من أجل حسن سير العمل في الوزارة/ المؤسسة لتحقيق أهدافها وتبسيط الإجراءات وأساليب العمل فيها
على الوجه الأمثل من أجل تحقيق الصالح العام:

(1

(2

(3

(4 ....

المراجع

أولاً- المراجع العربية:

1- القرآن الكريم.

2- عاطف، زاهر عبد الرحيم. الرقابة على الأعمال الإدارية، دار الراية، 2009م.

3- ديري، زاهد محمد، الرقابة الإدارية، دار المسيرة، 2011م.

4- هاشم، زكي محمود، أساسيات الإدارة، القاهرة، 2008م.

5- أحمد إبراهيم أبو سن، الإدارة في الإسلام، ط6، القاهرة، 1999م.

6- سعيد عبد المنعم الحكيم، الرقابة على أعمال الإدارة في الشريعة الإسلامية والنظم المعاصرة، دار الفكر العربي، 1976م.

7- حريم، حسين، مبادئ الإدارة الحديثة، دار الحامد، 2010م.

8- عليش، محمد ماهر، إدارة الموارد البشرية، ط2، وكالة المطبوعات، الكويت، 1985م.

9- ياغي، محمد عبد الفتاح، الرقابة في الإدارة العامة، دار ياسين للنشر، 1994م، ط2، عمان.

10- الصباح، عبد الرحمن، مبادئ الرقابة الإدارية، دار زهران، 1997م.

11- عبد العزيز عبد الرحيم، التخطيط والرقابة الإدارية، مطابع جامعة النيلين، الخرطوم، 2005م.

12- علي عباس، الرقابة الإدارية على المال والأعمال، الطبعة الأولى، مكتبة الرائد، عمان، 2001م.

13- أبو ركبة، حسن عبد الله، بحوث العمليات وتطبيقاتها في مجال الإدارة، دار البلاد، ط4، 1986م، جدة.

14- باهرمز، أسماء محمد، <u>مقدمة في بحوث العمليات</u>، دار حافظ للنشر والتوزيع، 2001م، جدة.

15- الحناوي، محمد، <u>بحوث العمليات في مجال الإدارة</u>، مؤسسة شباب الجامعة، 1979م، الإسكندرية.

16- سلامة، عادل عبد الفتاح، <u>أسلوب تقويم البرامج ومراجعتها (بيرت P.E.R.T) واستخداماته في ميدان الإدارة التعليمية</u>، دراسة مقدمة للمؤتمر الدولي الثالث عشر للإحصاء والحسابات العلمية والبحوث الاجتماعية والسكانية خلال الفترة من 26 مارس إلى 31 مارس 1998م.

17- عبد الدايم، عبد الله، <u>الثورة التكنولوجية في التربية العربية</u>. دار العلم للملايين، بيروت، ط3، 1981م.

18- علي، حمدي فؤاد، <u>الاتجاهات الحديثة في الإدارة، البرمجة الخطية وبيرت</u>. دار النهضة العربية للطباعة والنشر، 1982م، بيروت.

19- محمود، خالد مصطفى، <u>مقدمة في بحوث العمليات</u>، د.م، 1990م.

الدوريات والأبحاث:

20- علي محمد سلطان، "أثر الرقابة الداخلية في رفع كفاءة الإدارة في الوحدات الحكومية في المملكة الأردنية الهاشمية" دراسة حالة. وزارة الأشغال العامة، رسالة ماجستير غير منشورة، 2002م.

21- حيدر عبد الله، "الرقابة الإدارية بين النظرية والتطبيق" رسالة ماجستير غير منشورة، كلية الدراسات التجارية، جامعة النيلين، 2007م.

22- حسين، محمد عبد، طارق شريف يونس، "الرقابة على أنظمة المعلومات" تنمية الرافدين، العدد 19 كانون الثاني، جامعة الموصل، 1987م.

ثانياً- المراجع الأجنبية:

1- John. Mee. Management Philosophy for Professional Executives, Business Horizons, 1956.

2- David Cleland and William King Systems Analysis and Project Management, New York, Hill Book, 1968.

3- Bruwer. P.J.S. (1984) A Descriptive Model of Success for Computer Based Information System Performance "Information and Management", No. 7.

4- Aman. Jindal. (2003) "Management Information System" Kalyani Publishers.

5- Gerhard. P., (1988) "The Basic of Successful System" Information and Management Journal, Vol. 15, No. 5.

6- Lucas, Henry C. (1975) "Performance & Use of An Information System", (Management Science Vol. 21. No. 8., April).

7- Konter, Jerome, (1977) "Management Oriented Management Information System", (2nd. Ed., New Jersey: Prentice-Hall, Inc.)

8- Krober, Donald W., (1972) "Management Information System", (London: Collier-Mecmillan Publisher).

9- Lucas, Henry C. (1982) "Information System, Concepts for Management", (New York: Mc.Grow-Hill, Inc.).

10- Murdick, Robert C. & Joel E. Ross, (1971) "Information Systems for Modern Management", (Englewood Cliffs, New Jersey: Prentic-Hall, Inc.).

11- http//www.al3ez.net/vb/showthread. Php?t/232607.